国际中文教师证书考试必刷试卷

山香国际中文教师证书考试命题研究中心 主编

图书在版编目(CIP)数据

国际中文教师证书考试必刷试卷 / 山香国际中文教师证书考试命题研究中心主编. --北京 : 首都师范大学出版社, 2021.8

ISBN 978-7-5656-6648-3

Ⅰ. ①国… Ⅱ. ①山… Ⅲ. ①汉语-对外汉语教学-资格考试-习题集 Ⅳ. ①H195.3-44

中国版本图书馆 CIP 数据核字(2021)第 136603 号

国际中文教师证书考试必刷试卷
GUOJI ZHONGWENJIAOSHI ZHENGSHU KAOSHI BISHUA SHIJUAN

山香国际中文教师证书考试命题研究中心　主编

策划编辑　张文强
责任编辑　安晓东　曹亮亮　　　　封面设计　山香教育
首都师范大学出版社出版发行
地　　址　北京市西三环北路 105 号
邮　　编　100048
咨询电话　010-68418523(总编室)　　　　010-68982468(发行部)
网　　址　http://cnupn.cnu.edu.cn
印　　刷　河南黎阳印务有限公司
经　　销　全国新华书店
版　　次　2021 年 8 月第 1 版
印　　次　2021 年 8 月第 1 次印刷
开　　本　889mm×1194mm　1/16
印　　张　16
字　　数　420 千
定　　价　56.00 元

前言

本套《〈国际中文教师证书〉考试必刷试卷》是为《国际中文教师证书》考试编写的应试辅导用书。

《国际中文教师证书》考试是由教育部中外语言交流合作中心主办的一项标准化考试。考试依据《国际汉语教师标准》，通过对汉语教学基础、汉语教学方法、教学组织与课堂管理、中华文化与跨文化交际、职业道德与专业发展等五个标准能力的考查，评价考生是否具备成为国际中文教师的能力。

《国际中文教师证书》考试范围涵盖汉语教学基础、汉语教学方法、教学组织与课堂管理、中华文化与跨文化交际、职业道德与专业发展五大领域，主要考查应试者的汉语交际能力、语言分析能力、教学设计能力、教学资源应用能力、课堂活动组织能力、课堂管理能力、中华文化阐释与传播能力、跨文化交际及适应能力、用外语进行交际和辅助教学能力、国际中文教师道德修养、心理素质和职业发展能力、现代教育技术应用能力等，以及对相关理论知识和应用方法的掌握。

该考试于2015年10月在全球第一次正式开考，《国际汉语教师证书》于2020年下半年升级更名为《国际中文教师证书》。该考试面向所有热爱国际中文教育事业，并有志于传播中华文化、从事国际中文教育工作的各类人员。《国际中文教师证书》考试分为笔试和面试两部分。笔试成绩两年内有效，在有效期内可以报名参加面试。笔试全部为客观题，分为基础知识、应用能力、综合素质三部分，每部分各50题，全卷共150题，满分150分。考试时间155分钟（含5分钟考生填涂答题卡时间）。试题前两部分，即基础知识和应用能力部分，主要采取案例导入式设计，案例源于教学实际，形式多样；第三部分，即综合素质部分，采用情境判断测验的形式，重点考查考生跨文化适应性及交际能力。

本套《〈国际中文教师证书〉考试必刷试卷》以《国际汉语教师证书考试大纲》和《国际汉语教师标准》为指导，结合最新考情，力争全面呈现考试动态、预测未来考试趋势；除参考答案外，本书还配有考点说明、详细解析，对于重难题目，另附免费视频讲解，期望为广大考生提供最全面的备考帮助。

由于时间和水平有限，本套试卷难免有疏漏之处，敬请各位专家、学者及考生朋友们批评改正。

编　者

目/录

《国际中文教师证书》
考　试
（通用版）

必刷试卷一

注　意

一、本试卷分三部分：

1. 基础知识 50 题
2. 应用能力 50 题
3. 综合素质 50 题

二、请将全部试题答案用铅笔填涂到答题卡上。

三、全部考试约 155 分钟（含 5 分钟填涂答题卡时间）。

第一部分　基础知识

第1—5题

> 我**酷爱**旅游，来中国**虽然**只有七个月，但是我去过很多地方，比如西安、北京、成都等，参观过很多名胜古迹，像兵马俑、长城、**龙门石窟**等。通过旅游我知道了孔子、**李白**等历史名人，了解了很多中国的文化，当然也提高了自己的汉语**水平**。

1. 下列各项拼音书写正确的是：

A. 酷爱　kùài　　C. 虽然　sūirán

B. 龙门石窟　Lóngmén　Shíkū　　D. 李白　Lǐ　bái

2. 材料中的第一句话里，包含几种/a/的音位变体？

A. 1种　B. 2种　C. 3种　D. 4种

3. 在教学中，学生觉得“旅游”的“旅”字发音困难，教师可以采用以下哪种方法进行教学？

A. 吹纸法　B. 手势法　C. 带音法　D. 咬舌法

4. 以下是“高”字在各个时期不同的形体，其中哪个是古、今文字的分水岭？

A.　B.　C.　D.

5. 以下“水平”的国际音标及描述正确的是：（常考）

A. [ʂuei]　[piŋ]　舌尖后音；鼻音韵尾韵母　　C. [ʂuei]　[p^{h}iŋ]　舌尖后音；双唇音

B. [ʂui]　[p^{h}iŋ]　舌尖前音；鼻音韵尾韵母　　D. [ʂuei]　[p^{h}iŋ]　复元音韵母；双唇音

第6—9题

> 海灵的床头有一个贝壳，她说那是她爷爷送给她的。
>
> 海灵的生日是农历8月15日，刚好是中国的中秋节。那年是海灵留学以来第一次在家过中秋节，之前她因为学业已经两年没有回家了。中秋节那天，一家人团聚在一起吃晚饭，爷爷拿出了这个贝壳送给了她，①这也是在她成年后爷爷送给她的唯一的生日礼物。
>
> 那年冬天，爷爷就永远地离开了海灵。之后海灵无论去哪儿，都带着这个贝壳，并放在床头。她说这个贝壳上的纹路，②就像爷爷笑起来时脸上的皱纹。
>
> 在别人看来，③这个贝壳圆圆的，硬硬的，并没有什么特别之处，但是④海灵当时看到这个礼物时感动得差点儿流下了眼泪。因为留学的时候，海灵常常感到孤独想家。她虽然没有说，但她知道爷爷感受到了她的不开心。他们家在泉州的一个海边小镇，小时候爷爷常常带海灵到沙滩上捡贝壳。爷爷送这个贝壳给她，就是想告诉她“家”一直都在她身边。

6. 下列句子中的定语结构和句①完全一致的是：

A. 这是我同学的男朋友的亲妹妹。

B. 这是钓鱼用的环保材质的鱼竿。

C. 这是爸爸买给他的蓝色的毛衣。

D. 这是公司刚配的崭新的电脑桌。

7. 下列哪项的修辞格与句②的修辞格相同？

A. 你应该像他一样乐观。

B. 人民公仆不拿群众一针一线。

C. 青少年是八九点钟的太阳。

D. 宁静的夜晚，只有天上的星星正窃窃私语。

8. 在操练句③的语法点时，学生完成练习“根据图片说句子”后，接下来最适合的练习是：

A. 介绍一份旅游纪念品

B. 介绍一个名胜古迹

C. 介绍自己的出行方式

D. 介绍自己买东西的经历

9. 下列哪项中的“差点儿没”与句④的“差点儿”语义一致？

A. 爬 20 层楼他差点儿没累死。

B. 他差点儿没考上大学。

C. 他差点儿没赶上火车。

D. 他差点儿没买到那场电影票。

第 10—12 题

盼望着，盼望着，东风来了，春天的脚步近了。

一切都像刚睡醒的样子，欣欣然张开了眼。山朗润起来了，水涨起来了，太阳的脸红起来了。小草偷偷地从土里钻出来，嫩嫩的，绿绿的。园子里，田野里，瞧去，一大片一大片满是的。坐着，躺着，打两个滚，踢几脚球，赛几趟跑，捉几回迷藏。风轻悄悄的，草软绵绵的。

桃树、杏树、梨树，你不让我，我不让你，都开满了花赶趟儿。红的像火，粉的像霞，白的像雪。①花里带着甜味儿；②闭了眼，树上仿佛已经满是桃儿、杏儿、梨儿。

10. “打两个滚”是汉语中的一类特殊用法。下列各句中，是由于对这类用法掌握不准确引起偏误的是：

A. 我吃午饭在食堂。

B. 我拜读了她的作文。

C. 他今天要上班九个小时。

D. 我等了半个小时他。

11. 句①采用的修辞手法是：

A. 比喻

B. 比拟

C. 通感

D. 借代

12. 下面对句②的句式描述正确的是：

A. 存现句

B. 主谓句

C. 连动句

D. 双宾语句

第 13—15 题

甲:你晚上一般几点睡觉?
乙:我每天不到九点就睡了。
甲:你睡得真早。
乙:因为①我要五点多起来打羽毛球,②我每天早上都打半个多小时羽毛球。打完球,还要回家给家人做早饭。
甲:每天都打羽毛球?你可真厉害。
乙:我每天打羽毛球打半个多小时,已经坚持快一年了。
甲:你觉得效果怎么样?
乙:特别好!其实无论哪种锻炼方式,坚持才有效果。③快和我一起动起来吧。
甲:好的!明天早上我们公园见。

13. 本课的重点语法最可能是:(常考)
A. 离合词
B. 时量补语
C. 副词“已经”
D. 时点表示法

14. 关于句①和句③中的“起来”,下列说法正确的是:
A. 所充当的句子成分、读音和意义都不相同
B. 所充当的句子成分和读音不同,意义相同
C. 所充当的句子成分相同,读音和意义不同
D. 所充当的句子成分不同,读音和意义相同

15. 讲练句②时,下列哪项最适合作为例句?(常考)
A. 我来中国一年多了,会说一些汉语了。
B. 她逛了一下午商店,最后什么也没买。
C. 我们在门口等了你十多分钟,你也没来。
D. 那个问题他们讨论两个多小时了,还没结果。

第 16—22 题

只要稍微留神一下,你就会发现,在江南的田野上,鸟儿都是按时“起床”的:东方欲晓,公鸡就一跃而起,首先“引吭高歌”;接着,鸭群苏醒了,争先恐后地发出“嘎嘎”声……

①动物不光知道钟点,还知道日程呢!燕子每年都要进行一次“长途旅行”。冬天,燕子南飞,到南洋群岛、印度和澳大利亚等地“避寒”;春暖花开的时节,它们又成群结队地北上。早春二月,它们飞到中国的广东,3 月②**间**到达福建、浙江及长江下游,4 月初就可以在秦皇岛看到它们的踪迹。

在墨西哥的下加利福尼亚半岛沿海,一年一度总有一群来自北冰洋的远方客人——灰鲸前来“拜访”。北半球漫长的冬天开始后,③**成**百头灰鲸告别北冰洋,以每小时 6.4 千米的速度南游,穿越白令海峡,横渡浩瀚的太平洋,在 2 月初到达墨西哥,旅程长达 1 万千米。引人注目的是,它们从不“失约”,每年到达的时间,最多相差四五天……

每年5月，在月圆以后，美国太平洋沿岸会出现一次最大的海潮。闪闪发光的银鱼，就是被这一年一次的巨大海潮冲上海岸的。在海岸上，银鱼完成了传宗接代的任务后，又被海浪卷回大海。

为什么燕子和灰鲸在长途旅行中这么准时？为什么银鱼从不错过这一年一度的大好时机？究竟是谁向动物报告时间的？原来，在动物的体内有一种类似时钟的结构，这就是生物钟，正是它使动物的活动显示出了极强的规律性。

16. 句①这句话蕴含的语义关系是：

A. 递进　　B. 让步　　C. 假设　　D. 转折

17. 下面哪句话中的"呢"与句①的"呢"所表达的功能相同？

A. 这件事问谁呢？

B. 我明天回北京，你呢？

C. 你打电话的时候，我上课呢。

D. 我倒没什么，你们才辛苦呢。

18. ②处"间"的词性是：

A. 名词　　B. 量词　　C. 副词　　D. 介词

19. ③处"成"表达的意思是：

A. 十分之一

B. 成为、变为

C. 已定的、现成的

D. 表示达到一个单位

20. 最后一段中三个问句属于？

A. 设问句　　B. 反问句　　C. 选择问句　　D. 是非问句

21. 文中跟"传宗接代"整体结构和成分结构相同的四字格是：

A. 争先恐后　　B. 引吭高歌　　C. 春暖花开　　D. 引人注目

22. 本篇故事采用了什么样的修辞手法？

A. 借喻　　B. 拟人　　C. 拟物　　D. 借代

第23—27题

有个牧羊人在山谷里放羊。他看见远远地有只狼跟着，就时刻提防着。几个月过去了，狼只是远远地跟着，并没有靠近羊群，更没有伤害一只羊。牧羊人**逐渐**对狼放松了戒心。后来，牧羊人觉得狼跟在羊群后面有好处，不用再提防别的野兽了。再后来，他**索性**把狼当成了牧羊狗，叫它看管羊群。

有一天，牧羊人有事要进城去，就把羊群托狼看管，狼答应了。狼估计牧羊人已经进城了，就冲着山林中大声嚎叫了几声。它的嚎叫声引来了许许多多、大大小小的狼。那群狼把牧羊人的羊全吃完了**才**离开。

牧羊人不了解狼的本性，才被狼的**伪善**欺骗了。成语"引狼入室"比喻把坏人引进内部。

23. 和上述寓言故事的成语构造相同的是:(常考)

A. 画蛇添足　　B. 宁死不屈　　C. 请君入瓮　　D. 毛遂自荐

第 23 题

24. 比较"逐渐"与"逐步",下列说法正确的是:

A. "逐渐"和"逐步"均不能修饰形容词

B. "逐步"可修饰形容词,"逐渐"不能

C. "逐渐"强调自然而然的变化,"逐步"是有意识而又有次序的变化

D. "逐渐"是有意识而又有次序的变化,"逐步"强调自然而然的变化

25. "他**索性**把狼当成了牧羊狗"中"索性"的词性为:

A. 助词　　B. 形容词　　C. 动词　　D. 副词

26. 下列各句中与"把牧羊人的羊全吃完了才离开"中的"才"意义相同的是:

A. 他明天才能到。

B. 他不知道才怪呢!

C. 我们班一共才十个人。

D. 我才从上海回来。

27. "伪善"中的"善"字的第六笔是:

A. 横　　B. 竖　　C. 点　　D. 横折

第 28—31 题

一位汉语教师为了帮助学生练习发音,编写了以下练习:			
①pàohuǒ	piāoliú	gāngsuǒ	
②hàowù	sānyuè	yālì	
③xiàoyuán	xìngfú	quèshí	lùnwén
④qíjì	jiāyóu	qǐngjià	jīngqí
⑤cāngsāng	zìcóng	cúnzài	zūncóng

28. 下列哪个教学环节**不**以纠音为教学重点?

A. 词汇认读操练

B. 语音复习课

C. 语言点讲解

D. 课文朗读

29. 关于发音模仿,下列哪项说法正确?

A. 教师发现学生无法模仿正确发音时,一定要反复纠正,直到准确模仿

B. 模仿练习不适合学习两种语言中差别较大的音,要采用其他方法

C. 个别模仿容易让学生产生抵触心理,所以不要采用

D. 初级班老师不要模仿学生的错音,防止造成混乱

30. 对于第五组练习中的声母,最适合采用的练习方法是:

A. 咬舌法　　B. 带音法　　C. 翘舌法　　D. 吹纸法

31. 关于每组练习,下列说法正确的是:(易错)

A. 都有鼻音韵母　　C. 都有开口呼韵母

B. 都有合口呼韵母　　D. 都有撮口呼韵母

第32—38题

米格很喜欢吃火锅。其实他来中国之前对火锅就**有所耳闻**,但第一次吃正宗的火锅是在四川。①一节汉语课上老师给大家放了一段关于火锅的纪录片,米格非常感兴趣。②正好第二天放假,他就邀请大维和他一起去四川。他们听中国朋友说,③四川到处都是好吃的,所以他们**一抵达**成都,就在酒店楼下找了家火锅店。服务员把菜单拿给他们,上面写着很多种菜的名字和价格,有蔬菜,也有肉。他俩要了**若干**种菜,还听服务员的介绍要了蘸料。火锅端上来的时候,他们非常高兴,赶快夹了一片牛肉试试。哎呀,又烫又辣!但是确实非常好吃。

32. 文中画线句①中,"一节汉语课"运用了什么指称方式?

A. 泛指　　B. 不定指　　C. 全指　　D. 定指

33. 画线句子②中的"正好"是什么副词?

A. 语气副词　　C. 范围副词

B. 程度副词　　D. 方式副词

34. 下列各句中,与"他就邀请大维和他一起去四川"句式相同的是:(易错)

A. 这里的变化令人惊奇。　　C. 他派人叫我明天上山采药。

B. 我和他一起走去教室上课。　　D. 他扶老奶奶过马路。

35. 下列短语中,语义角色分析**错误**的是:

A. 吃饺子(动作——受事)　　C. 吃食堂(动作——处所)

B. 吃大碗(动作——与事)　　D. 吃皇粮(动作——方式)

36. 文中画线句③是:

A. 形容词性谓语句　　C. 判断句

B. 名词性谓语句　　D. 存现句

37. 四川人号称"无辣不欢",辣椒是什么时候传入中国的?

A. 唐朝　　B. 宋朝　　C. 元朝　　D. 明朝

38. 材料中加粗的部分，用在这篇短文中存在什么问题？

A. 感情色彩不同　　C. 语体色彩不同

B. 语义轻重不当　　D. 语义搭配不当

第 39—41 题

以下是一篇留学生作文的部分内容：

俗话说："吸烟有百害而无一利。"我同意这种说法。吸烟不但危害个人健康，还会影响到你周围的人的健康与生活。吸烟的人本身容易得各种肺疾病。而不吸烟的人，吸入了别人吐出的烟，会更容易得到类似的疾病。所以说，公共场所应该严禁吸烟。如果不采取相关措施，吸烟就会对公众利益产生负面影响。

即然，吸烟没有好处，人们为什么还是要吸呢？其实这只是从个人的一种习惯，有的就是喜欢。这类人群给烟草市场带来了更多制烟的动机。于是，更多的制烟场开始营业。这样一来，他们就会找寻工作人员，更多的人就可以就业。有了工作就有了一定的生活保障。这

39. 这段留学生作文中，有几个错别字？

A. 没有　　B. 1 个　　C. 2 个　　D. 3 个

40. 第一段画线句子是什么复句类型？（常考）

A. 转折　　B. 因果　　C. 递进　　D. 条件

41. 该部分作文中"人们为什么还是要吸呢？"属于哪种问句？

A. 反问句　　B. 设问句　　C. 疑问句　　D. 选择问

第 42—46 题

标准化学习策略量表是调查学生学习方式和学习感受的测量工具，通过测量得到的数据可以更好地帮助学生学习。下面是根据奥克斯福德的语言学习策略量表设计的几个问题，请从 A—F 中选出下列问题所对应的策略类型，其中有一个多余选项。

42. 做阅读题遇到不认识的单词我会猜它的意思。
43. 在要上台展示自己的口语作业感到紧张时,我就深呼吸。
44. 在聊天时如果我没听懂,我会请对方再说一遍。
45. 新的学期,我会做好具体的中文学习计划。
46. 经过一段时间的学习后,我会把学过的单词按照一定标准分类整理起来。

42. ________
43. ________
44. ________
45. ________
46. ________

A. 记忆策略
B. 情感策略
C. 社交策略
D. 补偿策略
E. 认知策略
F. 元认知策略

第 47—50 题

自 20 世纪 80 年代起,越来越多的研究者致力于研究输入、互动与第二语言习得的关系。互动假说(Interaction Hypothesis)成为学者们广泛关注和争论的焦点,并对第二语言教学产生了一定的影响。

47. 互动假说的核心思想是:
A. 意义协商
B. 形式协商
C. 强制输出
D. 可理解性输入

48. 提出互动假说的学者是:
A. Swain
B. Krashen
C. Chomsky
D. Michael Long

49. 互动假说的研究是从哪项研究开始的?
A. 中介语
B. 教师语言
C. 外国式语言
D. 保姆式语言

50. 哪一个教学法直接受到互动假说的影响?
A. 情景法
B. 认知法
C. 体验教学法
D. 任务教学法

第二部分　应用能力

第 51—54 题

选用下面词语(至少 6—8 个)写一段话(80—100 字): 合影　准备　最　虽然……但是……　感兴趣　休息　比较　关于 需要　甜　雪　希望

51. 上述写作题最有可能出现在哪个阶段的汉语课堂?

A. 初级阶段　　C. 准高级阶段

B. 中级阶段　　D. 高级阶段

52. "________、知识学习、________、________、布置任务、________"六个教学环节一般安排在汉语写作技能训练第一次课。

A. 范文分析　启发导入　总结规则　写作实践

B. 范文分析　总结规则　启发导入　写作实践

C. 启发导入　总结规则　范文分析　写作实践

D. 启发导入　范文分析　总结规则　写作实践

53. 如果写作训练的重点是句子间的承接关系,布置的任务最好是:

A. 说明类短文　　C. 叙事类短文

B. 议论类短文　　D. 抒情类短文

54. 布置写作任务时,必须提出明确要求的是:

A. 写作时间和写作技巧　　C. 写作对象和文体类型

B. 写作字数和写作顺序　　D. 写作时间和写作字数

第 55—59 题

下面是学生使用成语时出现的偏误句,请从 A—G 中选出对应的主要偏误原因,其中有两个多余选项。

55. 她爱不释手父亲给她的洋娃娃。 56. 齐白石的虾画得十分活灵活现。 57. 他在看到路上逃难的孤儿,实在不忍心,于是把自己带的干粮倾囊相授。 58. 他夸夸其谈的演讲得到了大家热烈的掌声。 59. 我的到来使他们家蓬荜生辉。

55. ________

56. ________

57. ________

58. ________

59. ________

A. 结构助词缺失

B. 语义含糊，指向不明

C. 对成语的敬辞理解不当

D. 描述性成语前不加修饰语

E. 不可带宾语的成语带宾语

F. 未能理解成语的深层意义

G. 对成语的褒贬色彩理解有误

第 60—66 题

课堂活动：

1. 活动方式：小组表演，自由组队，3—5 人一组。

2. 情景设置：

几个好朋友计划假期一起去旅行，有南京、四川、陕西、江苏和海南五个选择。关于选择去哪儿、选择哪种交通方式、预算多少、线路怎么制定等，几个人有不同的观点。于是今天，他们打算好好商量一下旅行计划。

3. 生词和语言点：（每组至少用 10 个）

传统、现代化、都市、环境、气候、并存、特产、沙滩、名胜古迹、直达、历史、博物馆

你怎么看……

与其……不如……

不仅……而且……

在我看来……

4. 每组上台表演（5 分钟），其他组评价。

60. 上述活动对语言点的练习属于：（常考）

A. 重复练习　　B. 变化练习　　C. 拓展练习　　D. 交际练习

61. 上述活动设计体现了教师的什么角色？

A. 讲授者　　B. 参与者　　C. 设计者　　D. 监督者

62. 上述课堂属于哪种活动类型？

A. 学生主导——教师服务

B. 学生依赖——教师主导

C. 学生自导——教师促进

D. 学生参与——教师引导

63. 上述活动适合在什么情况下进行？

A. 中级口语课

B. 零基础综合课的复习课

C. 高级阅读课

D. 初级综合课上巩固语言点

64. 关于该活动和此类课型，下列说法**错误**的是：

A. 在该活动中，教师应避免当场纠错

B. 此类课型在设计活动时，要从功能项目出发，创设交际情景

C. 该课型的主要目的在于训练学生的表达能力，因此不必进行词汇教学

D. 在这类课中，对于较难的语法现象可以先简单注释，帮助学生理解即可

65. 以上的教学活动所对应的教学模式的**不足**是：

A. 教师的指导缺乏系统性，过于零散

B. 输出内容过多，输入内容过少

C. 讲练的比例容易失调

D. 教学内容和重点较难掌握

66. 在活动中，教师可以通过什么方式调动每个人的参与度？

A. 时刻监控小组活动进度

B. 指定内向的同学担任组长

C. 将内向的同学分在一组

D. 给每个小组成员都分配任务

第 67—71 题

1911 年 4 月，利比里亚商人哈桑在挪威买了 12000 吨鲜鱼，运回利比里亚首府后，鱼竟一下子少了 47 吨。哈桑回想购鱼时他是亲眼看着过秤的，一点儿也没少啊，归途中船也是**直达**目的地，无人动过鱼。那么这些鱼上哪儿去了呢？

后来，这桩奇案终于大白于天下，原来是地球的重力"偷"走了鱼。地球重力是指地球引力与地球离心力的合力。地球的重力值会随地球纬度的增加而增加，赤道处最小，两极最大。同一个物体若在两极重 190 公斤，拿到赤道，就会减少 1 公斤。挪威纬度高，靠近北极；利比里亚的纬度低，靠近赤道，地球的重力值也随之减少。哈桑的鱼丢失了分量，就是因为不同地区的重力差异造成的。

地球重力的地区差异，也为 1968 年墨西哥奥运会连破多项世界纪录这一奇迹找到了答案。墨西哥城在北纬不到 20 度、海拔 2240 米处，比一般城市远离地心 1500 米，正因为地心引力相对较小，运动健儿们奇迹般地一举打破了男子 100 米、200 米、400 米、4×400 接力赛、男子跳远和三级跳远等多项世界纪录，1968 年也因此成为奥运会历史上最辉煌的年代之一。

根据课文填空：

①哈桑的鱼运回利比里亚时少了________吨。

②墨西哥城比一般城市远离地心________米。

③成为奥运会历史上最辉煌的年代之一的墨西哥奥运会是在________年。

67. 在阅读课上，"直达"这类生词最好的讲解方法是：

A. 设置情境解释语义

B. 让学生根据语素推测词义

C. 直接用外语翻译

D. 利用动画展示的方式进行讲解

68. 上述材料最适合哪种阅读训练方式？

A. 查读　B. 通读　C. 细读　D. 略读

69. 在学习课文之前，教师问学生“大家觉得一个物体重量在不同的地方一样吗?”“大家知道地球重力吗?”，这样做的目的是：

A. 引导学生展开讨论

B. 学习本课相关生词

C. 复习以前学过的生词

D. 帮助学生建立相关图式

70. 在进行阅读的过程中，有的学生喜欢先了解字词的含义，进而了解句子和文章的内容，这种阅读模式属于：

A. 自下而上的阅读模式

B. 自上而下的阅读模式

C. 分析型阅读模式

D. 交互式阅读模式

71. 上述材料中的填空题主要考查学生的什么能力?

A. 关注细节

B. 总结概括

C. 辨别相似信息

D. 根据上下文推测词义

第72—77题

A：今天听完您的这节课，我终于明白为什么您的课那么受学生欢迎了。

B：谢谢！您能详细谈谈对我的课的看法吗?

A：我觉得您对学生特别了解，①<u>而且总是能用最简单的方法把复杂的问题解释清楚</u>，这一点真是值得我们好好学习。

B：哪里哪里，这只是因为我对每个学生的学习习惯和能力比较了解。

A：那么您认为对于老师来说，什么是最难做到的?

B：世界上没有完全相同的叶子，人也一样。所以，在教育学生时，要根据学生的特点选择不同的方法，②<u>这样教再多、再难的内容，也不担心教不好。</u>

72. 以下生词适合重点讲解的是：

A. 了解　　B. 详细　　C. 解释　　D. 对于

73. 教师在编写本课的教案时，应把教学重点放在：

A. 教学目标　　B. 教学环节　　C. 教学难点　　D. 课堂活动

74. 在讲解画线的句子①时，最适合作为例句的是：

A. 不要把垃圾到处扔。

B. 老张把炉子生上了火。

C. 你把这篇文章看一下。

D. 我终于把作业写完了。

75. 画线的句子②是什么复句?

A. 递进复句　　B. 假设复句　　C. 转折复句　　D. 条件复句

76. 在辨析“对于”和“关于”时，下列说法**错误**的是：

A. “对于”可放在主语前后，“关于”只能放在主语前

B.“关于”可单独出现在书名或文章名中,“对于”则要加上名词

C.“关于”着重指出对象,这个对象常是动词的受动者

D.“对于”和“关于”都是介词

77. 学习这篇课文时,针对视觉型的学习者,教师可以设计哪种内容帮助其更有效地学习?

A. 利用图片、生词卡等辅助教学,并用多媒体设备播放课文视频

B. 让学生分角色大声朗读课文

C. 用“书空”的方式带领学生练习生词

D. 给学生多次播放课文录音

第78—83题

辛老师是一位新手教师,下面是她给一节初级听力课制定的教案部分节选:

<table>
<tr><td rowspan="3">教学实施</td><td>复习</td><td>(1)这些词的特点:
好　坏　快　慢(反义词)
说　讲　聊(和说话有关的动词)
…………
(2)鼓励学生说出更多的词,不必太严格,说出来,有道理就行,如“饭馆、食堂、点菜……”</td></tr>
<tr><td>第一部分
语音</td><td>1. 教材“练习一　仔细听,选择你听到的词语”
◆注意:①讨论答案;
②对于学生做错的题,老师多做发音示范。
2. 教材“练习二　听后标出声调”
◆注意:①让学生读出他所写的音节,看看读的和写的是否一致;
②学生的错误,老师可反复做发音示范。
3. 教材“练习三　听后选择,然后朗读”
◆注意:①听录音的同时,记下听到的人名、地名、时间等;
②注意正音。</td></tr>
<tr><td>第二部分
课文</td><td>1. 学习生词:
…………
2. 教材课文一
(一)选择正确答案
◆方法:①听录音,做题;②讨论答案;③对于学生的错题,尽量重复课文,让学生听懂。
(二)判断正误
◆注意:①如果学生的答案不一样,一定要听一听他们为什么这么做;
②放慢语速,重复题目,给学生消化答案的时间。
…………</td></tr>
</table>

78. 辛老师在“复习”步骤中的做法(2),是出于学习者个体因素的哪个角度考虑的?

A. 年龄　　B. 态度　　C. 动机　　D. 性格

79. 老师要求学生在听录音的同时,记下听到的信息,这属于听力技能训练的哪种方式?

A. 听写结合　　B. 听记结合　　C. 听辨结合　　D. 听说结合

80. 辛老师计划在练习中多设置一些理解性练习,下列哪项属于该类型练习?

A. 替换练习　　C. 听句子做动作

B. 填空练习　　D. 听写练习

81. 以下关于教案的说法,**错误**的是:

A. 每堂课的教案都应体现课程标题

B. 老师可根据课堂实际情况进行板书,不需要在教案中呈现

C. 语言教学的教案详略不拘,风格各异,具有明显的个性化倾向

D. 教案的基本内容通常包括基本信息、课时分工、教学目标、教学重点与难点、教学过程、教学日志等

82. 如果在听力训练中,有个别学生没有听懂,辛老师正确的处理方式是:

A. 只要保证大部分学生听懂就行,个别学生可以让他下课自己听

B. 由于课堂时间有限,个别学生听不懂直接给他看听力材料

C. 只要有一个人没听懂,就一定要在课堂上重复播放录音直到他听懂

D. 如果个别学生的问题具有代表性,就应该及时在课堂上解决

83. 有的学生说词语都能听出来,但是句子、段落听不懂。这位学生欠缺的是:

A. 综合判断能力　　C. 细节捕捉能力

B. 听声辨音能力　　D. 对语音、语调的辨析能力

第 84—87 题

某节语音课上,老师设计了以下活动:

(1)听辨与模仿练习

让学生听老师或录音中发出的音,跟读并写出听到的音。

老师:zǒu　zhāng　cái　chòu　sān　sìshí……

学生:zǒu　zhāng　cái　chòu　sān　sìshí……

(2)认读练习

老师将“z、c、s、zh、ch、sh”分别与韵母拼合的单音节或多音节词写在黑板上,老师指某一个音,让学生进行辨别认读……

(3)趣味比拼

老师展示“四是四,十是十,十四是十四,四十是四十”的绕口令,给学生三分钟练习的时间,然后比赛谁说得又快又好。

84. 在上述教学活动中，学生最容易出现哪种发音错误？

A. 平翘舌不分

C. 混淆送气音与不送气音

B. 混淆舌面前音与舌面后音

D. 前后鼻音不分

85. 以上活动的主要目的在于训练：

A. 听音节

C. 听声母

B. 对比辨音

D. 练口语

86. 在认读练习中，如果学生出现了错误，以下做法最**不合适**的是：

A. 对学生的语音错误要严格要求，重点集中纠正

B. 先提醒和启发学生，让学生自己纠正，当学生不会时，老师再予以纠正

C. 对于学生出现的重点错误，应当在不同的时间和场合多次重复纠正

D. 不要打击学生的信心，因此对于不严重的错误，不需要纠正

87. 下列关于语音教学的原则，描述**不正确**的一项是：

A. 听说结合，先听后说

B. 声韵调结合，循序渐进

C. 只需要进行大量的机械性练习

D. 在模仿和练习的基础上，可以适当借助图片等讲解语音知识，帮助学生找到正确的发音部位

第88—91题

在挪威任教的何老师担任两个年级的汉语教学工作，一个年级的学生是零基础，较高一级的学生已经学过一个多学期的汉语，词汇量在80个左右。学生年龄在11—14岁之间，活泼好动。学校没有设立专门的中文教室，何老师只能在学生活动中心的一角上课。每天下了班，何老师就回到宿舍备课，为了让自己的课能上好，她常常在网上搜索相关教学视频。

88. 何老师在较高年级进行存现句教学时，最适合在课堂上进行的拓展活动是：

A. 同学间互相采访

C. 探索学生活动中心

B. 中国地理知识问答

D. 制定假期旅游计划

89. 期末时，何老师打算采用游戏法帮助低年级的学生复习学过的词汇，下列哪种方法最合适？

A. 你说我画

C. 词语接龙游戏

B. 传话游戏

D. 反义词拔河比赛

90. 活动中心里人来人往，学生的注意力经常被吸引。何老师应该怎样处理这种情况？

A. 讲课声音更大使学生集中注意力

B. 设计更多的游戏、设置奖励来吸引学生注意力

C. 购买简易材料，努力创造一个相对独立的空间

D. 播放更多的视频，丰富课程内容

91. 根据案例，何老师处于汉语教师专业发展的哪个阶段？

A. 虚拟关注　　B. 任务关注　　C. 生存关注　　D. 自我更新

第 92—94 题

课文学习：

①利用课后练习"根据课文回答问题"检测课文预习并回顾课文内容。回答时要求语言规范、流畅。

②对课后练习"你和朋友打算假期一起去中国旅游，你们要商量具体去哪儿玩、交通方式、预订酒店和门票等事情"分组进行准备和练习，然后进行展示。

③要求大家认真观看，与台上同学互动并及时提问。

④完成课后练习并订正其中的错误。

92. 课文学习②③部分的教学属于：

A. 听说法　　B. 交际法　　C. 直接法　　D. 视听法

93. 学生在回答台下同学的提问时答非所问，这违反了格莱斯会话合作原则中的：（易错）

A. 方式准则　　B. 质的准则　　C. 关系准则　　D. 量的准则

第 93 题

94. 进行上述课堂活动时，教师需要对下列哪项进行控制？

A. 活动进程　　B. 情感态度　　C. 话语技巧　　D. 语言要素

第 95—100 题

编钟是中国古代汉族大型打击乐器，兴起于西周，盛于春秋战国直至秦汉。

曾侯乙编钟，战国早期文物，是我国迄今发现数量最多、保存最好、音律最全、气势最宏伟的一套编钟。1978 年在湖北随县出土。曾侯乙编钟是由六十五件青铜编钟组成的庞大的乐器，其音域跨五个半八度，十二个半音齐备。其高超的铸造技术和良好的音乐性能，改写了世界音乐史，被中外专家、学者称为"稀世珍宝"。此外，它的钟体和附件上，还篆刻有两千八百多字的铭文，记载了先秦时期的乐学理论以及曾和周、楚、齐等诸侯国的律名和阶名的相互对应关系。

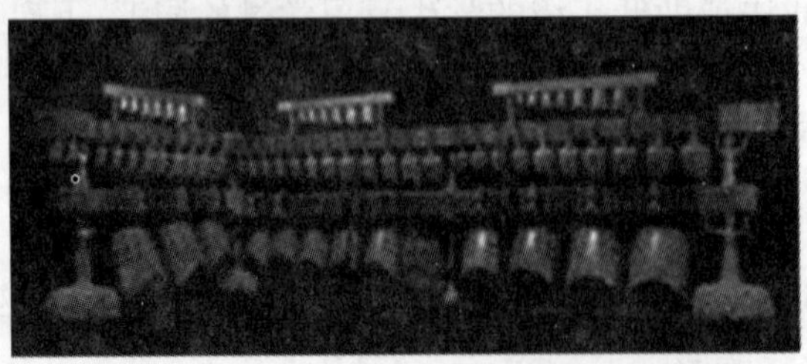

95. 我们常用“五音不全”来形容唱歌跑调,“五音”是中国古代音乐和音阶形式的基础。在我国古代乐理中,“五音之主”指的是:

A. 宫　　B. 商　　C. 角　　D. 徵

96. 编钟上层一组叫“钮钟”,中下层叫“甬钟”,曾侯乙编钟的全套钟都是“一钟双音”,分别是“正鼓音”和:

A. 正钟音　　B. 侧鼓音　　C. 侧钟音　　D. 下鼓音

97. 除编钟外,古琴、竽等乐器也都十分具有代表性。以下诗句中,描写笛声的是:

A. 昆山玉碎凤凰叫,芙蓉泣露香兰笑。

B. 此夜曲中闻折柳,何人不起故园情。

C. 嘈嘈切切错杂弹,大珠小珠落玉盘。

D. 客心洗流水,馀响入霜钟。

98.《周礼·大司徒》云:“以六乐防万民之情,而教之和”。这说明周朝建立后,音乐的功能主要为:

A. 用于劳动生产　　C. 用于宫廷宴饮

B. 为宗教祭祀服务　　D. 为统治阶级服务

99. 明代音乐理论著作《乐律全书》详细阐释了“十二平均律”理论,比欧洲的类似理论更早、更精确。这本著作的作者是:

A. 朱载堉　　B. 姜夔　　C. 张养浩　　D. 李龟年

100. 曾侯乙编钟自 1978 年出土后至今共奏响过三次,其中第三次是在:

A. 1984 年新中国成立 35 周年　　C. 1999 年庆祝澳门回归

B. 1997 年庆祝香港回归　　D. 2008 年北京奥运会

第三部分　综合素质

本部分为情境判断题,共50题。

第101—135题,每组题目由情境及随后的若干条与情境相关的陈述构成,每条陈述都是对情境的一种反应,包括行为、判断、观点或感受等。请先阅读情境,然后根据你对情境的理解,判断你对每条陈述的认同程度,并在答题卡上填涂相应的字母,每个字母代表不同的认同程度。说明如下:

A	B	C	D	E
非常不认同	比较不认同	不确定	比较认同	非常认同

例题:

王宏是澳大利亚某孔子学院的老师。他班上的学生大多是当地的成年人,来自不同的社区,其中有一位学生叫Susan,今年48岁,已经有了一个孙子。Susan是一位马拉松爱好者,两天前她刚刚打破了当地的女子马拉松成年组纪录。王宏非常敬佩Susan,课上他对学生们说:"作为一位48岁的'年轻奶奶',能够取得这样的成绩,简直是个奇迹!"没想到,Susan在下课后立即向校方投诉了王宏,说他不尊重学生的隐私。

面对这种情况,如果你是王宏,请你给出对下列陈述的认同程度:

1. 隐私需要尊重,但自己只是想表达对Susan的敬佩,她的反应有些过分了。
2. 应该向Susan表达歉意,说明自己的想法,争取她的谅解。
3. 经过此事后,应该调整自己的认识,充分尊重他人的隐私。
4. Susan只是一时情绪激动,校方出面做好解释和安抚工作就好,自己再去道歉反而小题大做了。

作答示例:若你对第1题的陈述"比较不认同",则选择B;若对第2题的陈述"比较认同",则选择D;若对第3题的陈述"非常认同",则选择E;若对第4题陈述的认同程度介于"比较不认同"和"比较认同"之间,则选择C。各题之间互不影响。

第101—108题

何老师在西班牙教授中小学生中文。为了帮助学生建立中文学习环境和中文思维,她给学生都起了中文名字。有个学生的名字叫Mónica,有个"卡"的音,何老师想到著名的足球运动员"卡卡",于是就给这个孩子起名叫"卡卡"。

当何老师把这个名字给她时,其他学生全都笑了。何老师并没有在意,因为当她念出其他孩子的中文名时,学生也有一些讨论,何老师只把那当成是学生对新名字的好奇。但是之后在用中文名字做练习时,她发现其他孩子说这个名字时的音调有些奇怪,还带着坏笑。一天何老师在看一部西班牙电影时,才发现"卡卡"的发音和西语中"大便"的发音很相似。

面对这种情况，如果你是何老师，请你给出对下列陈述的认同程度：

101. 学生之间只是互相开玩笑，没有恶意，所以不用太放在心上。

102. 应该批评其他取笑 Mónica 的学生，告诉他们这么做是不对的。

103. Mónica 也许自己对这个名字并没有太在意，否则她当时就会提出来的。

104. 向 Mónica 说明取这个名字的原因，让她自己决定要不要更换。

> 一段时间后，何老师和另一位中国老师聊天儿时，偶然听说 Mónica 的妈妈在一次家长会上向班主任提到了这件事情并表达了对何老师的不满。

面对这种情况，如果你是何老师，请你给出对下列陈述的认同程度：

105. 应该尽快与家长进行沟通解释并道歉。

106. 先了解一下具体情况，视情况再决定下一步应该做什么。

107. 尽快找中国同事商量解决办法，并向班主任说明情况。

108. 家长没有找我，说明问题不大，贸然去找家长可能反而会使事情变得更复杂。

第 109—113 题

> 一次汉语视听课上，吴老师给学生播放了《大鱼海棠》《哪吒》等电影的片段作为练习材料。但是班里有日本留学生提出说，这些是日本电影，画面风格都是日本动画的特征。班里其他同学听了之后都把目光投向吴老师。

面对这种情况，如果你是吴老师，请你给出对下列陈述的认同程度：

109. 这几个学生是故意的，自己应该据理力争，明确告诉他们这些是中国电影。

110. 拿出证据告诉学生这些确实是中国电影，然后把话题拉回到课堂的教学任务上，继续上课。

111. 他们再怎么说也改变不了这些是中国电影的事实，如果有疑问可以让学生自己下课查资料，不应该因为这些事情占用课堂时间。

112. 可以把这些电影、端午节等大家存在误解的事情一并列举解释了，趁此机会纠正学生的错误认识。

113. 当时先简单告诉学生这些是中国电影，之后专门准备一节课从故事来源、电影制作方等方面详细做出解释。

第 114—117 题

> 陈琦这个学期刚到海外一所语言学校任教，Alberto 是他班上的一名学生。一次课后，Alberto 找到陈琦，说他的 18 岁成年聚会安排在附近一家酒吧，想邀请陈琦一起去庆祝。陈琦考虑到和学生还不是很熟，也没有喝酒的习惯，对当地庆祝生日的习俗也还不清楚，便委婉地拒绝了。但第二天，Alberto 还是给陈琦送来了正式的邀请函。

面对这种情况，如果你是陈琦，请你给出对下列陈述的认同程度：
114. 改变自己的决定会显得没有原则，还是应该再次明确拒绝。
115. 当地的年轻人很开放，但作为老师，私下和学生接触太多不太合适。
116. 虽然自己已经拒绝过了，但有必要再次说明自己不能参加的原因并道歉。
117. 学生盛情难却，自己再拒绝会显得不给学生面子，不利于以后上课的开展。

第 118—121 题

开学季的时候，吴玲根据学校安排负责留学生的迎新工作。这天一位来自挪威的学生来报到，在填写相关信息的表格时这位学生提出质疑为什么中国表格的“性别”一栏里只有“男”“女”两个选项。

面对这种情况，如果你是吴玲，请你给出对下列陈述的认同程度：
118. 这位学生之前应该不是第一次填写类似的表格，让他按照自己之前的选择来填就可以了。
119. 表示之后会跟学校反映这个情况，这次请这位学生可以根据自己的需要增加一项。
120. 表示这个表格是学校统一制定的，自己做不了决定。
121. 告诉这位学生如果觉得拿不准选什么可以先不填。

第 122—126 题

张老师在尼日利亚当汉语教师，负责当地一所中学的汉语教学工作。一周后，一次下课之后张老师在办公室随口抱怨了几句今天课堂上学生表现不好，纪律很乱。下午就发现学校的操场上跪了好几个学生。张老师觉得奇怪，就向当地的老师询问原因。当地老师告诉他：“这些学生在汉语课上犯了错，管理教师罚他们跪在操场上。”张老师觉得这样的处罚太严厉了，而且伤害学生的自尊心，就向当地管理教师建议，用口头训导代替罚跪。管理教师笑着对张老师说：“你们外国老师不会管教学生，他们太顽劣，不这样根本不会听话的。”最终，这些学生跪了一个小时，张老师也觉得很愧疚。

面对这种情况，如果你是张老师，请你给出对下列陈述的认同程度：
122. 中国也有“不打不成器”的说法，所以当地学校的处罚方式没有问题。
123. 尼日利亚当地学校的处罚不符合“以人为本”的教育观念。
124. 张老师应该坚持给当地学校一些合理的教育建议，而不应该放任不理。
125. 对学生的处罚是尼日利亚当地中学的管理方法，张老师不应该干涉。
126. 随着社会的发展、时代的进步，民主、自由、平等已经成为时代的主流，以人为本的教育理念更为人们所倡导。

第 127—130 题

陈晨在泰国一所孔子学院工作，她和当地同事相处得都很融洽。凉假时候，陈晨去泰国各地旅游，回学校时给同事们带了些小礼物。其中有一块很有特色的小镜子，她送给了女同事 Goy。但是接到礼物后 Goy 的脸色变得不太好，之后陈晨觉得她对自己的态度也变得冷淡。陈晨感到很困惑，但又不知道自己怎么得罪了 Goy。之后一次岗中培训时候，陈晨偶然听到一位在当地工作很久的同事说起，才知道在泰国送别人镜子，是暗示对方“不自量力、好好照照自己吧”。

面对这种情况，如果你是陈晨，请你给出对下列陈述的认同程度：

127. 为了避免尴尬，应该假装没发现 Goy 对自己的态度有所转变，还是像以前一样做自己的工作。
128. 必须主动向 Goy 道歉，并说明自己送镜子是出于好意，把这个误会解释清楚并求得谅解。
129. 自己应该多向身边有经验的老同事请教泰国文化习俗，掌握泰国礼仪，避免再出错。
130. 泰国风俗习惯太多了，一时间掌握起来很困难，为避免出错还是和泰国同事保持适当距离为好。

第 131—135 题

今天是杨凯在泰国的第一堂课，他在课前精心准备了 PPT。可没想到的是，汉语课刚刚开始十分钟，设备就出现了故障，PPT 不能播放声音。杨凯很着急，因为在他的演示中还有一段对话视频非常重要。

面对这种情况，如果你是杨凯，请你给出对下列陈述的认同程度：

131. 立刻联系管理部门找人协助维修，等声音能够播放再继续上课。
132. 因特殊情况临时跳过今天的课程，直接开始下一个单元的内容。
133. 不能耽误学生上课，立刻带同学们去寻找别的教室，按时完成教学任务。
134. 继续使用 PPT，回忆自己备课时听到的视频内容，这一部分靠自己自述。
135. 先播放视频，让学生根据情境猜猜视频里的人在说什么，并表演出来。

第 136—150 题，每题由一个情境和四个与情境相关的陈述构成，每个陈述都是对这个情境的一种反应，包括行为、判断、观点或感受等。请先阅读情境，然后根据你对情境的理解，从 ABCD 四个陈述中选出你认为在此情境下最合适的反应和最不合适的反应，并在答题卡上按照先后顺序填涂答案。

例题：

李敏在日本一所学校教汉语。刚到日本时，她选择与一位日本同事合租公寓。日本对垃圾分类有严格的要求，虽然李敏很注意垃圾的分类，但由于之前并没有这方面的经验，所以还是经常弄错，甚至导致邻居投诉，室友也多次因此事指责她，言语之间甚至认为李敏没有素质。

面对这种情况，你认为最合适的选择是（　　），最不合适的选择是（　　）。

A. 无须多解释，自己努力学习如何处理垃圾，在不与室友和邻居发生冲突的情况下解决问题。
B. 主动向室友和邻居道歉，说明原委，并向室友寻求帮助，向她学习垃圾分类的方法。
C. 鉴于和室友以及邻居目前的关系不太好，还是尽快找中国同事合住，以便度过适应期。
D. 被室友和邻居误解太没面子了，须尽快从中国同事那里学习垃圾分类的技巧。

答案：最合适 B　最不合适 C

第 136 题

王明老师在法国一所孔子学院任教，这个学期孔院面向所在社区开设了汉语兴趣班，反响还不错，第一期就有将近 20 个学生报名。这天是王明第一次给这个兴趣班上课，他计划先用一些视频和图片来展示中国，以引起学生对中国更多的兴趣。在展示的过程中，一位年纪较大的学生说自己曾去过中国，街道都不怎么干净，总能看到垃圾。

面对这种情况，你认为最合适的选择是(　　)，最不合适的选择是(　　)。

A. 请这位学生不要打断自己的展示，之后继续上课，转移话题。

B. 感谢这位学生的分享，但告诉大家他说的是很多年前的情况，现在中国的环境已经改变很多，欢迎大家亲自去中国旅游感受一下。

C. 据理力争，告诉学生他的说法太片面而且过时，现在中国的环境非常好，之后拿出更多视频来证实。

D. 告诉其他人这个学生对中国的描述只是片面的、只是中国的少数地方，任何国家都会有街道不干净的情况。

第 137 题

> 王明在孔子学院上课过程中发现，由于是面向社区的兴趣班，所以并没有严格的分班依据，而是学生以自己的空闲时间为主来选择班次。这就导致一个班里会出现学生年龄差距较大的情况。渐渐的一些年纪较大的学生学习起来就感觉吃力，慢慢就不来了。王明试图放慢上课节奏，另一些接受能力较强的学生又觉得课程太简单而提出建议和不满。

面对这种情况，你认为最合适的选择是(　　)，最不合适的选择是(　　)。

A. 向孔院反映这个情况，希望能对学生做一个简单的测试然后重新分班。

B. 老年人学习起来本来就不容易，应该给予他们更多帮助，所以还是要把上课节奏放慢。

C. 自己确实没有做到公平地对待所有学生，应该请教有经验的同事怎样处理这类情况，一视同仁地对待所有学生。

D. 私下告诉班级内年轻学生中国人尊老爱幼的传统，希望他们能理解自己放慢课程进度的原因。

第 138 题

> 马老师今年刚开始在中国某大学的国际文化教育学院教授汉语。班上的学生来中国的时间都不长，马老师平时很关心他们。有一次，马老师得知班上的一位美国学生生病了，在医院住院，便想趁周末去看望这个学生。但是，当他到医院见到这位同学时，这位同学非常生气，并且让马老师回去。两人不欢而散。

面对这种情况，你认为最合适的选择是(　　)，最不合适的选择是(　　)。

A. 自己好心去看他，他还冲自己发脾气，太没有礼貌了。

B. 像什么事情都没有发生过一样，以后见面也当没有发生过这件事。

C. 反思一下自己是不是哪里做错了，了解一些文化背景差异。如果自己错了，及时向他道歉。

D. 对他的行为表示理解，但是还是很受打击，以后再也不关心他了。

第 139 题

> 赵老师在德国一所高中任教。一天上课时，她发现有学生在做德语课的作业。

面对这种情况,你认为最合适的选择是(　　),最不合适的选择是(　　)。

A. 不直接点名,走到该学生桌前示意他将作业收起来。

B. 为了防止别的学生也开始在汉语课上写作业,应该直接在课上点名批评,并没收其所做作业。

C. 为保证不影响课程进度先不做处理,课后找到该学生进行批评教育。

D. 走到该学生身边暗示他把注意力转回汉语课,然后课下找他了解为什么在汉语课上做别的作业。

第 140 题

吴凡是在泰国任教的志愿者,性格开朗活泼,很快地融入了当地的生活。半个学期后,有一位和她关系很好的同事在聊天时问吴凡为什么早上不洗澡,说泰国人每天早上都会洗澡。吴凡无奈地笑笑,其实她是知道泰国人习惯早上洗澡的,但因为自己的住宿条件早上洗澡不是很方便,而且自己晚上并没有出汗,早上再洗一次澡没有必要。

面对这种情况,你认为最合适的选择是(　　),最不合适的选择是(　　)。

A. 感谢同事的提醒,表示自己会接受这个建议,之后怎么做还是自己决定。

B. 告诉同事中国人没有早上洗澡的习惯,而且一天洗两次澡对皮肤不好。

C. 泰国同事这样问可能是他们私下讨论过我,为了不让大家觉得自己不讲卫生,还是同样每天早晚都洗澡的好。

D. 向同事解释自己每天都会洗澡,而且晚上的时候并没有再出汗所以早上没有洗澡,之后如果天气太热自己会注意早上也洗澡。

第 141 题

刚来英国教汉语的李莉参加了一次教材会议,几所中学的中文老师聚在一起讨论下学期使用哪套教材。刘老师一组的组员比较年轻,没有老教师经验丰富,参考了一些教材标准。王老师一组组员都是老教师,凭借多年的教学经验,认为教材看一眼就知道好不好,根本不需要什么标准。

面对这种情况,你认为最合适的选择是(　　),最不合适的选择是(　　)。

A. 自己作为新教师还不太了解当地情况,默默听着就好,不需要发表建议。

B. 老教师经验丰富,对当地情况也比较了解,应该多听他们的意见。

C. 教材的选择应有针对性和科学性,不能只凭经验做决定。

D. 教材需要根据学生的兴趣来选择,只有老师们在这里讨论不合理。

第 142 题

王老师在古巴哈瓦那大学孔子学院教汉语。王老师个子小小的,长得很漂亮,性格也很活泼开朗。最近王老师发现班上有一位男生上课时总是盯着自己,还在造句练习时直接夸王老师漂亮。有一次小长假期间,他还给王老师发信息说“我想你”,王老师觉得非常尴尬。

面对这种情况，你认为最合适的选择是(　　)，最不合适的选择是(　　)。

A. 也许是自己想多了，这些可能只是这里的学生表达对老师的喜爱的一种方式。

B. 不回应，如果这个男生有什么想法应该慢慢也会放弃了。

C. 找学校领导反映这个情况，为避免尴尬，希望学校能给这个男生调换班级。

D. 对于学生的赞美表示感谢，还是专注于教学，私下保持距离，可以用“老师也想你们”的方式回复短信。

第 143 题

张璐被派到欧洲某学校负责汉语教学。第一次和办公室同事见面，一位男同事向张璐伸出双臂准备以“贴面礼”的方式和她打招呼，张璐之前不了解这样的打招呼方式，并且觉得和同事还不熟悉，当时就愣了一下并且下意识往旁边闪避开了，场面一时有些尴尬。

面对这种情况，你认为最合适的选择是(　　)，最不合适的选择是(　　)。

A. 为了缓和气氛，应该马上主动拥抱这位同事。

B. 这是在欧洲，应当入乡随俗，勉强自己接受同事的拥抱。

C. 向同事解释中国没有“贴面礼”，希望同事可以用中国人握手的习惯来对待自己。

D. 这是当地的正常社交方式，应该为自己造成的尴尬道歉，并主动模仿同事的方式回以贴面礼。

第 144 题

唐清在美国教汉语，校方给她安排了住宿，室友是一位本土教师，两人相处得很不错。一次，唐清发现室友感冒了，为了表示关心，唐清拿出自己从国内带的含中药成分的感冒药，并嘱咐室友多喝热水。没想到室友告诉她：“你不是医生，你告诉我的方法并没有任何科学性。”唐清听了感觉很委屈。

面对这种情况，你认为最合适的选择是(　　)，最不合适的选择是(　　)。

A. 室友这样说可能是生病心情不好，安慰她感冒只是常见的小问题不用担心。

B. 自己这样做虽然是关心室友，但也有些唐突了，以后这方面问题还是不要发表自己的建议了。

C. 自己的行为确实有欠考虑，美国人注重逻辑，讲究科学，自己应该尊重他们的思维方式和生活习惯。

D. 室友这样说是不信任自己，应该给她科普中药的巨大作用，希望她能试试自己带来的药。

第 145 题

张老师在课上给学生讲了《滥竽充数》的故事，她对学生说：“这是一个寓言故事，告诉我们不能耍小聪明，要有真才实学。”一个叫 James 的学生说：“可是那个人也很聪明啊，他用智慧找了份轻松的好工作，而且还很警惕，在被发现前就离开了。”班里同学有人也认同这个观点。

面对这种情况，你认为最合适的选择是(　　)，最不合适的选择是(　　)。

A. James 在汉语课上故意曲解故事的意思，扰乱课堂秩序，应该批评他。

B. 学生提出这样的问题说明还没有理解这个故事，老师要反思自己的教学。
C. 学生们的想法很独特，可以引导学生针对这个问题用汉语展开小的讨论。
D. James 思路很开阔，是从另一个角度看待了这个故事。

第 146 题

小吴去年被派往缅甸的一所小学担任汉语教师志愿者。到任之前他以为只要完成规定的汉语教学任务就行了，没想到学校经常会安排他做一些和汉语教学无关的工作，比如在校门口迎接学生、负责其他科目监考，以及给各种活动帮忙。小吴觉得这些任务占用了自己的私人时间。

面对这种情况，你认为最合适的选择是（　　），最不合适的选择是（　　）。
A. 虽然很累，但这是学校布置给我的任务，还是要认真完成，不能拒绝。
B. 在出国前对自己的定位并不准确，这样的情况说明汉语教师志愿者在这里就是“廉价劳动力”。
C. 可以重新审视自己在当地学校的角色和职责，把这些事情当成“志愿者”经历的一部分。
D. 直接向上级领导反映情况，说明这些任务已经超出了规定的工作范围。

第 147 题

贺阳老师刚到美国任教的时候没有找到合适的房子，于是先住在宾馆。几天后外方负责租房的中介通知他房子已经找好了，并把地址发给了他。贺阳发现公寓位置比较偏僻，为了入住后尽快安置，于是网购了一些小家具并把送货地址写成了新公寓。计划第二天新家具下午送到，贺阳也就打车赶往公寓。但是到了公寓后，门卫说由于贺阳没有提前预约，所以不能放他进去。

面对这种情况，你认为最合适的选择是（　　），最不合适的选择是（　　）。
A. 没有告知需要预约是中介的问题，给中介打电话让他和门卫沟通。
B. 告诉门卫自己的酒店已经退了，自己行李这么多也没有地方可以去，希望门卫通融、破例一次。
C. 门卫只是按规章办事，自己可以联系宿舍管理人员把具体情况跟他说明，争取沟通协调。
D. 心里有些不满但只能无奈接受，但是表示愿意付寄存费希望把行李寄存在这里，自己暂时再去找别的地方住一晚。

第 148 题

刘涛第一次出国任教，担心自己吃不惯当地食物，所以带了很多调料和食材。到韩国之后，有一次请韩国同事到家里玩儿，同事看到他带的东西后，说当地有中国超市，里边什么都有。

面对这种情况，你认为最合适的选择是（　　），最不合适的选择是（　　）。
A. 对韩国同事告诉自己这个消息表示感谢，之后自己可以试着去那里的商店看看。
B. 同事这样说是在夸耀他们国家什么都有，要告诉他自己带来的比较正宗。

C. 同事可能只是随口说起来没有别的意思,所以听听就好了。
D. 感谢同事告诉自己这里有卖中国食物,但是自己带来的意义不同。

第 149 题

周老师在瑞典任教。为了改变一些学生的“中国仍停留在几十年前的发展水平”的刻板印象,周老师在一次课上给学生播放了关于中国近几年的一些成就,比如航天、高铁等。但有的学生却仍认为中国一定还有很多贫困的地方,而且与其把钱用在这些方面,不如拿去改善人们的生活。

面对这种情况,你认为最合适的选择是(　　),最不合适的选择是(　　)。
A. 不需要跟学生争辩,他们是不愿意承认中国今天的变化,今后多多展示中国的正面形象就好了。
B. 承认中国确实还有贫困的地方,就像瑞典一定也存在发展落后的地区一样。
C. 学生的刻板印象太深了,以后的教学中应该尽量加大宣传中国的正面形象。
D. 告诉学生中国虽然还有落后的地方,但国家一直在努力发展改变,请他们有机会去中国看看。

第 150 题

小王是一位国际汉语教育专业毕业的汉语老师,语法水平有限,所以上课时常常借助英语。渐渐他发现学生会在课上聚在一起说话。王老师询问学生在聊什么,学生说是在讨论刚刚的语法知识,有的同学没有听懂,所以在问别的同学。面对这种情况,老师和学生都有些无奈。

面对这种情况,你认为最合适的选择是(　　),最不合适的选择是(　　)。
A. 避免讲复杂的语法,只讲一些简易呈现的内容比如词汇、简单语法。
B. 汉语教师除了提高自己的外语水平,还应该寻找通俗易懂的讲解方法,让学生听懂。
C. 向学校反映教学中的困难,申请给自己配一位翻译老师。
D. 努力提高自己的语法水平,今后在备课时提前把要讲的语法内容翻译出来,上课时展示在课件上。

《国际中文教师证书》

考　试

（通用版）

必刷试卷二

注　意

一、本试卷分三部分：

1. 基础知识 50 题

2. 应用能力 50 题

3. 综合素质 50 题

二、请将全部试题答案用铅笔填涂到答题卡上。

三、全部考试约 155 分钟（含 5 分钟填涂答题卡时间）。

第一部分　基础知识

第1—7题

> 白日依山尽，黄河入海流。
> 欲穷千里目，更上一层楼。
> ——唐·王之涣《登鹳雀楼》

1. 这首诗出现了多少种音位/i/的变体？
   A. 1种　　B. 2种　　C. 3种　　D. 4种

2. 这首诗的第三句和第四句用了什么修辞格？
   A. 对偶和借代　　B. 拟人和比喻　　C. 对偶和夸张　　D. 对偶和双关

3. “更上一层楼”中的“一”朗读时的声调是什么？
   A. 阴平　　B. 阳平　　C. 上声　　D. 去声

4. 下列造字法相同的一组是：
   A. 白　流　　B. 流　千　　C. 目　里　　D. 千　层

5. 下列哪个字和“黄”的音节结构一样？
   A. 白　　B. 流　　C. 山　　D. 层

第5题

6. “黄河”的国际音标是什么？
   A. [xuɑŋ]　[xɤ]　　B. [huɑŋ]　[hɤ]　　C. [huɑn]　[he]　　D. [xuɑŋ]　[xə]

7. 关于“生”的形体演变顺序，正确的是：
   A. 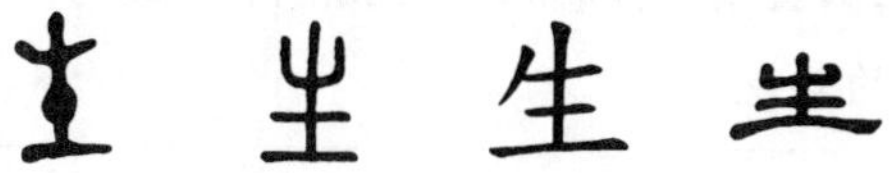
   B. 
   C. 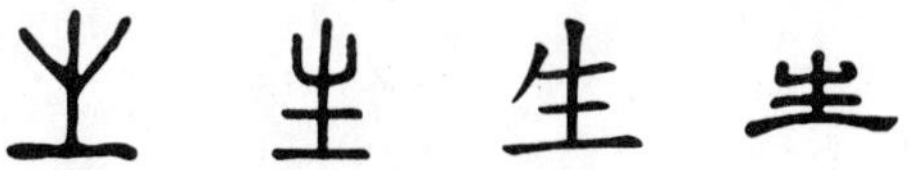
   D.

第8—13题

杰克:⑧下周末圣诞节,你打算做什么?
李菲:没想好,你呢?
杰克:⑨我们圣诞节有一个派对,⑩你也来参加吧!
李菲:太好了。派对什么时候开始?
杰克:⑪晚上七点。到时我来找你,⑫咱们一起走。
李菲:好啊,⑬不见不散。
杰克:不见不散。

请选出对话中画线句子对应的句型句式,在A—G中进行选择,其中有一个多余选项。

8. ________
9. ________
10. ________
11. ________
12. ________
13. ________

A. 动词谓语句
B. 名词谓语句
C. 形容词谓语句
D. 主谓谓语句
E. 动词性非主谓句
F. 名词性非主谓句
G. 祈使句

第14—16题

甲:你听见水声了吗?
乙:听见了,是不是快到了?
甲:对,我们马上就到黄果树瀑布。
乙:啊!这里就能看到瀑布了!太壮观了!
甲:当然,黄果树瀑布是中国第一的瀑布,高度大约七十米,有八十多米宽。据科学家说,黄果树瀑布形成已经有五万年的历史了。
乙:我们是不是该下车了?
甲:对,我们要从这里步行下山,去山脚看瀑布更壮观。之后再上山去看"水帘洞"。你爬得了山吗?
乙:没问题,我们一步一步地爬吧。今天我要好好欣赏一下这里的景色。

14. 下列哪项最适合作为讲解画线句中"一步一步"的例句?
   A. 老师叫我们一遍一遍地练这个字。
   B. 雨滴一下一下地落在房檐上。
   C. 一场一场的商讨会,搞得他筋疲力尽。
   D. 考生们排着队,两个两个地走进考场。

15. 在操练本课重点语法时，教师安排了下列三种练习，请指出正确的操练顺序：

①完成句子：

他说得太快了，我________________。

这种词典很常见，每个书店都________________。

②句型替换：

他看得懂这篇文章吗？

他看得懂/他看不懂。

听	到	琴声
买	到	那本书
记	住	这么多生词

③两人一组，一人提问，一人回答。如“你看得懂书法吗？”“你买得起一件衬衣吗？”，然后两人互换角色。

A. ①②③　　B. ①③②　　C. ②①③　　D. ②③①

16. 汉字的形体总是携带着一些可供分析的意义信息，这也是汉字区别于其他拼音文字的重要特征。下列哪个汉字在讲解时最适合根据字形对其进行释义？

A. 黄　　B. 多　　C. 科　　D. 欣

第 17—20 题

下面是一篇留学生的日记：

今天早上到了香港，因为我的妈妈和姨妈
来了香港，所以我要见面她们。
她们要看在香港的博览会，我们先去酒店
然后去博览会场，那是个真热闹的地方，而且
拥挤。我们三个人工作完后觉得很饿，就一起
去吃午饭。好久没跟妈妈一起吃饭了。今天真
累，但是心情好了。

17. 材料中有一处明显的语法偏误，涉及什么词的使用规则？

A. 代词　　B. 动词　　C. 离合词　　D. 助动词

18. 材料第二段中副词“真”的用法有误，下列哪项规则最适合解释该错误？

A. “真”不能单独作谓语

B. “真 + 形容词”不能作定语

C. 这里的“真”表示“真实”，和表示“确实、真切”用法不同。

D. “真”与“形容词”中间缺少助词“的”

19. 材料中一共有几个错别字？

A. 2　　B. 3　　C. 4　　D. 5

20. “真热闹”和“香港”的正确拼音是：

A. zhēnrè’nao xiānggǎng

B. zhēn rè nao Xiānggǎng

C. zhēn rènao Xiānggǎng

D. zhēn rènao xiānggǎng

第21—25题

安妮：周芸，等我一下！

周芸：怎么了？

安妮：我刚注册了微信……

周芸：太好了！①给我你的微信号码……好了，这样我们就是好友了。在中国，用微信比用博客、Facebook和Whatsup方便得多。

安妮：我也发现了。

周芸：微信②不仅能聊天，还能发照片和视频。你看，这是我的“朋友圈”。

安妮：这些都是你拍的吗？真好看！

周芸：我朋友也夸我拍得不错。你知道吗？我前天还和爸妈去杭州旅游了，拍了很多照片。

安妮：我看看……你很喜欢拍照。

周芸：对，而且也喜欢旅游。

林东：现在，大家都有自己的爱好，有的人喜欢旅游，有的人喜欢看书，有的人喜欢写博客，有的人喜欢画画，还有的人喜欢玩儿电脑，这就是人们常说的：萝卜青菜，各有所爱。

21. 下面对句①的句型描述正确的是：

A. 双宾句　　B. 连动句　　C. 非主谓句　　D. 主谓谓语句

22. 句②蕴含的语义关系是：

A. 递进　　B. 并列　　C. 假设　　D. 选择

23. 你认为最适合做本课拓展话题的是：

A. 交通工具

B 名胜古迹

C. 业余爱好

D. 假期安排

24. 下列外来词的借入方式与“博客”相同的是：

A. 华尔兹　卢布　火车

B. 巧克力　引擎　盘司

C. 沙丁鱼　芭蕾　休克

D. 新西兰　电梯　的士

25. 与“萝卜青菜，各有所爱”意思相近的成语是：

A. 叶公好龙

B. 各执一词

C. 爱屋及乌

D. 乐山乐水

第26—32题

李蓓:我们明天一起去游乐场吧!

莉莉:好啊,明天几点出发?

李蓓:早上十点可以吗?我在车站等你。

莉莉:好的,那我们不见不散。

(第二天)

李蓓:对不起,我迟到了,①今天早上我肚子不舒服。

莉莉:没关系,②你不舒服的话我们今天**就**不去了。

李蓓:我好多了,我们走吧。

(在游乐场)

莉莉:哎呀,学生证可以打折,③我应该提前想到的。

李蓓:没关系,④买普通的也一样。我们进去吧。

莉莉:现在有点儿热,我得把外套脱下来,你的包⑤放得下吗?

李蓓:⑥把我包里昨天买的"龙井"拿出来的话,应该放得下……,装进去了。

莉莉:谢谢。

26. 句①"我肚子不舒服"属于:

A. 周遍性主谓谓语句

B. 关涉性主谓谓语句

C. 领属性主谓谓语句

D. 受事性主谓谓语句

27. 下列哪项与句②中"就"的意义和用法相同?

A. 如果他不来的话我就一个人去看。

B. 他这人聪明,什么东西都一学就会。

C. 面包太干了,得就着牛奶吃。

D. 我们班就十个人。

28. 文中句③和句④中的"的"分别是:

A. 结构助词　语气词

B. 语气词　结构助词

C. 语气词　语气词

D. 结构助词　结构助词

29. 句⑤中"放得下"属于:

A. 情态补语

B. 程度补语

C. 结果补语

D. 可能补语

30. 句⑥中"龙井"运用了借代的辞格,属于哪种类型的"借代"?

A. 成分借代

B. 地名借代

C. 特征借代

D. 品牌借代

31. 这篇对话共有多少个话轮？（易错）

A. 3 个　　B. 6 个　　C. 8 个　　D. 12 个

32. 学完课文后，老师让大家两人一组，商量安排周末计划，这种练习方式属于：

A. 无意义练习

B. 扩展性练习

C. 交际性练习

D. 机械性练习

第 33—38 题

下面是一篇课文的课后词语辨析题。 ①中国菜是由各个地区(　　)具特色的菜系组成的。(颇　很) ②她是湖南人，饮食上(　　)辣。(好　很) ③鲁菜(　　)刀工闻名。(以　于) ④淮扬菜(　　)江苏菜。(既　即) ⑤川菜起源(　　)中国古代的巴国和蜀国。(在　于)

33. 下列哪项中的“好”与第②题中的“好辣”语义一致？

A. 好半天　　B. 好看　　C. 好写　　D. 好胜

34. 下列哪项中的“以”与第③题中的“以”意义一致？

A. 一以贯之

B. 以人废言

C. 以儆效尤

D. 三十以内

35. 下列词语的拼音中，都没有介音（韵头）的是：

A. 闻名　　B. 淮扬　　C. 湖南　　D. 起源

36. 关于“即”和“既”的读音和用法，下列哪项正确？

A. 若即若离　（即 jì）

B. 一触即发　（即 jí）

C. 即往不咎　（即 jì）

D. 招之既来　（既 jí）

37. 中国饮食文化中传统的“八大菜系”，通常是指：

A. 粤、川、闽、苏、浙、豫、徽、湘

B. 鲁、粤、川、闽、晋、苏、浙、徽

C. 鲁、粤、川、闽、苏、浙、徽、湘

D. 鲁、皖、川、闽、苏、浙、徽、湘

38. 针对上述练习中的“于”，下列哪项教学内容**不恰当**？

A. 分析介词“于”的使用条件

B. 将“于”和“於”进行对比探源

C. 将“于”和“在”进行对比分析

D. 讲清介词“于”使用的语体特征

第39—45题

杨萌在葡萄牙一所中学教汉语，下面是她设计的《十二生肖》一课的教案。

课文题目	十二生肖	教学对象	初一B班；学习汉语3个月	教学时间	50分钟
教学目标	1. 了解十二生肖文化；能够认读生肖汉字，会写自己的生肖汉字。 2. 能够运用所学句型询问他人生肖。				
教学内容	1. 字：鼠、牛、虎、兔、龙、蛇、马、羊、猴、鸡、狗、猪 2. 词：生肖、属相 3. 句：你属什么？ 我属…… 4. 重点：句型 5. 难点：汉字认读；自己生肖汉字的书写				
教学步骤	一、话题导入 1. 利用“你家有什么动物？”“你最喜欢什么动物？”等问题引起学生对动物主题的兴趣。 2. 引出问题“你知道为什么中国人说今年是‘牛年’吗？” 二、故事介绍 1. 给学生展示“十二生肖”传说的动画视频。 2. 提问：“现在大家知道十二生肖包括哪些了吗？”“想不想知道自己的生肖？” 三、生词学习 1. 认读：运用图片、动物玩具展示，以及模仿声音、动作等方法进行词语认读教学，使学生能基本掌握十二生肖的名称。 2. 小练习：发给学生带有年份的十二生肖图，让学生找到自己的属相，并给十二生肖加注拼音。 3. 句型：引入“你属什么？”“我属……”两个日常用语教学，之后学生分组进行对话练习。 4. 书写：带领学生书写自己的生肖汉字。 四、巩固练习 1. 词汇练习：发给每个学生印有图案、拼音或汉字的卡片，让学生“找朋友”——找到和自己卡片内容搭配的其他卡片。 2. 句型练习：分成三组，排队站好，准备一叠生肖卡片，由教师先提问第一个学生“你属什么？”，学生从卡片中抽取一张并根据卡片回答“我属……”，之后接力。三组比赛，看哪组说得又快又好。 五、作业布置					

39. 下列哪项中的两个字属于同一种造字法，并且都可以作为汉字部首？

A. 兔　牛　　B. 马　兔　　C. 鼠　虎　　D. 虎　蛇

40. 下列哪组字的声母发音成阻方法相同？

A. 鸡　猪　　B. 牛　龙　　C. 虎　狗　　D. 蛇　猪

41. 下列哪项与"属相"属于同类音变现象？

A. 眼儿　　B. 不要　　C. 客气　　D. 统一

42. 下列各句中的"属"与"属相"中的"属"读音相同的是：

A. 属予作文以记之。——《岳阳楼记》

B. 常有高猿长啸，属引凄异。——《水经注·三峡》

C. 项王渡淮，骑能属者百余人耳。——《史记·项羽本纪》

D. 十三学得琵琶成，名属教坊第一部。——《琵琶行》

43. 本节课为 50 分钟，第四环节用多长时间比较适宜？

A. 3—5 分　　C. 11—15 分钟

B. 6—10 分钟　　D. 20—25 分钟

44. 下列哪项最适合作为本课的作业？

A. 参观动物园　　C. 介绍自己的宠物

B. 制作动物玩偶　　D. 调查家人、朋友的生肖

45. 杨老师组织了多种活动和游戏来辅助教学，下列哪项说法正确？

A. 每项活动都要求所有学生参加，保证公平性

B. 主要通过示范法来展示活动规则，演示具体步骤

C. 为提高学生的学习热情和兴趣，课堂活动多多益善

D. 为使学生快速进入活动，节省时间，不必经常更新课堂活动

第 46—50 题

1. 对比分析假说认为：第二语言习得的主要障碍来自第一语言的干扰。 2.《跨文化语言学》一书指出：凡跟学习者的母语相似的项目，对他们就比较容易；而跟他们母语不同的项目学起来就困难。教师应该把目的语和学生的母语进行比较，找出差异，确定教学难点和重点。

46. 材料中观点的提出者是：

A. Lado　　B. Krashen　　C. Selinker　　D. Corder

47. 该理论假说的心理学基础是：

A. 认知理论

B. 行为主义理论

C. 完形心理学

D. 人本主义心理学

48. 对比分析的四个步骤是：

A. 选择—描写—对比—预测

B. 选择—对比—描写—预测

C. 描写—选择—对比—预测

D. 预测—选择—描写—对比

49. 在对英美学生进行中文教学时，下列内容中**不需要**教师在教学中运用到对比分析的内容的是：

A. 无标记被动句

B. "主谓宾"句型，如"我喜欢苹果"

C. 定语的位置

D. 声母 b、p

50. 以下各种第二语言教学法，以对比分析为理论基础的是：

A. 直接法

B. 认知法

C. 暗示法

D. 听说法

第二部分　应用能力

第51—55题

> 教学内容:动物名词狗、猫、老虎、大象、熊猫、袋鼠、猴子等
>
> 教学对象:汉语水平初级阶段学习者
>
> 教学环节:
>
> 1. 导入:提问"你喜欢什么动物?"
> 2. 学习生词:根据图片跟读;点读;学唱"动物歌",跳"动物舞"。
> 3. 练习:老师做动作,学生抢答表演的是什么动物;请学生上来表演,其他同学猜。

51. 这节课中老师采用的教学方法是:

A. 视听法　　C. 交际法

B. 听说法　　D. 全身反应法

52. 该教学设计较适用于:

A. 初级阶段的阅读技能课

B. 零基础阶段的汉语词汇学习部分

C. 中级阶段的成人语法教学环节

D. 大学中的初级商务汉语选修课

53. 该教学法根据其所体现的语言教学特征来看,属于:

A. 认知派　　C. 经验派

B. 功能派　　D. 人本派

54. 以下教学活动中,属于该教学方法的是:

A. 先给出"把 + N. + V. + 在/到 + N."的结构,然后让学生两人一组进行对话练习

B. 教授数字时用手指比划数字,学生听指令做出对应"手指数字"

C. 用"I am a student"讲解"我是一个学生"

D. 给出例句"我比弟弟高"及多组具有不同特征的图片,让学生根据图片用"比"模仿造句

55. 和上述教学法属于同一流派的教学法是:

A. 视听法　　C. 默教法

B. 语法翻译法　　D. 交际法

第56—58题

魏华即将被派往印尼一所高中担任汉语教师，教授汉语课程。在正式开始上课前，他联系到了当地学校的教学主任，了解了学生的情况：两个班级为汉语专业班，班级人数为15人左右；授课20周，每周4课时；另一个为汉语兴趣班，班级人数为25人左右，也是授课20周，每周2课时。这三个班全是零基础的学生，之前没有接触过中文。根据了解到的信息，魏老师准备从①课程设计、②教案编写、③教学对象分析、④诊断测试、⑤教学目标等方面进行教学设计。

56. 下列哪个话题**不适合**作为魏老师的教学内容？

A. 说说自己的兴趣

B. 交流未来的理想职业

C. 谈论信仰

D. 自我介绍

57. 针对上述材料提供的信息，魏老师应该：

A. 对两种班级都先不要设置较高的汉语课教学目标

B. 对汉语专业班要增加测试的频率，督促学生复习

C. 为了公平起见，对所有班级设置一样的教学目标和内容

D. 尽量加快教学节奏，短时间内强化学生的汉语水平和语言技能

58. 将材料中①—⑤按教学流程的先后顺序进行排序，哪种排序正确？

A. ③②⑤①④

B. ③⑤①②④

C. ②⑤①③④

D. ⑤③②①④

第59—62题

刘星：杰克！

杰克：刘星！好久不见！

刘星：是啊，这个学期你们不在东校区上课，咱们很久没见了。你一进门我就看到你了。来接人？

杰克：不，我来买票。

刘星：假期要出去旅行？

杰克：是的，我打算暑假和安迪一起去云南玩。你呢？你也来买票吗？

刘星：不，我来接一个朋友，他来大连出差，我带他参观参观。

杰克：他的高铁几点到？

刘星：应该是五点半。但是我刚听工作人员说，因为前方线路出问题，这趟车要晚点半个小时。

59. 下列哪项最适合作为讲解画线句中语法项的例句？

A. 我一喝牛奶就拉肚子。

B. 他一解释我就明白了。

C. 他们一下课就去吃饭了。

D. 我打算一下班就回家休息。

60. 如果想训练学生成段表达的能力，下列哪种操练方法不合适？

A. 看图说话

C. 介绍一段自己的经历

B. 自编情景对话

D. 变换角色复述课文

61. 教学生写汉字“旅”时，最恰当的教学方法是：

A. 带领学生反复书写，熟能生巧

C. 先拆分“旅”的笔画笔顺，再练习整字

B. 介绍“旅”的古义，加深学生印象

D. 先分析“旅”的结构，练习部件，再练习整字

62. 在课文串讲环节，教师会针对课文提出一些展示性问题，如“杰克去车站做什么？”“谁打算暑假去云南旅游？”等等，这种提问方式与下列哪项不同？

A. 刘星在车站看到了谁？

C. 对话中的两人是什么关系？

B. 刘星为什么还没接到朋友？

D. 刘星要等的车可能几点到？

第 63—65 题

杰克：现在正在演讲的是谁？
安欣：那是我们班的佩林，怎么了？
杰克：我觉得她的中文非常好。
安欣：是的，她的发音比较标准。我们班还有中文说得更好的。
杰克：是谁？
安欣：安迪，就是我们班个子最高的那个男生。
杰克：我记得他，我常常在图书馆看到他。
安欣：对，他很努力。

63. 学完课文后，教师让学生以第三人称口述该课文。这属于哪类口语表达练习？

A. 论述　　B. 转述　　C. 评述　　D. 复述

64. 本课的重点可能是：

A. 程度补语

C. 程度副词

B. 比较句

D. 疑问句

65. 教师在处理“常常”一词时，以下教学步骤正确的序列是：

①提问“你的爱好是什么？多久做一次这件事？”等，请学生使用“常常”表达。

②认读“常常”，熟悉读音、写法、词性。

③展示例句，引出“常常”的搭配特点和其他用法。

A. ②③①

C. ③①②

B. ①③②

D. ②①③

第 65 题

第66—70题

<table><tr><td>
有时学生对汉语表达式的不同语用功能分辨不清,会出现语用失误。例如,在课文里有这样一句话:"我是老板,叫你做的你做,没叫你做的就少多事,少问!"学生知道"少"表示比原来的数量有所减少,但他们不能准确理解这句话的真实含义。面对这种情况,李老师列出了两组句子进行对比:
第①组　　第②组
少说几句吧!　　少来这一套!
少吃点儿吧!　　少(说)废话!
少喝几杯吧!　　少管闲事!
少抽几支吧!　　少多事,少问!
李老师希望通过教学设计,引导学生正确理解并强化学生的语用意识。
</td></tr></table>

66. 下列哪项最适合做本案例的教学活动?

A. 交际互动,复习如何表达数量的减少

B. 模拟场景,使两组的不同因素明朗化

C. 图片导入,比较"少"与"多"的差异

D. 听说领先,仔细体验"少"的语气语调

67. 关于第①组的例句,下列哪项说法正确?

A. 说话人与听话人关系良好,语气和缓

B. 说话人与听话人互相猜疑戒备,语气舒缓

C. 说话人认同听话人正施行的行为,希望其继续

D. 听话人行为过少,说话人提醒其增加行为数量

68. 案例中第②组的语用功能是:

A. 提醒　　C. 强调

B. 警告　　D. 劝告

69. 针对学生分辨不清表达式包含不同语用功能的情况,教师应采取哪种方法进行教学?

A. 寻找多个例句进行语法结构对比

B. 结合正反例句进行句式意义对比

C. 从词源词义角度进行挖掘性对比

D. 结合语境和交际进行多角度对比

70. 最适合本案例的教学拓展活动是:

A. 两人一组对话练习　　C. 上街观察中国人谈话

B. 请学生到家里做客　　D. 看指定视频回答问题

第71—75题

> 曹老师准备用“角色扮演”的活动来练习“把”字句:“春节活动”的教学设计。
>
> 设定情景:春节就要到了,班级要负责这次的春节活动。大家三人一组,讨论活动会场的布置和准备。用“把”字句做练习。
>
> 练习之后请每个组上台进行表演。
>
> 提示信息:
>
> 第一组:
>
> 灯笼　挂到墙上
>
> 春联　贴在门上
>
> 零食　摆到桌子上
>
> 邀请函________
>
> …………

71. 案例中的活动最适合下列哪一课型?

A. 口语课　　C. 阅读课

B. 听力课　　D. 写作课

72. 根据“把”字句的分类,学生任务卡的画线处应填入哪一短语?

A. 买回来　　C. 送给老师

B. 复印好　　D. 盖上“新年”标签

73. 下列哪种“把”字句的练习方式效果最差?

A. 看图,用“把”字造句　　C. 把下列“把”字句改为“被”字句

B. 将下列词语连成“把”字句　　D. 把下列“把”字句(肯定句)改为否定句

74. 下列哪句属于“把”字句的泛化偏误?

A. 失败以后,很难再把自己振作起来。

B. 妈妈让我把衣服干净洗。

C. 我要把给朋友的礼物寄在邮局。

D. 那位司机捡到了我的手机并且还给了我,于是我把感谢信写了。

75. 学生表演环节中,下列教师的做法哪项**不正确**?

A. 在每组表演完后都给予评价和总结

B. 遇到学生出现错误立即打断并纠正

C. 当学生表演遇到困难时提供帮助或加以引导

D. 记录学生展示中的问题,并统一有针对性地予以纠正

第 76—80 题

①女:听说你妻子生了个儿子,恭喜恭喜啊!

男:谢谢,欢迎 9 月 3 号来参加孩子一百天的聚会。

问:聚会安排在哪一天?

A.9 月 3 号　　B.3 月 9 号　　C.9 月 13 号　　D.3 月 19 号

②女:你比赛赢了奖金怎么也不请我们吃饭呢?

男:我这不是怕你太忙没空搭理我嘛。

问:女的和男的是什么关系?

A. 师生　　B. 朋友　　C. 领导和职员　　D. 母亲和儿子

③下面你将听到一段介绍,听后请回答问题。

非常抱歉地通知您,受天气影响,从北京飞往广州的 CA101 次航班大约晚点 50 分钟,预计登机时间 15:40。从北京飞往海口的 GS993 次航班大约晚点 45 分钟,预计登机时间 15:45。飞往新疆的 CA386 次航班大约晚点 55 分钟,预计登机时间 16:15。飞往重庆的 HU456 航班改为 H5 登机口,计划准时 14:25 登机,请旅客做好登机准备。

76. 第①题中的对话内容还可以采用下面这种形式:

女:听说你家有弄璋之喜,恭喜恭喜啊!

男:谢谢,欢迎 9 月 3 号来参加孩子的百岁宴。

与这组对话相比,教材中选取语料的原则是:

A. 趣味性　　B. 通俗性　　C. 规范性　　D. 实用性

77. 第②题主要考查学生对下列哪项内容的识别能力?

A. 语气　　B. 重音　　C. 停顿　　D. 节奏

78. 针对第③道题的语料,下列哪种提问方式最为恰当?

A. 哪个航班没有晚点?

B. 飞往新疆的航班是哪一趟?

C. 按照原计划,哪架航班登机时间最早?

D. 晚点时间最少的航班原计划几点起飞?

79. 汉语课堂普遍存在“学生只能听懂本班教师说话,听不懂其他人说话”的情况,教师采用哪种做法更利于解决这一问题?

A. 在日常教学中适当加快语速、增加课本之外的词汇

B. 提供真实对话视频,使学生接触不同的口音和语速

C. 为了营造更真实的听力环境,在听力材料中增加环境噪音

D. 引入中文朗诵、相声等多种风格的语言材料,增加学生的语料输入

80. 针对听力课上学生出现的错音错调，教师应该：

A. 重复学生的错音错调，帮学生加深印象，让学生引以为戒

B. 启发学生，使他们能自己发现错误，并引导他们自己纠正

C. 听力课的主要目标是训练听的能力，所以不必理会语音错误

D. 为防止语音错误"化石化"，要重视错音错调，不放过每一个错误

第 81—86 题

下面是一节关于汉字课堂活动的设计。

趣味汉字
活动过程：教师先在黑板上写一个"囚"字，告诉学生可以把这个字想象成一个封闭的房间，一个人被关在里边。然后教师又写出几个汉字，请学生想象如何解释，如何记忆。

81. 教师在教学中启发学生思考，这体现了教师的何种角色？

A. 合作者　　C. 引导者

B. 激励者　　D. 示范者

82. 下列哪个汉字**不适合**用上述方法来让学生解释？（易错）

A. 灭　　B. 刃　　C. 楼　　D. 泪

83. 教师应当对课堂活动的时间、程序等方面的安排有所控制，这体现了课堂活动设计的什么原则？

A. 针对性原则　　C. 难度适度原则

B. 实效性原则　　D. 可操作性原则

84. 课上个别学生有注意力不集中、交头接耳等行为，教师较好的处理方法是：

A. 停下讲课，等安静了再继续

B. 走到走神儿的学生旁边

C. 问交头接耳的学生在聊什么，或刚才在想什么

D. 直接批评学生

85. 教师在课堂活动后，设计了随堂小测试检测学生对汉字的记忆情况，这属于：

A. 形成性评估　　C. 诊断性评估

B. 安置性评估　　D. 终结性评估

第 85 题

86. 关于汉字教学的原则，下列说法**错误**的是：

A. 可根据汉字造字原理进行教学　　C. 重视实用性、趣味性

B. 注重形、音、义相结合　　D. 对所有学生运用统一的教学方法

第 87—89 题

丁老师被派往土耳其一所孔子学院教授汉语，他所负责的中级 1 班和 2 班是平行班。在一次单元测试中，丁老师设计了一套试卷，题型包括：①看图作文、②完形填空、③翻译句子、④组词成句、⑤词语搭配。考试结束后，学校统计了两个班的成绩，列表如下：

1 班	68	71	74	77	77	79	84	85	86	89	90
2 班	65	68	70	74	76	79	82	87	89	92	98

87. 材料中命制的试卷题型，下列哪项排序最为合理？

A. ⑤③④②①
B. ④⑤②①③
C. ⑤④②③①
D. ④⑤③①②

88. 根据测试的目的，材料中进行的测试属于下列哪种类型？

A. 学能测试　B. 水平测试　C. 成绩测试　D. 分级测试

89. 为比较两个班学生的总体水平和教学效果，在进行成绩分析时，使用下列哪个参数最能体现两个班的差距？

A. 众数　B. 平均数　C. 中位数　D. 全距

第 90—93 题

甲：西湖的游客可真多！
乙：是啊，因为现在是国庆节假期，大家都出来旅游了。
甲：您也是和家人一起来的吗？
乙：不，我是自己来的。小伙子你呢？
甲：我也是自己来的，那我们一起走吧。
乙：好啊。你是这里的留学生吗？
甲：是，我在南京上学。
乙：来中国多久了？
甲：差不多三年了。
乙：有女朋友了吗？
甲：<u>您渴不渴？</u>我看到那里有个小商店，我有些热，想去买瓶水。
乙：好，咱们去买水，然后休息一下。

90. 画线句在文中的作用是：

A. 相互对比　B. 细致关心　C. 转移话题　D. 热情推销

91. 下面哪项描写的是文中提到的景点？

A. 凤凰台上凤凰游，凤去台空江自流。
B. 落霞与孤鹜齐飞，秋水共长天一色。
C. 湖上春来似画图，乱峰围绕水平铺。
D. 峰峦如聚，波涛如怒，山河表里潼关路。

92. 下列哪项最适合做这篇课文的口语拓展练习？

A. 谈学习和生活
B. 描述旅游经历
C. 介绍中国的江河湖泊
D. 讨论“独自旅行”和“结伴旅行”

93. 如果针对这篇课文设计文化教学拓展训练，下列哪种方式最合适？

A. 请学生对比分析中外婚俗的不同
B. 讨论出游的方式，并组织学生户外郊游
C. 以“风景区开发 VS 保护环境”为题组织课堂辩论
D. 用 PPT 介绍中国的景点并让学生介绍自己国家的风景

第 94—100 题

素纱禅衣，西汉，1972 年出土于长沙马王堆一号汉墓，其主人为西汉初期长沙国丞相利苍之妻辛追。衣长 128 厘米，通袖长 195 厘米，袖口宽 29 厘米，重 49 克，薄如蝉翼，折叠后不盈一握。它是西汉高超纱织水平的代表作，更是楚汉文化的骄傲。

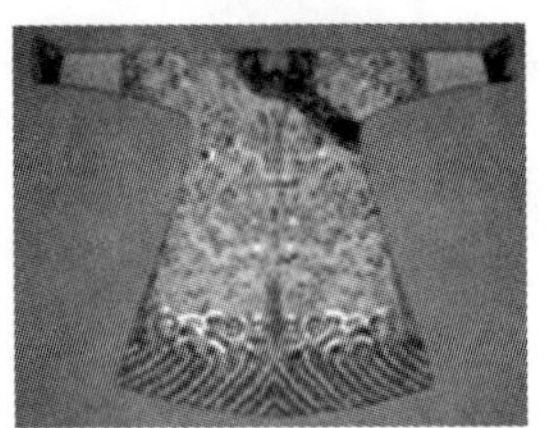

明黄色缎绣彩云蝠寿字金龙纹男夹龙袍：为清代高宗皇帝吉服之一，多用于元旦、万寿、冬至等时令佳节场合穿着。此袍在明黄色缎地上，绣制彩云蝠寿金龙纹、海水江崖，以及日、月、星辰等十二章纹样，展现出天子富有四海、气动八方的卓绝风范。

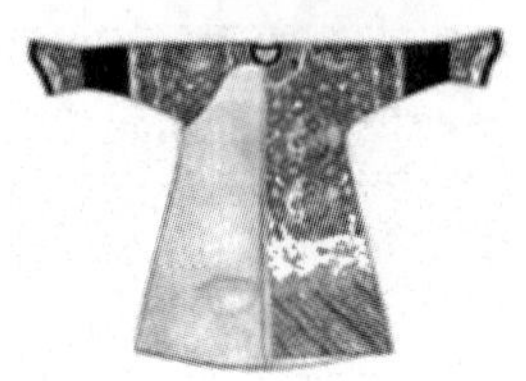

大红色绸绣八团龙凤双喜棉袍：圆领，大襟右衽，马蹄袖，裾左右开。以明黄色素纺丝绸为里，大红色绸为面料，通身遍饰红双喜、团金万寿字、红蝙蝠、仙鹤、五谷丰登等吉祥纹样。光绪皇帝举行隆重的大婚典礼时，皇后叶赫那拉氏即穿着这身婚庆吉服。

94. 从哪个朝代开始，中国各朝各代的政府就有专门负责丝绸生产的官员了？

A. 周代　B. 秦代　C. 汉代　D. 唐代

95. 据考证，上衣下裳的形制最迟在商朝就形成了。下列哪项属于上衣下裳制？

A. 旗袍　B. 襦裙　C. 长衫　D. 深衣

96. 丝绸、陶瓷及各种精美工艺品经丝绸之路被运往中亚至欧洲。汉代开辟的这条“陆上丝绸之路”的起点是：

A. 咸阳　　B. 洛邑　　C. 长安　　D. 建康

97. 马王堆汉墓随葬品十分丰富，其中还有我国最早的方剂书籍帛书《五十二病方》。下列关于古代名医及作品对应不正确的是：

A. 张仲景—《伤寒杂病论》

B. 葛洪—《肘后备急方》

C. 李时珍—《本草纲目》

D. 华佗—《千金要方》《千金翼方》

98. 古代婚礼繁文缛节极多，从周代起规定婚娶时须行“六礼”。其中“男方聘媒到女方说亲，并向女方送礼”的环节叫作：

A. 纳采　　B. 问名　　C. 纳吉　　D. 请期

99. 古时的“元旦”即春节，又称“年节”。“年”的产生与农业、历法相关，按照传统的干支纪年法，2021 牛年是：

A. 己亥年　　B. 庚子年　　C. 辛丑年　　D. 壬寅年

100. “龙”的形象在古代是帝王专用，被人们所崇拜，是动物中的“四灵”之一，其他三种祥瑞动物是：

A. 白虎　朱雀　玄武

B. 白泽　獬豸　毕方

C. 凤　麟　龟

D. 凤　麟　鹤

第三部分　综合素质

本部分为情境判断题，共50题。

第101—135题，每组题目由情境及随后的若干条与情境相关的陈述构成，每条陈述都是对情境的一种反应，包括行为、判断、观点或感受等。请先阅读情境，然后根据你对情境的理解，判断你对每条陈述的认同程度，并在答题卡上填涂相应的字母，每个字母代表不同的认同程度。说明如下：

A	B	C	D	E
非常不认同	比较不认同	不确定	比较认同	非常认同

例题：

王宏是澳大利亚某孔子学院的老师。他班上的学生大多是当地的成年人，来自不同的社区，其中有一位学生叫Susan，今年48岁，已经有了一个孙子。Susan还是一位马拉松爱好者，两天前她刚刚打破了当地的女子马拉松成年组纪录。王宏非常敬佩Susan，课上他对学生们说："作为一位48岁的'年轻奶奶'，能够取得这样的成绩，简直是个奇迹！"没想到，Susan在下课后立即向校方投诉了王宏，说他不尊重学生的隐私。

面对这种情况，假如你是王宏，请你给出对下列陈述的认同程度：

1. 隐私需要尊重，但自己只是想表达对Susan的敬佩，她的反应有些过分了。
2. 应该向Susan表达歉意，说明自己的想法，争取她的谅解。
3. 经过此事后，应该调整自己的认识，充分尊重他人的隐私。
4. Susan只是一时情绪激动，校方出面做好解释和安抚工作就好，自己再去道歉反而小题大做了。

作答示例：若你对第1题的陈述"比较不认同"，则选择B；若对第2题的陈述"比较认同"，则选择D；若对第3题的陈述"非常认同"，则选择E；若对第4题陈述的认同程度介于"比较不认同"和"比较认同"之间，则选择C。各题之间互不影响。

第101—103题

金静在瑞士教中文，同事Joy邀请金静周末去逛街然后共进晚餐。金静欣然接受，因为她刚来瑞士不久，对周围环境还都不熟悉，能有Joy带着她熟悉一下周边，之后一定会方便很多。Joy询问金静有什么忌口，有什么偏好，她好预订晚饭的餐厅。

面对这种情况，如果你是金静，请你给出对下列陈述的认同程度：

101. 感谢Joy的细心，也告知她自己的喜好和忌口。
102. 客随主便，作为客人，提要求会给主人添麻烦，由Joy决定好了。
103. 告诉Joy自己听说过的周边特色的餐厅，请她预订对应的餐厅。

第104—107题

> 赵敏是个十分热心的人,这一年她在德国的一所高中担任汉语老师。一天,赵老师听说德国同事Lucy感冒了,就在课间时候找到Lucy并告诉她要多喝热水,平时穿厚一点儿,同时注意锻炼身体。没想到,Lucy却表示这些建议没有依据,自己的身体状况应该由医生提供专业意见。同时Lucy还提醒赵老师,不应该随便给别人提这种建议。

面对这种情况,如果你是赵敏,请你给出对下列陈述的认同程度:

104. Lucy是个比较冷漠的人,她也许不想接受别人的好意。
105. 尽量向同事说明自己对她的关心,希望她早点儿康复,也感谢她的提醒。
106. 透过这件事可以看出德国人不喜欢别人的建议,以后还是不要帮助别人了。
107. 德国人都很注重专业性和独立性,不希望被干涉,自己也要向他们学习。

第108—112题

> 小李在德国任教期间住在一所公寓里,不久后楼上搬来一位新的住户,从事和音乐有关的工作,小李有时能听到吉他演奏的声音。公寓比较老旧,隔音效果不是很好,有一次演奏声持续到很晚,小李被影响得没休息好。第二天他遇到楼上邻居时说:"您的演奏很动听,我昨天一直听到半夜,那个旋律一直在我脑海里回荡。"希望以此暗示希望对方不要演奏到那么晚。没想到邻居只是表示感谢就走了。

面对这种情况,如果你是小李,请你给出对下列陈述的认同程度:

108. 这位邻居也许脾气不太好,自己还是不要再跟他接触了。
109. 自己在这里人生地不熟,还是不要和邻居关系搞得太僵,自己忍忍吧。
110. 邻居也许没听懂我的意思,下次要找机会再暗示他一下。
111. 给公寓管理员提出自己的困扰,请求他们出面帮忙协商沟通。
112. 也许自己的表达太隐晦了,如果再被影响到了就直接和对方表达自己需要休息,请他不要演奏到那么晚。

第113—116题

> 刘老师在泰国一所小学担任汉语教师。泰国学生在上课时,气氛宽松,课堂散漫,注意力集中时间短,小学课堂更是如此。小学生年龄小,上课好动、爱吃东西,有的学生在老师讲课或其他学生回答问题时,总是说话,有的学生甚至不听别人讲话。学生这种行为严重扰乱了课堂秩序,对此,刘老师很苦恼。

面对这种情况,如果你是刘老师,请你给出对下列陈述的认同程度:

113. 自己管不了学生,跟校长反应情况,希望对应班级的泰国班主任老师能在旁边帮助管理纪律。
114. 泰国学生很没礼貌,不知道尊重别人。

115. 这种情况在泰国的课堂上很正常，习惯就好了。

116. 制定严格的课堂纪律守则，时刻提醒和告诫学生，并且告诉学生日常表现也会作为汉语考试成绩的一部分。

第 117—128 题

冯楚义是国内高校文学院的一位老师，今年通过公派教师项目去到俄罗斯一所孔子学院教汉语。学校位于俄罗斯东北部的一座小城市，地广人稀，留在那里的老年人居多。在上海生活多年的她，过惯了拥挤热闹的生活，深感那里的空旷。当地人在穿着打扮方面不是很讲究，除了特殊的节日或聚会，几乎都只穿牛仔裤、毛衣或卫衣。冯老师天性爱美，出国时带了不少漂亮的衣服和小首饰，同时出于在国内教学时的习惯，她每天都打扮得赏心悦目地去上课。

面对这种情况，如果你是冯老师，请你给出对下列陈述的认同程度：

117. 入乡随俗，为了不显得另类，自己也应找一些类似的衣服穿。

118. 不应在意这种小事，不必过于关注这类细节，应把注意力集中在教学上。

119. 这些漂亮衣服既然都带来了，就按照自己的心意穿着，不必刻意做出改变。

120. 当地人穿衣风格过于单一，自己的穿衣方式增加了多样性，也有利于增加学生对汉语课的好感。

一天，冯老师在介绍中国的“中庸”之道时，一个学生说：“这是没有立场的表现”。冯老师解释说：“有时候，是非的界限并不那么明确，‘中庸’是为了达到和谐。”这个学生又说：“不懂，事实就是事实，表面的和谐没有用处。”

面对这种情况，如果你是冯老师，请你给出对下列陈述的认同程度：

121. 耐心解释“中庸”的真实含义，告诉学生应该学习和借鉴。

122. 用一些具体事例、故事来细致阐述“和谐中庸”的意义，让学生接受认可这一观念。

123. 必须接受不同国家的人在相同问题上有不同的看法和是非观念。

124. 这个话题没什么好讨论的，对这个学生的话不必过多回应，继续进行教学。

到俄罗斯后，不少人给了冯老师关于课余休闲方式的建议。

面对这种情况，如果你是冯老师，请你给出对下列陈述的认同程度：

125. 培养和当地人一样的爱好，并多参与当地各种活动。

126. 去当地的教堂、集会等社交场所，争取多认识一些当地人，多交些朋友。

127. 还是和自己同胞相处起来融洽，可以多和附近的中国同事沟通交流。

128. 利用空闲时间参观当地的图书馆、博物馆等，了解人文特点和社会风情等。

第 129—132 题

> 周霞即将到一所瑞典孔子学院的成人兴趣班任汉语教师。作为新手教师,周霞感到非常紧张,因为自己不会当地语言,还担心自己准备得不够充分,更担心会出现意想不到的课堂问题、同学们会不喜欢自己等。

面对这种情况,如果你是周霞,请你给出对下列陈述的认同程度:

129. 多给学生准备些小礼物,向学生展示自己的友善,希望学生能喜欢自己。

130. 为降低紧张情绪带来的负面影响,应提前全面了解班级情况。

131. 主动向当地同事了解学生和学校情况,做到“有备而来”,让自己在课前充满信心。

132. 为体现对课程的重视,提前规划好课堂流程,把每句要说的话都翻译成瑞典语写下来,第一节课时照着念。

第 133—135 题

> 赵磊在国内时是一位中学语文老师,有着丰富的教学经验。到美国中学任教两个月后,校方收到了一些来自学生家长的投诉信。家长反映赵老师不仅常常拖延下课,侵占学生的休息时间,而且平时对学生的表扬少、批评多,常常直接说学生“不对”,伤害了学生学习的积极性。

面对这种情况,如果你是赵磊,请你给出对下列陈述的认同程度:

133. 每位老师都有自己的教学方式和风格,学校和家长应该尊重老师的教学方式。

134. 这是汉语课,自己是专业的老师,家长的意见不一定正确。

135. 严格要求学生是对学生负责,对于学生的错误老师应及时纠正。

第 136—150 题,每题由一个情境和四个与情境相关的陈述构成,每个陈述都是对这个情境的一种反应,包括行为、判断、观点或感受等。请先阅读情境,然后根据你对情境的理解,从 ABCD 四个陈述中选出你认为在此情境下最合适的反应和最不合适的反应,并在答题卡上按照先后顺序填涂答案。

例题:

> 李敏在日本一所学校教汉语。刚到日本时,她选择与一位日本同事合租公寓。日本对垃圾分类有严格的要求,虽然李敏很注意垃圾的分类,但由于之前并没有这方面的经验,所以还是经常弄错,甚至导致邻居投诉,室友也多次因此事指责她,言语之间甚至认为李敏没有素质。

面对这种情况,你认为最合适的选择是(　　),最不合适的选择是(　　)。

A. 无须多解释,自己努力学习如何处理垃圾,在不与室友和邻居发生冲突的情况下解决问题。

B. 主动向室友和邻居道歉,说明原委,并向室友寻求帮助,向她学习垃圾分类的方法。

C. 鉴于和室友以及邻居目前的关系不太好,还是尽快找中国同事合住,以便度过适应期。

D. 被室友和邻居误解太没面子了,须尽快从中国同事那里学习垃圾分类的技巧。

答案:最合适 B　最不合适 C

第 136 题

王老师所在的学校只有他一位汉语老师，校方给他安排了很满的课时任务。如果削减课时量的话，每个班的课程进度也许就没办法持平，而学校又经常有别的任务交给他，这让他经常感到力不从心。

面对这种情况，你认为最合适的选择是（　　），最不合适的选择是（　　）。

A. 这是学校交给的任务，自己要服从安排，硬着头皮干。

B. 自己身为汉语老师，教学才是重点，其他不太重要的事可以选择参与。

C. 和校方反映实际情况，表明教学才是工作重点，协商减少其他任务。

D. 身为教师应以上课为主，其他所有活动能不参加就不参加。

第 137 题

郑老师在国外两所小学任志愿者已经半年了，主校一周一节汉语课，由班主任和她同时进行团队教学，副校两周一节汉语课，由她独立教学。某个周末郑老师得了感冒，嗓子有些不舒服。她想请假，但是周一在副校有 6 节中文课，如果请假，就意味着 6 个班的中文课都要泡汤，而且孩子们要再等一周才能上中文课。

面对这种情况，你认为最合适的选择是（　　），最不合适的选择是（　　）。

A. 向指导老师请假，同时把教学计划和 PPT 发给各班老师。

B. 向指导老师请假，同时让各班老师带着学生复习上节课的内容。

C. 带病上课，课上少说话，让学生多做一些活动。

D. 多吃一些感冒药，照常去上课。

第 138 题

小丽是汉语进修班的一名汉语老师，最近她发现，有几个学生经常在课上睡觉，影响了正常的上课秩序。

面对这种情况，你认为最合适的选择是（　　），最不合适的选择是（　　）。

A. 直接走下讲台提醒他们，如果再有人睡觉的话就站着听课。

B. 去找领导反映问题，向上级寻求处理方法。

C. 课后找他们谈话，询问原因，进行开导，同时反思是否是自己的问题。

D. 上课时故意提高音量，引起他们的注意。

第 139 题

李红同学被派到泰国某中学进行汉语教学。泰国当地的老师还有学生每天早上会做祷告，并且他们还邀请李红一起。李红本身没有信仰，而且大家做祷告的时候会坐在地上，她如果不做的话，只有她一个人站着又会引来学生和同事侧目。

面对这种情况,你认为最合适的选择是(　　),最不合适的选择是(　　)。

A. 一起坐在地上,但是他们祷告他们的,自己继续做自己的事情。

B. 尊重他们的信仰,但是自己并不信仰宗教,尽管他们会很生气,但自己应该坚持自己。

C. 和他们解释自己的情况,取得他们的理解。

D. 为了跟大家保持一致,在他们祷告的时候自己也最好装装样子。

第 140 题

秦明喜欢旅游,在西班牙任教期间常常趁着假期去看看四处的风景。这天几个关系好的学生邀请他周末和他们一起去邻市的一个古城徒步旅行,那里被"长城"环绕,历史很悠久,秦明欣然接受了。周末到了那个古城之后,秦明发现所谓的"长城"和古城范围很小,于是有些兴致缺缺,在学生想给秦明介绍这里的历史时,也没有仔细听。学生也感到有些失望。

面对这种情况,你认为最合适的选择是(　　),最不合适的选择是(　　)。

A. 自己只是汉语教师,做好本职工作即可,无须深入了解当地文化,以后还是自己去旅行比较好。

B. 向学生表达自己对当地历史和建筑不太了解,并对自己的不得体之处道歉。

C. 诚实地向学生解释中国也有长城,所以自己对这方面的文化内容不感到稀奇。

D. 工作和生活应该分开,课下产生的不愉快并不会影响学生学习汉语的热情,因此不必在意。

第 141 题

刘梦被派到泰国的某所小学担任汉语教师。第一节课,刘梦走上讲台,发现有三位本土老师在教室坐着旁听,使得她特别紧张。这些老师不仅旁听,还会进行摄像,搞得刘梦整节课都惴惴不安。第二天,情况依然如此。现在,刘梦总是焦虑不知道哪天又会有同事来旁听。

面对这种情况,你认为最合适的选择是(　　),最不合适的选择是(　　)。

A. 尝试说服自己,告诉自己把他们当成学生,只需完成自己的教学任务就好。

B. 在课堂上表示这些老师突然来听课会影响到学生,希望这些老师离开。

C. 找时间和校长沟通,希望校长能够和老师协调,不要再来旁听。

D. 他们来听课自己没有权力阻止,干脆不去理会,继续战战兢兢地上课。

第 142 题

郑明在一所泰国学校任教,到任不久恰逢当地的"拜师节"。郑明了解到,拜师节的时候老师们会坐在椅子上,学生要给老师们行跪拜礼,并献上自己做的花篮。郑明看到学生行礼的图片,觉得这样的"五体投地"跪拜礼太夸张了,自己比学生也大不了几岁,接受这样的大礼很尴尬。

面对这种情况，你认为最合适的选择是（　　），最不合适的选择是（　　）。

A. 跟学校领导说明自己的顾虑，希望他们允许自己不参加当天的活动。

B. 为了将自己尽快完全融入泰国的环境中，所以还是勉为其难参加为好。

C. 跪拜只是当地表现尊敬的一种礼节形式，不必过分地看重，自己可以欣然接受，并认真对待。

D. 自己确实难以适应这样的场面，但是不能伤害学生的感情，可以告诉学生中国的拜师礼仪，建议他们采取这样的形式。

第 143 题

宋老师经验丰富，在新西兰的一所大学任教，和学生们的关系也很亲密。一次课后几个学生邀请宋老师一起吃饭，宋老师欣然接受了，并且用餐过程非常愉快。到了结账时，学生提出 AA，宋老师觉得自己是老师，而且学生们还没有经济来源，应该请客，于是主动付了钱。之后宋老师发现，经常有不同的学生邀请他一起吃饭，自己出于种种考虑，总是会买单。久而久之，宋老师觉得这样的花销太大了。

面对这种情况，你认为最合适的选择是（　　），最不合适的选择是（　　）。

A. 为了继续保持师生之间的良好关系，宋老师应该继续接受学生的邀请，并一视同仁地请学生吃饭。

B. 这样下去自己经济压力会很大，找个借口以后学生的邀请都拒绝，这样也不会伤害学生的感情。

C. 继续接受学生的邀请，并按照当地的习惯与学生 AA 制分摊餐费。

D. 对于关系好的学生继续接受邀请并请大家吃饭，如果关系一般就拒绝邀请。

第 144 题

马老师是埃及某小学的第一位汉语老师，第一堂课，学生们显得很激动，七嘴八舌地表达对中国的印象，其中有学生说很崇拜中国功夫，并要求马老师表演中国功夫。可是马老师不会中国功夫。

面对这种情况，你认为最合适的选择是（　　），最不合适的选择是（　　）。

A. 第一次见面为了满足学生们的要求，树立自己的形象，随意比画几下。

B. 坦白说明自己不会功夫，然后找一些关于功夫的视频给学生看以弥补他们的遗憾。

C. 告诉学生并不是每个中国人都会功夫，之后立刻用其他的才艺来代替。

D. 先安抚学生的情绪，然后跟学生说下节课再表演，之后学生也许就忘了。

第 145 题

小袁是 2019 年在西班牙任教的志愿者教师，春节期间看到国内爆发新冠疫情感到很担心。之后一次去超市买东西，一位当地的老爷爷关心地询问小袁的家人和朋友情况怎么样，建议她应该去教堂做祷告为家人祈福，还表示可以这周末就带她一起去教堂。

面对这种情况，你认为最合适的选择是(　　)，最不合适的选择是(　　)。

A. 感谢这位爷爷的关心，但明确表示自己是无神论者，认为做祷告并没有用。

B. 感谢对方的关心和建议，同时表示国内已经采取相应的措施，疫情在好转，自己的家人朋友都很好。

C. 感谢对方的关心，找个借口说周末有事去不了，并建议对方也最好不要再去人群聚集的地方。

D. 感谢对方的关心，然后马上找别的话题岔开，避免尴尬。

第 146 题

孙老师在德国任教，为了帮助孙老师更好地开展教学，学校给她配备了搭档老师 Antia。随着相处的增加，孙老师发现她和 Antia 在教学上有许多不同观点。比如有一次 Antia 认为孙老师给学生的成绩太高了，但孙老师是觉得那次的任务学生们都很努力认真并完成得很好，所以她给所有学生都加了 1 分以示鼓励。但 Antia 说鼓励学生是家长的事，老师要用专业的态度对待学生的成绩。

面对这种情况，你认为最合适的选择是(　　)，最不合适的选择是(　　)。

A. 这是中文课的成绩，中文任教老师完全可以按照自己的标准给出成绩。

B. 自己在制定评分标准前没有和 Antia 做好沟通，这次可以找一个折中办法，之后应该反思自己。

C. 向 Antia 说明教师鼓励对学生的重要性，希望她接受自己这样的评分标准。

D. Antia 作为当地教师肯定更了解学生的特点和评分标准、方式，应该听她的。

第 147 题

楚老师在澳大利亚一家孔子课堂教学。考完试，他将全班学生的成绩排名公布出来。班内几个学生对老师的这一做法表示很不满。

根据上述情境，你认为最合适的选择是(　　)，最不合适的选择是(　　)。

A. 这几个学生也许是因为自己的成绩不好才有意见，先安抚他们，之后找有经验的老师请教处理方法。

B. 安抚学生的情绪，真诚地道歉，说明自己考虑不周，以后关于排名会尊重学生们的想法再决定。

C. 告诉他们，这样的方式能够激励他们更加努力，老师这样做是为他们好，希望他们能接受。

D. 向学生解释自己是为了让大家更清晰地了解自己的成绩情况，以后的排名会换成没有姓名的版本。

第 148 题

在葡萄牙一所公立小学教汉语的陈飞老师新学期遇到一个非常顽皮的男生，他不仅上课随意说话、提出无关紧要的问题打断陈老师的节奏，还随意走动影响其他学生。陈老师感到非常头疼。

根据上述情境，你认为最合适的选择是(　　)，最不合适的选择是(　　)。

A. 联系班级负责人老师，向他反映该生状况，请求协助管理。

B. 课下联系这个男孩的父母，沟通了解其情况，寻求家长配合管理。

C. 在课堂上严厉批评他或者把他单独安排在教室一角。

D. 反思自己的教学管理方式，或者向其他老师请教有效的管理方法。

第 149 题

> 快要举行 HSK 考试了，周涛主动提出给要参加考试的学生免费补课辅导，这个决定也受到学生的欢迎。但是开始补习之后发现，由于是临时加的课，一些学生会因为工作等无法参加，或者来得不固定。几次下来后，辅导课的进度就无法兼顾所有人了。周涛觉得自己这件事好像有点"吃力不讨好"。

根据上述情境，你认为最合适的选择是（　　），最不合适的选择是（　　）。

A. 停止补课班的辅导，让学生有问题的话可以直接来问自己。

B. 不教了，这样的教学工作本就不在自己职责之内，而且太难协调了，需要很大的耐心和忍耐力。

C. 建议无法专心备考的学生下次再报考，这次就只给能稳定来补习的学生辅导。

D. 和学生们协商一下，协调大家都能来补习的时间，并且制定规则，学生由于自己没来补习而错过的内容在补习班里不会再重复讲了。

第 150 题

> 雷蕾在匈牙利当志愿者期间住在当地一个学生公寓，里边住的都是当地高校的大学生。由于需要撰写毕业论文，所以周末雷蕾就在公寓的图书室自习。一次在图书室，旁边的一位匈牙利学生本来在学习，之后接了个电话就和对方聊了起来，雷蕾即使戴上耳机也觉得受到了影响，于是便走到对方身边问她可不可以出去打电话，没想到对方很生气地站起来走了。回到房间和志愿者朋友说了之后，朋友说雷蕾当时用匈牙利语说的那句话其实含有"滚出去"的语气。

根据上述情境，你认为最合适的选择是（　　），最不合适的选择是（　　）。

A. 自己要尽快学习好匈牙利语，免得再闹出这样的误解。

B. 这件事自己有错，但对方也不该在图书室打电话，既然已经这样了，以后见面还是不要打招呼了。

C. 自己应该主动和对方道歉，为避免再次造成误解，可以先把想说的话写下来。

D. 以后和对方见面会很尴尬，所以就在自己房间自习吧。

《国际中文教师证书》

考　试

（通用版）

必刷试卷三

注　意

一、本试卷分三部分：

1. 基础知识 50 题

2. 应用能力 50 题

3. 综合素质 50 题

二、请将全部试题答案用铅笔填涂到答题卡上。

三、全部考试约 155 分钟（含 5 分钟填涂答题卡时间）。

第一部分　基础知识

第 1—9 题

1.			車	車	2.				甘
3.				光	4.			河	河

请选出上面汉字所对应的造字法,在 A—F 中进行选择,其中有两个多余选项。

1. ____________
2. ____________
3. ____________
4. ____________

A. 象形字
B. 会意字
C. 指事字
D. 形声字
E. 假借字
F. 转注字

5. 上面四个汉字的各个形体,没有按历史发展顺序排列的是:

A. 车　　B. 甘　　C. 光　　D. 河

6. 下列哪个词中“甘”的义项和其他的不一样?

A. 甘拜下风　　C. 心甘情愿
B. 善罢甘休　　D. 同甘共苦

7. 上图中“河”的第一个是什么字形?(易错)

A. 甲骨文　　B. 金文　　C. 小篆　　D. 隶书

8. 从结构上看,“甘”属于:

A. 半包围结构　　C. 上下结构
B. 全包围结构　　D. 独体字

9. 下列词语中,内部结构和其他三项不同的是?

A. 光宗耀祖　　C. 和光同尘
B. 吉光片羽　　D. 五光十色

第10—13题

李林：今天是周末，等车的人越来越多了，咱们还是打的去吧。
玛丽：好吧，看，①前边正好开过来一辆空车，就坐这辆吧。
玛丽：这里离故宫还有多远？
李林：不远了，还要差不多十分钟。②如果看见天安门，就算是到故宫博物院了。
玛丽：那些是四合院吗？
李林：对，那些就是四合院。
玛丽：现在住四合院的越来越少了吧？
李林：是的。现在城市里大楼③越盖越多，小区也越建越漂亮。很多人都搬进新楼房了。我们家前年还住在四合院里，去年我们家也搬走了。
安娜：那太遗憾了，四合院看起来很舒适。
李林：我虽然也舍不得四合院，但还是现代化的楼房更方便。

10. 下面对画线部分句①句式的描述正确的是：
A. 连动句
B. 存现句
C. 数量宾语句
D. 双宾句

11. 画线部分句②蕴含的语义关系是：
A. 假设 B. 递进 C. 条件 D. 并列

12. 下列"越……越……"与画线部分③的用法和意义一样的是：
A. 树长得越来越高
B. 他越说越高兴
C. 她越解释，我们越怀疑
D. 这个学期他越来越努力了

13. 你认为最适合做本课拓展话题的是：
A. 旅行计划 B. 交通工具 C. 搬进新家 D. 城市变化

第14—18题

曹璐：你这次考得怎么样？
习歌：别提了，我刚刚及格。
曹璐：别灰心，下次努力。
习歌：对，所以我现在①七点就起床了，去湖边读汉语。
曹璐：这么早！然后就直接去上课吗？
习歌：②不一定。有时候十点才有课，我就先回宿舍休息一下。
曹璐：不吃早饭吗？
习歌：我没有吃早饭的习惯。

曹璐:努力学习也要注意身体。
习歌:是的,③所以我每天都会去操场**锻炼**一个小时。
曹璐:在晚上锻炼吗?
习歌:是,晚上**复习**完功课之后。
曹璐:你喜欢什么**体育**运动?
习歌:④很多**运动**我都喜欢,像网球、排球、**游泳**、跑步什么的。
曹璐:感谢你接受我的采访。
习歌:不客气。

14. 下列哪项与句①中“就”的意义和用法相同?

A. 看见你就高兴。
B. 这事就她不知道。
C. 老师就讲了 10 分钟。
D. 老李 15 岁就参加工作了。

15. 下列哪组词的构词方式一致?

A. 习惯　锻炼
B. 复习　采访
C. 体育　游泳
D. 汉语　运动

16. 下列哪项与“不一定”中的“不”在语流中的发音一致?

A. 了不起
B. 不习惯
C. 差不多
D. 不客气

17. 下列哪项与句③中“都”的意义和用法相同?

A. 你都去过哪儿?
B. 你们班都有谁?
C. 她每年都要回老家探亲。
D. 都是你一句话把他惹恼了。

18. 关于句④的句型,描述正确的是:

A. 主谓谓语句
B. 动词谓语句
C. 名词谓语句
D. 形容词谓语句

第 19—22 题

刘涛:喂,崔平,小明回来了吗?
崔平:还没有。他今天要加班。
刘涛:怪不得**刚才**我给他打电话没打通。
崔平:他**可能**在开会。你找他有事?
刘涛:他回来以后,麻烦你转告他一下,修理电脑的地方我帮他找好了。
崔平:好的,谢谢你!
刘涛:对了,我换手机了,新的号码是 18628120025。
崔平:对不起,没听**清楚**,你说**慢**点儿。

19. 这篇课文的重点语法是：

A. 结果补语

B. “是”字句

C. 介词结构作状语

D. 助词“的”的用法

20. 下列词语中，学生最可能混淆的是：

A. “刚才”与“刚”

B. “慢”与“缓慢”

C. “可能”与“或许”

D. “清楚”与“清晰”

21. 这篇课文中包含几个离合词？

A. 1　　B. 2　　C. 3　　D. 4

22. 这篇课文最适合的教学对象是掌握多少常用词的学生？

A. 300 个左右

B. 800 个左右

C. 1500 个左右

D. 2000 个以上

第 23—27 题

> 琳达很喜欢旅游。今年夏天她和室友去南方旅行。她们去了杭州和苏州，逛了西湖，看了园林，还吃了很多当地特色小吃。两个人①玩儿得开心极了。
>
> 这一天，她们回到学校，来到宿舍，琳达一摸衣服口袋说：“哎呀，我忘带钥匙了。”室友说：“我走的时候把钥匙放在桌子的抽屉里了。”
>
> 她们试着给其他室友打电话，但是②其他人不是回家了，就是也出去旅游了。③她们只好去找宿管阿姨帮忙开门。

23. 与“玩儿得开心”属于同一补语类型的是：

A. 搬得动

B. 忙得很

C. 听得津津有味

D. 洗干净了

24. 句②中“不是……就是……”表示什么关系？（常考）

A. 选择　　B. 承接　　C. 让步　　D. 并列

第 24 题

25. 从“把”字句中宾语与动词的语义关系来看，下列各“把”字句中与其他选项不同的是：（常考）

A. 我把这事儿忘了。

B. 你把房间打扫一下。

C. 她的表演把观众惊讶得睁大了眼睛。

D. 我把钥匙放在桌子的抽屉里了。

26. 下列各句和画线的句③句型一致的是：

A. 他站着一动不动。

B. 我感谢你告诉我这个好消息。

C. 妈妈骑车去买菜。

D. 他眼睛被打伤了。

27. "游"的第六笔是：

A. 撇　　C. 横折

B. 横折钩　　D. 竖

第 28—32 题

请选出下列每组短语所对应的短语类型，在 A—F 中进行选择，其中有一个多余选项。

28. 调虎离山	点石成金	请君入瓮
29. 野生动物	独立思考	热烈欢迎
30. 首都北京	春秋两季	他这个人
31. 上街买菜	出去闲逛	坐下吃饭
32. 工作繁忙	风云突变	阳光灿烂

A. 主谓短语
B. 偏正短语
C. 兼语短语
D. 连谓短语
E. 中补短语
F. 同位短语

28. ____________
29. ____________
30. ____________
31. ____________
32. ____________

第 33—36 题

甲：从晚饭以后到现在，你一直在卧室**里**忙，做什么呢？
乙：我在准备礼**物**呢。
甲：准备礼物？
乙：对，明天是我老师的生日，我要做一个护腰送给她。
甲：你自己做？
乙：对，自己做得比**较**特别。
甲：你真是太厉害了！
乙：哪里哪里，我也是跟着网上的视频学的。
甲：<u>给老师的话，那再送一束花也挺不错的。</u>
乙：这个主意不错！

33. 文中加粗的字笔画相同的是：

A. "里"的第五笔和"物"的第二笔　　C. "物"的第三笔和"较"的第四笔

B. "里"的第五笔和"物"的第三笔　　D. "物"的第四笔和"较"的第三笔

34. 根据课文的难度，下列哪个词**不适合**作为本课的教学重点？

A. 做　　B. 挺　　C. 一直　　D. 特别

35. 下列句子中“再”的语义与画线句相同的是：

A. 明天再学下一课。
B. 妈妈挥手说：“再见！”
C. 请您再说一遍，好吗？
D. 你去买瓶水，再买两支笔。

36. 学习这段材料时，教师还给学生介绍了中国人过生日的习俗，学生们都感到很新奇。由此可以判断，学生们正处于跨文化交际过程中的哪个阶段？

A. 适应阶段
B. 蜜月阶段
C. 调整阶段
D. 挫折阶段

第37—40题

> 第二语言习得研究中有各种理论和假说，用来解释和说明语言习得的过程和方法。兰道尔夫（Lantolf）就将维果茨基（Lev Vygotsky）的理论应用于第二语言习得的研究中，提出了不同于以往研究的新观点。研究也证明了在其学说指导下的教学方法的确可以促进学习者习得的进程。

37. 下列哪项是由兰道尔夫引入第二语言习得的理论？

A. 情感过滤假说
B. 社会文化理论
C. 多元发展模型
D. 文化适应模式

38. 兰道尔夫的“调节论”（mediation）提出的儿童认知发展经历的三个阶段是：

A. 他人调控——客观调控——自我调控
B. 他人调控——自我调控——客观调控
C. 客观调控——他人调控——自我调控
D. 客观调控——自我调控——他人调控

39. 根据维果茨基的理论，处于最近发展区的知识最容易被习得，在此基础上产生的教学法是：

A. 自然法
B. 全身反应法
C. 任务教学法
D. “支架”式教学法

40. “活动”在兰道尔夫的学说中是一个非常重要的概念，“活动”最为关键的要素是：

A. 活动的主体
B. 行动的操作手段
C. 达到目标的行动
D. 活动的目标和动机

第41—45题

阅读下面的对话，回答问题：

> 李婷：露西，明天是周末，我们一起去看电影怎么样？
> 露西：真不好意思，我明天没有时间。
> 李婷：前天找你吃饭你也说没有时间，你最近在忙什么？
> 露西：我在准备下周的汉语考试。

李婷:准备得怎么样?

露西:太难了,这个学期的课本比去年的**薄**,但知识比去年的难得多,有很多新的语法。

李婷:不用担心,学习汉语一定要多听中国人说话,并且多**跟**中国人聊天儿,这样才能**提高**。

露西:可是我身边的中国朋友都太忙了,我每天只能自己看看书。我担心成绩没有上次的好。

李婷:这样吧,我明天**就**来帮你复习。

露西:那太好了,谢谢你!

41. 课文材料中"薄"的读音和下列哪项中的读音一致?

A. 薄饼　　B. 薄弱　　C. 薄物细故　　D. 日薄西山

42. 课文材料中的"跟"是什么词性?

A. 动词　　B. 连词　　C. 介词　　D. 副词

43. "提高"一词的结构是:

A. 动宾结构　　B. 偏正结构　　C. 联合结构　　D. 补充结构

44. 本篇课文应该重点教授的语言点是:

A. 动词的重叠　　B. 比较句　　C. 程度副词　　D. 疑问句

45. "聊天儿"一词中有几个音素?

A. 9 个　　B. 10 个　　C. 8 个　　D. 3 个

第 46—50 题

20 世纪 40 年代后,语言学家逐步将对比分析应用于第二语言教学,在结构主义语言学和行为主义心理学及迁移理论的影响下,之后普拉克特提出了"难度等级模式":

零级:两种语言中相同的成分;

一级:在第一语言中分开的两个语言项目,在目的语中合成一项;

二级:第一语言中有而目的语中没有的语言项目;

三级:第一语言、目的语中都有,但形式、分布和使用又不同的项目;

四级:目的语中的某个项目,在第一语言中没有相对应的项目;

五级:第一语言中的语言项目在目的语中分成两个或两个以上的项目。

46. "难度等级模式"是对比分析在教学中的应用。对比分析的步骤是:

①选择　②对比　③描写　④预测

A. ②①③④　　B. ④①③②　　C. ③②①④　　D. ③①②④

47. 对于第一语言为英语的汉语学习者,“把”字句的学习属于哪一级难度?

A. 二级　　B. 三级　　C. 四级　　D. 五级

48. 对于第一语言为英语的汉语学习者,下列哪一项属于五级难度?(易错)

第48题

A. 学习“参观、访问、看望”

B. 学习现代汉语的声调

C. 学习有标记被动句

D. 学习时间状语

49. 留学生在学习汉语遇到较高级难度等级的语法项目时,可能并不一定需要的一种语言学能是:

A. 语法敏感性

B. 编码解码能力

C. 强记能力

D. 归纳能力

50. 下列对于汉语作为第二语言教学的描述,**不正确**的是:

A. 根本任务是培养学生运用汉语进行交际的能力

B. 要帮助学生掌握语音、词汇、语法以及语用规则

C. 听说读写技能全面要求,在各个阶段都要齐头并进

D. 以学生为中心,教师为主导,重视情感因素。

第二部分　应用能力

第 51— 56 题

请在 A—H 中选出以下教学法所对应的正确术语，其中有两个多余选项。

51. 又称“传统法”或“古典法”，以系统的语法知识为纲，主要培养第二语言读写能力，是第二语言教学史上第一个完整的教学法体系。
52. 心理学基础是认知心理学，强调要发挥学习者智力的作用，通过有意识地学习语音、词汇、语法知识，理解、发现、掌握语言规则。在理解、掌握语法规则的基础上，进行大量有意义的练习；以学生为中心，听说读写齐头并进。
53. 主张视觉感知和听觉感知相结合，先让学生看幻灯片或电视，边看边听边记忆；通过图像和录音，由教师讲解词、词组和句子，帮助学生完全理解课文内容。
54. 听说领先，口语是第一位的，书面语是第二位的；主张反复操练，用模仿、重复、记忆的方法形成习惯；教学内容以句型为中心；对比母语与目的语，找出难点，确定教学重点。
55. 代表人物是帕默；认为语言教学从口语开始；教师在情景中多次示范新的词语或结构，让学生集体模仿；运用已知句型进行问答以引进新句型；通过问答、造句、用提示词等练习新句型；让学生自己纠正错误。
56. 与“语法翻译法”对立，主张以口语教学为基础，以句子为教学的基本单位，以当代通用的语言为基本教材，按照幼儿习得母语的自然过程来设计教学过程。

51. ____________
52. ____________
53. ____________
54. ____________
55. ____________
56. ____________

A. 直接法
B. 情景法
C. 视听法
D. 语法翻译法
E. 听说法
F. 认知法
G. 自觉对比法
H. 阅读法

第 57— 61 题

以下是李老师关于“动物”主题教学的部分教学记录：

学习目标：让学生学会“动物”词语。

生词教学：①在黑板上利用动物图片设置“动物园”，利用图片带读生词。

②请学生给动物设计动作，给每种动物统一动作后，带领学生一边做动作一边读单词，加深记忆。

活动练习：①老师说动物名称，学生做对应动作；老师做动作，学生说动物名称。

②做“动物蹲”游戏。

…………

57. 本课教学活动最适合哪类学习者？

A. 初级水平的大学生
B. 初级水平的小学生
C. 中级水平的大学生
D. 中级水平的小学生

58. 教师带领学生边做动作边读单词，这种方法属于：

A. 听说法　B. 暗示法　C. 全身反应法　D. 直接法

59. 根据以上描述，本节课的课堂活动最可能发展学生的哪种智能？

A. 自我认识智能　B. 空间智能　C. 人际智能　D. 身体—运动智能

60. 汉语作为外语教学的基本方式和中心环节是：

A. 技能训练
B. 课堂教学
C. 口语训练
D. 活动游戏

61. 教师请学生做动作、说生词，这种练习方式属于：（易错）

A. 机械性练习
B. 有意义练习
C. 流利性活动
D. 任务型活动

第 62— 65 题

下面是初级阅读课的一道练习题：

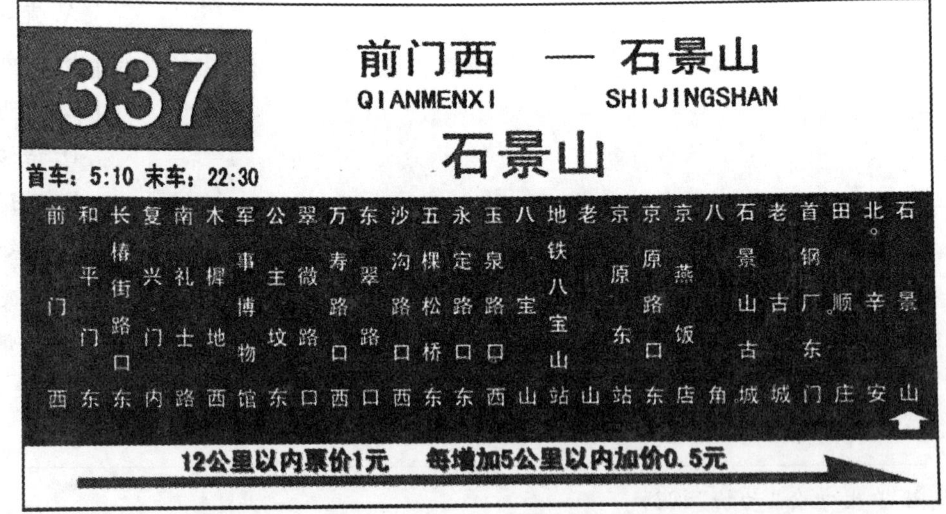

上图是北京 337 路公交车站的一处站牌，请问：

①这个站牌在哪个公交车站？

②杰克想乘坐这辆公交车从前门回宾馆，他需要在几点前赶到公交车站？

③从前门西站到五棵松桥东站有 13 公里，这段路程的票价是多少？

62. 这道练习题主要训练的阅读能力是：

A. 通读　　B. 细读　　C. 略读　　D. 查阅

63. 对出现的生词“加价”，教师最好采用下面哪种做法？

A. 让学生自己动手查词典

B. 让学生根据前面出现的词语“增加”猜测词义

C. 让学生将词语拆分成“加”与“价”猜测词义

D. 让学生根据含有相同语素的“涨价”等词语猜测词义

64. 根据案例，汉语课文的选材原则**不包括**：

A. 典雅性　　B. 趣味性　　C. 知识性　　D. 实用性

65. 针对案例，下列哪种做法对提高学生的阅读速度**不利**？

A. 抓住反复出现的关键词

B. 根据学生的水平，限定阅读的时间

C. 跳过无关紧要的生词，其余的查词典

D. 根据已学过的语言知识猜测句子的意思

第 66—71 题

> 以下是李老师的一篇教案的部分内容：
>
> 一、课型：初级汉语综合课
>
> 二、教材：语言学校自编教材第 10 课
>
> 三、课时：2 课时
>
> 四、教学内容：
>
> 词汇：年　月　号　星期　时候　明天　后天　昨天　前天
>
> 句式：……是什么时候？　……是几月几号星期几？
>
> 五、教学活动：每人询问其他同学国家的三个节日的日期，或了解三位同学的生日，并介绍给大家。
>
> 六、教学目标：
>
> ①能运用所学句型询问具体日期
>
> ②使学生有询问某天日期的愿望

66. 根据上述教案，导入本课时，适合的话题是：（常考）

A. 我的一天

B. 中国的节日

C. 我的朋友

D. 我的学校

第 66 题

67. 材料中所示的本课教学目标，分别属于：

A. 技能目标　情感目标

B. 认知目标　情感目标

C. 技能目标　认知目标

D. 认知目标　技能目标

68. 本教案中的教学活动，属于哪种练习？

A. 任务性练习　　C. 机械性练习

B. 交际性练习　　D. 理解性练习

69. 在教授本节课时，李老师准备了一本日历作为教具。关于教具的选用原则，**不包括**：

A. 实用性　　B. 科学性　　C. 多样性　　D. 合理性

70. 学生在练习过程中，说出了“昨年”，造成这种偏误的原因是：（常考）

A. 认知策略　　C. 文化因素

B. 母语负迁移　　D. 目的语规则泛化

第 70 题

71. 在练习活动时，老师发现学生出现了语音方面的偏误，**不正确**的做法是：

A. 发现后立即纠正　　C. 有些偏误可以暂时不纠正

B. 记下偏误，统一纠正　　D. 对学生偏误有一定容忍度

第 72—75 题

贾老师在澳大利亚一所高中教汉语。班里有 12 个学生。他设计了如下课堂活动。

________	能正确表达某地存在某事物，且具有描述行进路线的能力。
活动准备	复习相关词汇： 左、右、东边、西边、南边、北边、前、后 医院、学校、公园、地铁站、警察局、图书馆 向、转、直走、继续、先、然后 在……的……、路口、……的时候
活动步骤	1. 提前让学生设计一幅自己的“地图”。 2. 两人一组，交换各自所绘“地图”。 3. 首先由学生 A 陈述：“你现在在 * *，现在你先往前走，然后……”，学生 B 根据对方的指令、在学生 A 制作的地图上前进。过程中如果有不明确的地方，学生 B 可向对方提问。最后根据 A 的指令到达某地。结束后两人反思交流中间存在的描述不正确或理解有误的地方。 之后两人交换角色，由学生 B 下指令，学生 A 找路线。

72. 根据课堂活动设计要求，表中横线处应该是：

A. 活动基础　　C. 活动规则

B. 活动计划　　D. 活动目标

73. 活动开始前要复习相关词汇，下列方法中最**不合适**的是：

A. 比赛回忆学习过的相关词汇

B. 为相关词汇的汉字注上拼音

C. 根据教师展示的图解词卡说出词语

D. 用拼音标记出图片中的事物或指示标记等

74. 高老师也组织了一次类似的活动，但是学生们用的是同一套“地图”，且学生首先就说明了“你在＊＊，现在你要去＊＊”，练习效果不佳。造成这种结果的原因是：

A. 活动难度太低

B. 学生不善于思考

C. 没有利用信息差

D. 学生之间关系不融洽

75. 有个学生特别害羞，不愿意开口，下列哪种方式最能够帮助他？

A. 替他参加活动，安排他在旁观看

B. 允许他不参加活动，自行复习相关词汇

C. 悄悄提示他一些语句，鼓励他重复这些话，参与活动

D. 给他安排一个友好的搭档，鼓励他参与活动，并适时表扬他

第 76—80 题

课堂活动——拼音密码

1. 活动准备：模仿下表在黑板上画一个拼音密码表。

89	45	77	14	24	91
zā	zhī	zū	zhā	zī	zhū

2. 活动步骤：

①带领学生一起朗读表中的拼音，提示学生注意每个拼音的数字编码。

②教师在黑板空白处写一个编码，让学生根据密码表读出该编码所指示的拼音。如老师写 24，学生应读出 zī。

③第一轮读得又快又准的同学可以到黑板前写编码，其他学生根据编码读拼音。

④老师再从该轮读得好的同学中选一人到黑板上写编码，活动以此类推。注意公平性，最好让每个学生都有机会到黑板前写编码。

⑤对于那些消极被动的学生，教师也可指定他们根据编码读拼音，敦促他们参与练习。

⑥教师视情况或时间而定，可随时结束活动。

76. 以上活动主要训练的是：

A. 听音节

B. 听声调

C. 对比辨音

D. 认读音节

77. 上述活动最适合什么类型的汉语学习者？

A. 中学生

B. 幼儿园学生

C. 中文专业大四学生

D. 高级商务汉语学习者

78. 在这个活动中,如果学生出现了发音错误,最合适的做法是:

A. 忽略错误,不做任何反应

B. 立即纠正,并请所有人跟读

C. 让其他同学指出错误并纠正

D. 等待学生自己意识到错误并改正

79. 在这个活动中,学生最容易出现哪种发音错误?

A. 平翘舌不分

B. 鼻音边音不分

C. 混淆圆唇与非圆唇

D. 混淆送气音与不送气音

80. 下课铃响了,这时有一个学生举手说:"老师,我还没有参加活动。"下列哪种回应最恰当?

A. 现在下课了,你怎么不早说呢?

B. 真抱歉,下课了,我们的活动结束了。

C. 那我们晚下课一会儿,请你来参加这个活动。

D. 活动结束了,下次你第一个参加活动,好吗?

第 81— 84 题

> 在语言教学的过程中,作为教学过程的后续环节,教师在完成计划的教学任务后,往往要进行单元测验、期中考试、期末考试等来检查学生的学习效果,这些测验或考试都是语言测试。语言测试是语言教学的必要环节,也是对语言教学效果的一种评估手段,依据测试的结果,教师可以有针对性地完善教学。

81. 以下是选自不同汉语测试的两道题,从中能看出语言测试具有什么特点?

例如:A: 这儿有几个人?(Zhèr yǒu jǐ ge rén?)
B: 这儿有( )个人。(Zhèr yǒu ge rén.)

31. A: 你们看什么?(Nǐmen kàn shénme?)
B: 我们看( )。(Wǒmen kàn)

(引自 YCT 中小学生汉语考试样卷)

招　聘
本公司现招聘秘书、经理助理各 1 名,要求英语流利,性格开朗。
联系人:张新
电　话:010-51236548

(引自 BCT 商务汉语考试样卷)

★ 公司需要招:

A 秘书　**B** 销售员　**C** 营业员

A. 规范性　B. 科学性　C. 间接性　D. 针对性

82. HSK 考试属于

A. 成绩测试

B. 学能测试

C. 水平测试

D. 诊断测试

83. 对外汉语教学测试作为第二语言测试，其基本步骤为：

①确定测试的目的要求 ②设计试卷 ③进行评分与总结 ④选择测试范围和内容 ⑤实施测试

A. ①③④②⑤　　B. ④②①⑤③　　C. ④①②⑤③　　D. ①④②⑤③

84. 对一位留学生在一周后再次用同一试卷进行测试，得到的分数与第一次考试基本上相近，这说明这个测试的哪项标准较高？

A. 信度　　B. 效度　　C. 区分度　　D. 难易度

第 85— 90 题

下面是一节课的部分教学步骤。

①用 PPT 逐一展示图片，请学生举手抢答。

A. 苹果——西瓜（哪个大?）；PPT 展示汉字“西瓜　　大”；

B. 今天 10℃——明天 5℃（哪天冷?）；PPT 展示汉字“明天　　冷”

C. 电脑——书包（哪个贵?）；PPT 展示汉字“电脑　　贵”

…………

②再次将图片对比展示出来，在回答时教师大声说出“西瓜比苹果大”等句子，并展示完整句子“西瓜比苹果大”等。

③PPT：西瓜比苹果大。

明天比今天冷。

电脑比书包贵。

…………

总结：A + 比 + B + *adj.*

④________

⑤展示一组新图片，并提问。

A. 樱桃——苹果——西瓜　　“西瓜比樱桃大多少?”

B. 今天 10℃——明天 5℃——后天 -5℃　　“后天比今天冷多少?”

C. 电脑——书包——橡皮　　“电脑比橡皮贵多少?”

…………

⑥PPT：西瓜比樱桃大得多/多了。

后天比今天冷 15℃/得多。

…………

总结：A + 比 + B + *adj.* + 一点儿/得多/多了/数量短语

⑦……

85. 从本节课的教学安排看，这位老师的教学步骤③属于什么教学环节？

A. 复习旧知　　B. 导入新课　　C. 展示讲解　　D. 练习巩固

86. 下列哪种教学安排最适合上面的步骤④?

A. 引导学生看图造句

B. 练习书写“比”字

C. 让学生两人一组用“比”造句

D. 让学生抄写③中的例句

87. 步骤③展示语言点时运用的方法是:

A. 演绎法　B. 归纳法　C. 对比法　D. 图示法

88. 本节课所讲的这个语言点适合什么水平的学生:(常考)

A. 高级　B. 中高级　C. 中级　D. 初级

89. 一个学生造出了这样的句子:“约翰比较我胖”和“约翰比我一点儿胖”,这两句分别是什么类型的偏误?

A. 添加　错序

B. 替代　错序

C. 添加　遗漏

D. 替代　添加

90. 对于学生产生的偏误,教师应该怎样处理最为合适?

A. 偏误的存在是正常的,因此,不必进行纠正,时间久了,学生会自行纠正

B. 将病句分析与纠正作为课堂讲解的一部分,挑取典型的内容进行讲解

C. 将所有的偏误都一一进行分析,花大量的时间去纠正

D. 给学生大量的正确语言事实,让学生自己去发现错误,教师不参与纠错

第 91— 94 题

> 李老师去海外的一所小学教汉语。她了解到学生之前学过一个月汉语。第一堂课,李老师先利用一个有趣的视频让学生观看中国著名的景点,如万里长城、天安门等,之后让学生交流一下对中国的印象。
>
> 接下来李老师开始自我介绍,借助 PPT 和图片来展示自己的名字及爱好。然后李老师将事先准备好的学生名字和兴趣标签分别贴到黑板上,对学生进行分组,组内成员通过询问“你叫什么名字?”“你的爱好是什么?”来找出各自的答案。再让小组间互相询问,得出答案。最后用事先制作好的贴有学生名字和兴趣标签的魔方来检验学生的学习效果。学生们玩得很高兴。

91. 在检验学生的学习效果后,李老师最可能做的是什么?

A. 课堂小结　B. 布置作业　C. 活动评价　D. 复习巩固

92. 李老师想要在活动中纠正学生的语音偏误,最可能采用下列哪种方式?

A. 重复法　B. 重述法　C. 明确纠正法　D. 元语言提示法

93. 在活动过程中,有一组学生提前完成了任务便开始聊天儿,这时李老师最好的做法是:

A. 倾听学生聊什么,并适时加入

B. 让学生两人一组互相检查汉语错误

C. 制止学生聊天儿,让他们倾听其他组的交流

D. 给学生布置难度高一些的任务,使其重新投入活动

94. 下列哪项**不是**李老师这堂汉语课的任务?

A. 增进师生之间的了解和沟通

B. 减少学生学习汉语的畏难情绪

C. 增强学生对中国和中国文化的亲近感

D. 以"你好"为例,教授三声变调的规则

第95—100题

下列四副对联是一位老师选择的文化教学内容。

①琴瑟永谐千岁乐,芝兰同介百年春。

②雾锁山头山锁雾,天连水尾水连天。

③云对雨,雪对风。晚照对________。来鸿对去燕,______________,三尺剑,六钧弓。岭北对江东。______________,天上广寒宫。

④沧海日、赤城霞、峨眉雪、巫峡云、洞庭月、彭蠡烟、潇湘雨、武夷峰、庐山瀑布,合宇宙奇观,绘吾斋壁。

少陵诗、摩诘画、左传文、马迁史、薛涛笺、右军帖、南华经、相如赋、屈子离骚,收古今绝艺,置我山窗。

95. 标准对联的"对仗"一般**不包括**:

A. 词性相对　　B. 平仄相谐　　C. 句法相同　　D. 末字押韵

96. 第一副对联适用于下列哪种情况?

A. 春节　　B. 婚礼　　C. 祝寿　　D. 祭奠

97. 中国传统文化中,"琴棋书画""琴瑟"中的"琴"一般专指:

A. 古琴　　B. 古筝　　C. 扬琴　　D. 琵琶

98. 第二副对联运用了哪种修辞格?

A. 顶真　　B. 双关　　C. 回文　　D. 夸张

99. 根据对联的特点,第三副对联的空格处应填入:

A. 晴空　宿鸟对鸣虫　人间清暑殿

B. 黎明　佩剑对弯弓　池中濯足水

C. 清风　齿皓对唇红　半溪流水远

D. 朝阳　飞禽对走兽　一椽书社小

100. 第四副对联中的"少陵""右军"的代表作分别是:

A.《茅屋为秋风所破歌》《兰亭集序》

B.《登高》《自叙帖》

C.《子虚赋》《快雪时晴帖》

D.《山居秋暝》《洛神赋》

第三部分　综合素质

本部分为情境判断题，共50题。

第101—135题，每组题目由情境及随后的若干条与情境相关的陈述构成，每条陈述都是对情境的一种反应，包括行为、判断、观点或感受等。请先阅读情境，然后根据你对情境的理解，判断你对每条陈述的认同程度，并在答题卡上填涂相应的字母，每个字母代表不同的认同程度。说明如下：

A	B	C	D	E
非常不认同	比较不认同	不确定	比较认同	非常认同

例题：

> 王宏是澳大利亚某孔子学院的老师。他班上的学生大多是当地的成年人，来自不同的社区，其中有一位学生叫Susan，今年48岁，已经有了一个孙子。Susan还是一位马拉松爱好者，两天前她刚刚打破了当地的女子马拉松成年组纪录。王宏非常敬佩Susan，课上他对学生们说："作为一位48岁的'年轻奶奶'，能够取得这样的成绩，简直是个奇迹！"没想到，Susan在下课后立即向校方投诉了王宏，说他不尊重学生的隐私。

面对这种情况，假如你是王宏，请你给出对下列陈述的认同程度：

1. 隐私需要尊重，但自己只是想表达对Susan的敬佩，她的反应有些过分了。
2. 应该向Susan表达歉意，说明自己的想法，争取她的谅解。
3. 经过此事后，应该调整自己的认识，充分尊重他人的隐私。
4. Susan只是一时情绪激动，校方出面做好解释和安抚工作就好，自己再去道歉反而小题大做了。

作答示例：若你对第1题的陈述"比较不认同"，则选择B；若对第2题的陈述"比较认同"，则选择D；若对第3题的陈述"非常认同"，则选择E；若对第4题陈述的认同程度介于"比较不认同"和"比较认同"之间，则选择C。各题之间互不影响。

第101—104题

> 薛一博被派到法国工作，当地同事Alberto与他关系很好。一天，Alberto邀请他周五晚上去参加自己的生日聚会，薛老师欣然应邀，并专门在当地一家知名的甜点店买了个大蛋糕作为生日礼物。大家在聚会上都玩儿得特别开心。可聚会结束时，Alberto提出所有费用大家AA。

面对这种情况，如果你是薛一博，请你给出对下列陈述的认同程度：

101. 当时支付相应的费用，虽然心里会感到别扭，但也不好意思问出来。

102. 勉强接受,但下次有类似活动的话,一定要提前向当地同事打听清楚。
103. 按照 AA 计算出来的金额支付,祝 Alberto 生日快乐后离开。
104. 向 Alberto 说明自己已经准备了蛋糕作为生日礼物,不应再承担其他费用。

第 105—109 题

> 杨毅是巴基斯坦一所孔子学院的汉语教师,他住在学校安排的教师宿舍楼里,邻居都是当地教师。由于还要承担一个较远教学点的工作,所以当地教育部门给杨毅配了一台小车。一次隔壁同事说周末想出去玩,希望能借杨老师的汽车用用。但是由于按照管理规定,这台车只能杨老师个人上课使用,不能外借或私用,杨毅拒绝了同事的请求。第二天,他发现一些当地同事在背后议论纷纷,说他不帮助同事,看不起当地人。

面对这种情况,如果你是杨毅,请你给出对下列陈述的认同程度:
105. 向隔壁宿舍的两位同事道歉,说明拒绝他们的原因,争取他们的理解。
106. 教学工作才是最重要的,而且自己问心无愧,假装没听到这些议论就好。
107. 在学校例会等公开场合向大家说明事情的原委,希望大家能够多多包容。
108. 向相熟的当地教师寻求帮助,通过他人与隔壁宿舍的两位同事沟通解决此事。
109. 先观察隔壁宿舍两位同事的后续反应,等关系缓和后再与他们沟通此事。

第 110—113 题

> 李老师的专业是西班牙语,她报名参加了汉办志愿者的选拔,希望能去西班牙教汉语,这也是她学生时代就立下的志向。可是结果出来后,李老师并未如愿申请到西班牙的志愿项目,而是被调剂到了也说西班牙语的国家秘鲁。

面对这种情况,如果你是李老师,请你给出对下列陈述的认同程度:
110. 接受调剂,但是免不了心情不悦。
111. 期待已久的事情竟然落空,干脆直接转行当西班牙语翻译。
112. 秘鲁同样使用西语,也不失为一个好结果,认真准备赴任事宜。
113. 去西班牙教汉语是一直以来的理想,不愿妥协,放弃调剂准备下一次选拔。

第 114—120 题

> 林老师在美国一所中学教授高级汉语课。一次,林老师用精心准备的课件给大家介绍了四大发明。讲完后,便有学生提问,要求林老师再详细讲解一下有关的历史事迹。这时,坐在教室后面的一名学生突然举手,表示自己可以解答刚才的问题,希望老师给他这个机会。

面对这种情况，如果你是林老师，请你给出对下列陈述的认同程度：

114. 请这位学生上台，暂时把讲台交给他尽情发挥。

115. 示意这位学生发言，但同时控制好时间，不宜讲太长。

116. 先肯定其主动回答问题的态度，但同时向他解释，因为不能耽误正常上课进度，可以课后大家一起讨论。

> 林老师示意这位举手的同学发言，但一开口，其他学生都笑了。原来他对这些根本不了解，只是觉得课有些无聊，想搞恶作剧。林老师有些后悔让他发言。

面对这种情况，如果你是林老师，请你给出对下列陈述的认同程度：

117. 当场批评这位学生的恶作剧行为，并予以警告。

118. 先请他暂停发言，稳定好课堂秩序，继续上课。

119. 应该反思自己的教学，是否无聊，或者是否自己平时表现出的威信不够。

120. 课后将这位学生带到办公室，进行适当的思想教育，帮助他认识到自己的错误。

第 121—124 题

> 苏老师在中国时是一名中学教师，教学经验丰富。到哥伦比亚后，他被安排在一所中学负责教汉语。一天，同一所学校的当地老师来问苏老师："哥伦比亚和许多其他国家的初、高中学生都是用计算器做数学题的。中国孩子为什么不直接用计算器做数学题?"后来苏老师发现，除了学生，大人去超市买东西时，也经常会拿出计算器进行加减法运算。

面对这种情况，如果你是苏老师，请你给出对下列陈述的认同程度：

121. 深入了解当地的数学教学方式，对比不同教学思想影响下的学习效果。

122. 国外的教学思想和国内不一样，如果学生能用计算器算出结果，也是一种解决方法。

123. 向同事老师详细介绍中国学生在口算方面的学习形式和突出表现。

124. 告诉同事，学生的计算能力要从小培养，不宜让初、高中学生使用计算器。

第 125—127 题

> 李江是一所国际学校的中文教学主管。新学期开学不久，中级班的一个学生找到李江，表示她觉得自己的水平已经能够去到更高一级班级学习，中级的内容对她来说比较简单。李江对她说："调班需要多位老师对你的情况进行讨论，还要经过一些测试。你先上课吧，过几天我安排一下。"谁知新一周，这个学生便直接去高级班上课了。

面对这种情况，如果你是李江，请你给出对下列陈述的认同程度：

125. 这个学生的行为不可取，是对学校规定的不尊重，须将其调回原班级。

126. 应该和这个学生好好谈一谈，尽快安排对她的测试，以确定分班决定。

127. 这个学生连招呼也没打就自己转去了其他班，肯定是因为自己之前的处理不当，因此才导致这个学生做出了过激反应。

第 128—131 题

在一次拼音认读练习时，蒋老师请一位来自哈萨克斯坦的留学生来读出展示的内容，这位学生说自己视力不太好，看不清黑板，于是蒋老师就直接用没拿粉笔的左手把讲义材料递给他，但是没想到这位学生突然很生气地表示自己没有受到尊重。

面对这种情况，如果你是蒋老师，请你给出对下列陈述的认同程度：

128. 猜测“左手”也许在该学生的民族文化里具有不好的含义，并为此向他道歉。

129. 询问他生气的原因，并告诉该学生在中国没有这样的禁忌，希望他入乡随俗。

130. 这位学生的表现只是给自己回答不出问题找借口，没必要太在意，尽快把大家的注意力拉回课堂。

131. 这位同学性格比较古怪，以后还是尽量少提问他、少和他接触。

第 132—135 题

魏老师在美国一所语言学校教汉语，这天上课的时候刚好是中国高考的日子，于是魏老师就顺口感慨“高考是很多中国学生改变命运的机会”，没想到学生对这个话题很感兴趣，有些人不认同这个观点，有些人觉得中国的高考不合理，还有些学生问魏老师对中美“高考”有什么看法。

面对这种情况，如果你是魏老师，请你给出对下列陈述的认同程度：

132. 这个话题自己之前没有准备过，也不太了解美国的高考，所以不宜发表太多想法。

133. 大家对中国的高考也许有些偏见，自己要多介绍介绍，说明高考的公平性和合理性。

134. 这个话题讨论太多会影响课堂进度，应该尽快结束，把重心放回课堂。

135. 既然大家对这个问题感兴趣，不如留成作业，之后找时间让大家专门讨论。

第 136—150 题，每题由一个情境和四个与情境相关的陈述构成，每个陈述都是对这个情境的一种反应，包括行为、判断、观点或感受等。请先阅读情境，然后根据你对情境的理解，从 ABCD 四个陈述中选出你认为在此情境下最合适的反应和最不合适的反应，并在答题卡上按照先后顺序填涂答案。

例题：

李敏在日本一所学校教汉语。刚到日本时，她选择与一位日本同事合租公寓。日本对垃圾分类有严格的要求，虽然李敏很注意垃圾的分类，但由于之前并没有这方面的经验，所以还是经常弄错，甚至导致邻居投诉，室友也多次因此事指责她，言语之间甚至认为李敏没有素质。

面对这种情况,你认为最合适的选择是(　　),最不合适的选择是(　　)。
A. 无须多解释,自己努力学习如何处理垃圾,在不与室友和邻居发生冲突的情况下解决问题。
B. 主动向室友和邻居道歉,说明原委,并向室友寻求帮助,向她学习垃圾分类的方法。
C. 鉴于和室友以及邻居目前的关系不太好,还是尽快找中国同事合住,以便度过适应期。
D. 被室友和邻居误解太没面子了,须尽快从中国同事那里学习垃圾分类的技巧。
答案:最合适 B　最不合适 C

第 136 题

周老师在墨西哥一所小学教汉语,学校氛围比较轻松自由,没有统一的教职工制服,也没有制定具体的着装要求。周老师觉得做老师还是应该正式一点,于是就经常穿黑色的西服、裙子和裤子。偶尔有一次,周老师听到有学生称呼她为“黑乌鸦”。

面对这种情况,你认为最合适的选择是(　　),最不合适的选择是(　　)。
A. 告诉学生“乌鸦”在中国是不吉利的象征,这样称呼老师是不礼貌的。
B. 把这件事告诉学校教导主任,表示自己感觉这些学生是故意给自己起外号。
C. 学生只是年纪小觉得好玩所以才给自己起外号,并没有恶意,不必理会太多。
D. 自己在学生心中的形象可能很不好,以后要全部换成别的颜色的衣服。

第 137 题

在新学期的语音课上,沈老师发现一位美国学生在学习声母时,j、q、x、zh、ch、sh 都分不清。沈老师绞尽脑汁帮助她纠正,这位同学的发音不但没有好转,反而越来越差,慢慢地这位学生对语音练习也越来越没有耐心。沈老师对此很着急。

面对这种情况,你认为最合适的选择是(　　),最不合适的选择是(　　)。
A. 自己要耐心重复学生的错误发音,直至帮助她发现自己的问题。
B. 先把这个问题放一下,在之后的学习中遇到这些音时再尝试用不同的方式帮助这位学生纠正。
C. 请其他同学帮助这位同学纠音。
D. 强调不少中国人的普通话也不好,让学生不必担心,鼓励她要对之后的学习有信心。

第 138 题

郑老师在国外任志愿者,某次校长给她一张某个舞蹈团的宣传单,邀请她和全校一起前去观看。郑老师出于好奇就上网搜索了一下该舞蹈团的情况,结果发现该舞蹈团和一个国内的邪教组织有密切关系,但校长热情邀请,她感到为难。

面对这种情况,你认为最合适的选择是(　　),最不合适的选择是(　　)。
A. 领导盛情难却,自己还是装作不知道,和全校师生一起去观看。

B. 先接受校长的邀请，之后在演出当天以生病为借口，不去观看。

C. 向校长说明该舞蹈团的情况，说明这个邪教的危害并阻拦大家前去观看。

D. 谢绝校长的邀请，同时向孔院汇报情况。

第 139 题

冯老师在英国一所大学教授初级汉语，她工作很认真，讲课也有趣，学生们都很喜欢她，一次冯老师不小心得了感冒，但是由于不想耽误课程进度，她坚持带病上课。讲课的时候，她的声音越来越哑，还忍不住咳嗽起来。课间休息时，一些坐在前排的学生就移到了后边去坐。晚上冯老师收到好几个学生的请假邮件，表示后天的课不来了，因为老师生病自己怕被传染。冯老师感到有些委屈。

面对这种情况，你认为最合适的选择是(　　)，最不合适的选择是(　　)。

A. 自己带病坚持工作不仅没有得到学生的感激和安慰，反而得到了负面的反馈，自己的付出没有得到回报。

B. 既然学生嫌弃自己生病了，那就请假等病好了再回去上课。

C. 中外对“带病工作”有不一样的看法，自己应该反思，之后还是等病好了再回去上课。

D. 这些学生不理解自己，但还有另一部分学生没有请假，后天的课自己还是应该坚持上完。

第 140 题

蒋老师在老挝教汉语，天气逐渐热起来，有一次他穿了休闲衫和短裤上课。课后几名同事特地来到他的办公室，表达了对这身着装的不满，觉得他的穿着太过随意，对课堂和学生不够尊重。

面对这种情况，你认为最合适的选择是(　　)，最不合适的选择是(　　)。

A. 我的穿着也没有很过分，而且怎么穿是我的自由，别人无权干涉。

B. 当时表示抱歉，但不必放在心上，下次仍然按照喜好穿衣。

C. 和他们解释因为天气热才这样穿，并非不尊重。

D. 接纳意见并道歉，多了解当地对教师衣着的要求，之后更加注意这方面。

第 141 题

乔欣是新外派到美国的汉语老师，她很有耐心，也很喜欢小朋友，孩子们也喜欢这位中文老师。一次，她在学校休闲区准备吃午饭，遇到几个学生，发现其中一个孩子只带了一小块面包和一根香蕉，觉得很心疼，就对这个孩子说：“告诉你妈妈多给你准备些吃的吧。”结果第二天就接到了这位学生家长的投诉，说自己才是孩子的监护人，不需要别人指手画脚。

面对这种情况，你认为最合适的选择是(　　)，最不合适的选择是(　　)。

A. 自己没有提前了解当地对教师行为规范的期待，但是自己只是好意，学生家长反应过激了。

B. 学生家长误会自己的意思了，自己只是关心学生，应该向她解释清楚自己没有恶意。

C. 由于自己没有对当地文化有透彻的了解才造成了这次事件，应该向家长解释清楚并道歉，之后多多学习相关规定和文化。

D. 自己的好心被这样误解，以后还是少管闲事的好。

第 142 题

张老师在国内一所高校教留学生汉语。这个学期有位来自埃及的学生很不喜欢写汉字，觉得自己只要会说汉语就能在中国生存，而且他还说自己在别的学校留学的朋友都是到大三才学写汉字，自己也调查过，HSK 考试都是电脑线上考试，不需要书写汉字。

面对这种情况，你认为最合适的选择是(　　)，最不合适的选择是(　　)。

A. 向学生强调汉字学习的重要性，并给他适当增加汉字书写练习的数量。

B. 学生现在不愿意学习汉字书写，以后有他后悔的时候，到那时候他就明白汉字的重要性了。

C. 反思自己的汉字教学方法，寻求更有效的教学形式，帮助学生改变对汉字书写的偏见。

D. 学生说的有一定道理，之后可以减少汉字课程。

第 143 题

金老师是高校语言进修学院的新老师，这个学期负责教授预科班的初级汉语。一次上课前，金老师想看下学生对上节课内容的掌握情况，就表示要进行单词听写，结果遭到学生的强烈抗议，认为这属于随堂测验，金老师没有提前告诉他们，而且这也许会影响他们最后的综合成绩。

面对这种情况，你认为最合适的选择是(　　)，最不合适的选择是(　　)。

A. 自己确实没有提前告诉学生今天要听写，可以把听写改在下次课进行。

B. 告诉学生这只是一个帮助他们复习的方式，不必太过紧张，以后自己会经常用这种方式抽查复习情况。

C. 随堂听写是国内常见的复习方式，告诉学生应该学着适应。

D. 学生的抗议没有道理，自己是老师可以对上课方式进行安排。

第 144 题

张老师在意大利一所孔子学院教汉语。他的一个学生跟他约好下午 4 点见面，但 4 点半了那个学生还没来，张老师在 5 点的时候还有别的事情。

面对这种情况，你认为最合适的选择是(　　)，最不合适的选择是(　　)。

A. 给学生打电话说先不等了，重新改约时间。

B. 这是他们的习惯做法，再等等，之后的事情自己再协调。

C. 打电话询问学生为什么迟到，视情况决定等不等他。

D. 见面后直接指出学生的不守时带给自己的困扰，希望他下次能准时。

第 145 题

钱明到大学的国际教育学院实习，班里的学生多来自非洲，热情开朗，他们相处得很愉快。一次钱明早到教室了一会儿，几个学生正在聊天，其中一个学生拿出个苹果自己咬了口，接着分享给其他朋友，三四个人吃过后把苹果也传给钱明，意思是也和他一起分享。

面对这种情况，你认为最合适的选择是（　　），最不合适的选择是（　　）。

A. 如果不吃就是不给学生面子，自己也接过来咬上一口。

B. 告诉学生中国人觉得这样一起吃苹果不卫生，并向他们普及健康知识。

C. 借口说自己不喜欢吃苹果，并向学生表示感谢。

D. 谢谢学生的好意，但告诉他们老师不能吃学生的东西，希望他们理解。

第 146 题

卜老师在国内某高校教授预科生的综合汉语。在一次教各地城市中文名称的课上，卜老师为了避免牵扯到政治问题，刻意绕过了台湾，但没想到学生还是主动提到了，并且说台湾不是中国的。卜老师立即强调台湾自古以来就是中国的一部分。然后学生又提到香港和澳门，认为香港和澳门也不是中国的。卜老师强调数次，但由于学生汉语水平有限，仍不接受他的观点，结果让卜老师很失望。

面对这种情况，你认为最合适的选择是（　　），最不合适的选择是（　　）。

A. 严厉地回击他们的观点，直到他们接受自己的观点。

B. 事实胜于雄辩，他们的观点本来就不正确，说明一次就好，不必再继续下去。

C. 平时备课时就积累相关资料，课上简洁明了地向学生解释，然后尽快回到课程上。

D. 为了不在与教学无关的问题上浪费时间，以后在备课时更加小心避免这类敏感话题。

第 147 题

在韩国任教的中文老师周琴受到当地同事邀请，到她家里做客。晚饭期间，周琴和同事及其他客人相处得很愉快。随着话题的深入，有人直接问起周琴有没有结婚。周琴感到很惊讶，没有想到当地人会问陌生人这样隐私的问题，觉得有些尴尬。之后她从别的同事那里了解到，韩国人询问对方感情状况，是展现友好和善意的方式。

面对这种情况，你认为最合适的选择是（　　），最不合适的选择是（　　）。

A. 既然是当地习惯，自己以后也大大方方回应，等彼此熟悉之后再找机会告诉同事贸然询问女性的婚姻状况在中国是不太礼貌的。

B. 理解这是文化交际的习惯不同，但自己仍觉得回答这样的问题有些尴尬，以后要减少和韩国人相处。

C. 下次再遇到这样的问题，可以把问题反问回去，或者岔开话题。

D. 就算是当地习惯，也应该区分对象，对方应该加强跨文化交际意识。

第 148 题

韦老师这段时间对一个学生产生了些不满。这个学生之前一直学习很努力，并且成绩很好，但是最近突然开始不交作业，上课也不专心，有时甚至在汉语课上睡觉。之前韦老师很喜欢这个学生，但现在他这样的表现让韦老师有些难以忍受，但也不愿和学生起冲突。

面对这种情况，你认为最合适的选择是（　　），最不合适的选择是（　　）。

A. 在没有弄清楚这个学生突然发生这么大转变的原因之前，先不要有所行动。

B. 可以在课堂上多提问他，或者请他担任汉语小组长，用这种方式唤起他学习汉语的积极性。

C. 私下向别的同事打听这个学生的近况，搞清楚他出现异常的原因。

D. 课后试着跟这个学生交流，以朋友的身份关心了解他的情况，并为其提供力所能及的帮助。

第 149 题

刘老师被派到芬兰一所小学教汉语。第一节课，刘老师想要认识一下大家，没想到在点名时念错了一些同学的名字，引得全班同学发笑。大家都在重复刘老师的发音，这让刘老师觉得很尴尬，接下来的名字都不太好意思张口了。

面对这种情况，你认为最合适的选择是（　　），最不合适的选择是（　　）。

A. 学生都还是小孩子，并没有恶意取笑的意思，继续上课就可以了。

B. 学生这样是故意为难自己，并且影响课堂纪律，下课向班主任反映学生的行为。

C. 自己应该努力学习芬兰语，并在课下自己先练习学生名字的发音。

D. 问问学生喜欢什么，然后以此为依据给学生起中文名字，之后上课叫中文名字，也能帮助学生慢慢形成汉语习惯。

第 150 题

小潘在任教期间认识了同事杰克，两人发现彼此的爱好有很多相同的地方。于是这天他们就相约去爬山。为了更加热闹，小潘又约了其他几位朋友一起去。本来以为可以一起开开心心地爬山，结果杰克见到那么多人后有些不高兴。

面对这种情况，你认为最合适的选择是（　　），最不合适的选择是（　　）。

A. 杰克没有理解自己安排的苦心，应该向杰克说明，希望他能理解自己的好意。

B. 杰克性格也许不太开朗，自己以后不要再这样做了。

C. 自己的安排没有充分考虑到杰克的感受且没有提前告诉他，应该向他道歉。

D. 努力在其中调节气氛，等杰克和其他人熟悉了就好了。

《国际中文教师证书》
考　试

（通用版）

必刷试卷四

注　意

一、本试卷分三部分：

1. 基础知识 50 题

2. 应用能力 50 题

3. 综合素质 50 题

二、请将全部试题答案用铅笔填涂到答题卡上。

三、全部考试约 155 分钟（含 5 分钟填涂答题卡时间）。

第一部分　基础知识

第 1—5 题

1. [tɕ]　[tɕ^{h}]　　2. [k]　[k^{h}]　[x]　　3. [i]　[u]　[y]

4. [an]　[ər]　[ei]　　5. [yn]　[uəŋ]　[iŋ]

请从 A—G 中选出与上述国际音标相对应的一项，其中有两个多余选项。

1. ______
2. ______
3. ______
4. ______
5. ______

A. 高元音
B. 低元音
C. 开口呼
D. 鼻韵母
E. 舌面前音
F. 舌尖前音
G. 舌面后音

第 6—12 题

6.

7.

8.

9.

??

请从 A—F 中选出上面汉字所对应的造字法，其中有两个多余选项。

6. ______
7. ______
8. ______
9. ______

A. 象形字
B. 会意字
C. 指事字
D. 假借字
E. 形声字
F. 转注字

10. 上图中带问号的字是什么字体？

A. 金文　　B. 小篆　　C. 隶书　　D. 行书

11. 下面哪个词中“登”的义项与其他的不一样？

A. 登峰造极

B. 登堂入室

C. 五谷丰登

D. 粉墨登场

12. 下列哪项词语的实际读音正确？

A. gānxìbāo 干细胞

B. wàiqiáng – zhōnggàn 外强中干

C. ànyā 按压 zhǐxiě 止血

D. yìzhēn – jiànxiě 一针见血

第 13—17 题

采希：这件蓝衬衣真好看！

楚玉：是啊，你想试试吗？

采希：但是太小了，我太胖了，穿不了。

楚玉：①你还胖啊？

采希：②我一放假就一定会变胖，这个寒假我胖了 8 斤。

楚玉：好吧，那这件红的呢？

采希：这件也好看，我去试试。

…………

楚玉：你穿起来很合适，这件多少钱？

采希：我看看……这件 100 块。

楚玉：质量怎么样？

采希：也很舒服。

楚玉：你喜欢吗？

采希：我挺喜欢的。

楚玉：那就买这件吧，③这件**不仅**质量好，**而且**便宜。

13. 本课学习的重点语法可能是：（常考）

A. “的”字短语

B. 感叹句

C. 反问句

D. 疑问句

14. 下列哪个句子中的“还”与句①中的“还”意义和用法相同？

A. 今天比昨天还冷。

B. 除了衬衣，我还想买裤子。

C. 他成绩第一名还不会做这道题呢，何况我们。

D. 他惹了这么大麻烦，我还要谢他？

15. 关于句②，解释**错误**的是：

A. 这是一个假设句

B. 相当于"只要……就……"

C. 这句话中完成两件事的主语相同

D. 表示"一"后面的事件一旦发生，就会导致"就"后面事件的结果

16. 句③里出现的句式，用哪种方法学习最合适？

A. 给出英文例句并让学生翻译成中文

B. 用英文解释意义并让学生自由造句

C. 提供语境并让学生完成对话

D. 给出例句并让学生自由造句

17. 你认为适合本课的拓展话题是：

A. 减肥

B. 购物

C. 假期

D. 物品的质量

第18—20题

A：你好，我借这几本书。

B：好的。你喜欢《三字经》？

A：是的，我觉得很有意思，我之前已经看过两**遍**了。

B：好了，登记完了，这是你的书。

A：谢谢，再见。

…………

A：①<u>我差点儿忘了</u>，我还带了这本《走遍中国》来还，也请你登记一下。

B：②<u>好的……帮你还上了</u>。还有别的书要还吗？

A：没有了，都还完了。

18. 下列选项中和"遍"属于同一类别的量词是：

第18题

A. 去一趟北京

B. 吃一些苹果

C. 看了一个小时书

D. 踢了一脚

19. 下列哪项中的"差点儿没"和画线句子①中的"差点儿"语义一致？

A. 爷爷差点儿没摔倒。

B. 他差点儿没中奖。

C. 我今天早上差点儿没赶上公交车。

D. 我的论文差点儿没通过。

20. 画线的句子②中有几个多音字?(易错)

A. 2 个　　B. 3 个　　C. 4 个　　D. 5 个

第 21—25 题

> 甲:你事情办得怎么样了?
> 乙:很顺利,这里的工作人员很友好。谢谢你帮了我这么多忙!
> 甲:①谢什么呀!我们是好朋友嘛。一年不见,你汉语说得越来越好了。
> 乙:是吗?这段时间我虽然回国了,但是还一直在自学汉语。算起来,②我学了 3 年汉语了,准备今年考 HSK4 级。
> 甲:真了不起!今天事情办完了,你马上要回英国了吗?
> 乙:不,我打算再在南京待几天。晚上想去看看秦淮河是什么模样,还想买点儿有特色的礼物带回去。
> 甲:好,我陪你去。
> 乙:谢谢!那③我们先去买点儿喝的。

21. 句①属于:

A. 陈述句

B. 祈使句

C. 反问句

D. 特殊疑问句

22. 下列哪个问题**不能**引导学生练习主谓谓语句?

A. 今天天气怎么样?

B. 你朋友个子高吗?

C. 他的作业完成得怎么样?

D. 这个景点游客多不多?

23. 关于“我学了 3 年汉语”与句②的语义区别,下列哪种说法正确?

A. 前者的意思是“我”学过 3 年汉语。
后者的意思是“我”学了 3 年汉语,现在还在学。

B. 前者的意思是“我”学过 3 年汉语。
后者的意思是“我”学了 3 年汉语,以后不学了。

C. 前者的意思是“我”学过 3 年汉语,现在还在学。
后者的意思是“我”学过 3 年汉语,现在不学了。

D. 前者的意思是“我”学过 3 年汉语,以后还想学。
后者的意思是“我”学了 3 年汉语,现在还想学。

24. “模样”一词拼音的正确写法是:

A. móyàng

B. móyang

C. múyàng

D. muóyang

25. 下列哪项活动最适合用于练习句③中的“的”字结构？

A. “采访”：学生采访同班同学，了解个人信息

B. “做计划”：学生分组制订旅行计划，小组代表做班级汇报

C. “画图”：老师描述一种物品，要求学生在纸上画下来，看谁画得对

D. “猜词”：学生通过问物品的用途或类属，猜测老师手中图片上的物品

第 26—29 题

下面是一篇口语课的练习材料。

> 《绿茶》是一部根据小说改编的电影。电影的导演是张元，男女主角分别是著名影星姜文和赵薇。有的观众觉得这部电影一点儿也不吸引人，有的观众却觉得看这部电影**好像品尝**一杯绿茶，越**品**越有味道。

26. 下列哪组词需重点讲练？

A. 根据　却　好像

B. 改编　却　品尝

C. 分别　著名　观众

D. 主角　吸引　味道

27. 文中的“好像”是什么词性？

A. 副词

B. 动词

C. 介词

D. 形容词

28. 文中的“品尝”与“品”的差异主要体现在哪方面？

A. 语体

B. 词性

C. 情感色彩

D. 搭配对象

29. 下列哪项最适合作为这段材料的交际性练习？

A. 用本课生词进行口头造句

B. 模仿课文结构，介绍一部电影

C. 课后看《绿茶》并写一篇观后感

D. 查阅文中导演与演员的信息并介绍给大家

第 30—34 题

> 马莉：中午咱们都去张华家吃火锅，他爸爸、妈妈要我们跟他们一起过新年。
>
> 安琪：在北京过新年一定很有意思。我们怎么去他家？
>
> 马莉：①我的车让别人借走了，我们坐公交车去。
>
> 安琪：我觉得北京人很喜欢吃火锅，是不是因为现在天气冷，所以北京人才常吃火锅？
>
> 马莉：不是。北京人就爱吃火锅，主要是涮羊肉。
>
> 安琪：除了火锅，北京人过年还吃什么？

马莉：不一定，好吃的太多了，②想吃**什么**吃什么。但是一般都会吃饺子。快点儿吧，③你化妆化了半个小时了。咱们得早点走，今天路上一定热闹，**到处**都是人。

安琪：我们还没买礼物呢。中国人去朋友家的时候送什么？

马莉：一般送一些吃的、喝的或者用的。现在的年轻人也喜欢送花儿。

安琪：那咱们买些水果，再买一束花儿。

马莉：好。

30. 画线句子①属于什么句？

A. 被动句　　B. 连动句　　C. 兼语句　　D. 主谓谓语句

31. 画线句子②中的“什么”表示：（常考）

A. 任指　　B. 虚指　　C. 疑问　　D. 例指

32. 讲练句③时，下列哪项最适合做例句：

A. 我写了一下午的作业，太累了。

B. 他们已经商量半个小时了。

C. 这座山要爬两个小时才能到山顶。

D. 中午我睡觉睡了一个小时。

33. 关于“到处”和“处处”，下列说法**不正确**的是：

A. 在口语和书面语中都能用

B. 表示“各个方面”时可互换

C. 都是表示总括的范围副词

D. 大多数情况下在判断动词“是”前可互换

34. 材料中有四个问句，其中和其他三项类型不同的是：（常考）

第 34 题

A. 我们怎么去他家？

B. 是不是因为现在天气冷，所以北京人才常吃火锅？

C. 北京人过年还吃什么？

D. 中国人去朋友家的时候送什么？

第 35—40 题

我很早就希望能有机会来中国学习汉语。现在这个愿望终于实现了，心里有说不出的高兴。从去年夏天起，我就忙着为来中国学习做准备，申请签证啊，①订机票**啊**，等等。我是独生女，②之前从来没有自己离开过家，**更别说**是一个人在别的国家生活了。所以我的父母很担心我，甚至在出发前的一周，爸爸还在说：“③你现在的工作不是挺好的吗？”妈妈说：“你不打算结婚啦？”

说实话，对于将来要做什么，我还没想好。④可是现在我**就是**想学汉语，⑤想到中国这个古老而又年轻的国家去看看。

35. 下列哪项与句①"订机票啊"中的"啊"读音相同？

A. 他啊，可不是什么好人。
B. 考试真难啊！
C. 人心不古啊！
D. 好多学生啊。

36. 句②中由"……，更别说……"引导的是哪一类复句？

A. 条件复句
B. 假设复句
C. 让步复句
D. 递进复句

37. ③处的问句属于：

A. 选择问句
B. 设问句
C. 是非问句
D. 反问句

38. 关于句④中的"就是"，下列说法正确的是：

A. "就是"为副词，表示确定范围，排除其他。
B. "就"是副词，表示承接上文，得出结果。
C. 和"他就是那个偷我钱包的人"里的"就是"意义用法一样
D. 和"你就是拿来我也不要"里的"就是"意义用法一样

39. ⑤处的"古老而又年轻"正确的拼音书写格式是：（易错）

A. gúlǎo ér yòu niánqīng
B. gǔlǎo ér yòu niánqīng
C. gǔlǎo'ér yòu niánqīng
D. gǔlǎo ér yòu niánqing

第 39 题

40. 下列词语中，和"古老""年轻"构词类型分别相同的是：

A. 途径 主流
B. 提高 有限
C. 房间 日食
D. 开关 心酸

第 41—44 题

金老师想对留学生习得汉语的过程进行研究，因此，他收集了一些学生的材料。如：

①Andy 喜欢学习汉语，对中国文化也很感兴趣，之后有留在中国的打算。他在课堂上的表现也非常活跃，很喜欢表达，但刚开始学习汉语的时候，因为汉语水平有限，他在课堂上说出的话常常有各种各样的错误。

②志秀喜欢通过跟中国人聊天儿的方式学习汉语，所以来中国以后很快就交了很多中国朋友。

③Jack 现在遇到了问题。因为一直忽略汉字的学习，他的阅读水平慢慢落在了别的同学后面，他的发音也有一些问题。他觉得自己的汉语水平已经停滞不前，这让他很着急，也让他在课堂上以及跟中国朋友聊天儿的时候慢慢失去了自信。

41. 从 Andy 的表现看，他学习汉语的动机和学习风格分别是：

A. 融入性动机　审慎型
B. 融入性动机　冲动型
C. 工具性动机　审慎型
D. 工具性动机　冲动型

42. 志秀在上汉语课时，通常会把老师扩充的词汇也在书上记下来，这种学习策略属于：

A. 关联策略
B. 认知策略
C. 情感策略
D. 元认知策略

43. 从 Jack 目前的情况来看，他处于下列哪种状态？

A. 语言焦虑
B. 文化休克
C. 文化过滤
D. 语言僵化

44. 针对 Jack 出现的这种情况，金老师通过请教有经验的同事、和同事讨论等方式，结合 Jack 的情况，给他提出了一些学习建议。这种方法属于：

A. 个案研究
B. 实验研究
C. 行动研究
D. 调查研究

第 45—47 题

霍明和李力来参观鲁齐的新家。客厅里摆着一张长沙发，沙发前边是一个茶几，茶几上放着许多水果和零食。地上铺着一块灰色的地毯，墙角摆着一盆兰花，墙上挂着一幅山水画和一幅书法作品。他们看着看着，就看到一个有趣的现象，鲁齐家有一个鱼缸，但是里边只有水，没有鱼。“鱼呢？我怎么没看着鱼？”①霍明盯着鱼缸问鲁齐。“这你就要问 Lucky 了”，鲁齐无奈地笑着说。Lucky 是他养的猫。“Lucky 在哪儿？”“它在阳台躺着晒太阳呢。”

45. 语法点“着”在文中共出现了几种用法？

A. 1 种
B. 2 种
C. 3 种
D. 4 种

46. 下列哪项与句①的句法形式完全一致？

A. 玛丽听着音乐看书。
B. 他看着电视睡着了。
C. 老师站着讲汉语课。
D. 他们隔着桌子拥抱。

47. 现代汉语中，“着”除了“zhe”这个音以外，还有几种发音？

A. 1 种
B. 2 种
C. 3 种
D. 4 种

第48—50题

姐姐:你怎么哭了? 弟弟:我的东西丢了。 姐姐:什么东西丢了? 弟弟:我的熊猫丢了。 姐姐:别哭,我们一起找一找。 弟弟:看,我的熊猫在那儿! 姐姐:太好了!找到了,笑一笑吧!

48. 本课的语言点最有可能是:

A. "怎么"询问情况

B. "丢"的用法

C. "别+动词"表示 don't do something

D. "V.一V."的用法

49. 这篇课文的教学对象是:

A. 初级阶段的中学生

B. 零基础水平的大学生

C. 初级阶段的小学生

D. 高级阶段的小学生

50. 下列和"找一找"中的"一"变调现象一致的是:

A. 一首歌曲 B. 我一定去 C. 水不够喝 D. 你来不来

第二部分　应用能力

第51—54题

下面是一节中级汉语综合课的生词。

1. 高山	2. 不管	3. 游览	4. 佛教	5. 松树
6. 雄伟	7. 不起眼儿	8. 值得	9. 发展	10. 风俗
11. 算是	12. 居住	13. 闻名	14. 寺庙	15. 朝代

51. 下列哪项生词教学环节的安排**不恰当**?

A. 环节一:带领学生读生词

B. 环节二:讲练重点生词

C. 环节三:扩展重点生词

D. 环节四:学生轮流用生词1—15造句

52. 下列哪项生词应重点讲练?

A. 高山　佛教　雄伟　游览　寺庙

B. 不管　游览　值得　发展　闻名

C. 游览　佛教　风俗　发展　闻名

D. 佛教　游览　风俗　居住　闻名

53. "游览—旅游"和"闻名—有名"两组近义词的差异分别体现在哪方面?

A. 是否及物和词性

B. 语体色彩和词语搭配

C. 情感色彩和语体色彩

D. 适用句式和词语搭配

54. 关于汉语词汇与词汇教学,下列哪项说法**不正确**?

A. 汉语词汇以双音节词为主

B. 词汇教学是汉语教学的基础

C. 在语言诸要素中,词汇与社会的联系最为紧密

D. 词汇教学涉及字形、语音、语义和语法四个方面

第55—58题

对于"影响人们文化适应的过程和结果的因素",跨文化心理学对此有两种理论:一是文化学习理论,二是焦虑处理理论。前者主要从行为的角度来看待文化适应问题,后者则主要从情感的角度来看待文化适应问题。

综合以上两种理论,有学者将影响文化适应的因素总结为文化距离、个人性格特点、期望值、社交支持和目的文化的知识五个方面。

下列各题所描述的情况分别对应哪种因素？请从 A—E 中选出对应因素，其中有一个多余选项。

55. 张老师是印尼一所三语学校的新教师，开学第一周，在高级汉语班的课堂上，张老师想介绍些简单的古代汉语给学生，因为《三字经》句型简单，所以就选择了《三字经》作为拓展阅读材料。但在说完“人之初，性本善”后学生提出了不满。原来印尼很多人信奉基督教，这句话与基督教的“原罪说”相悖。张老师不知道该怎么把课进行下去。

56. 小王作为泰国孔子学院的新老师，听说泰国孩子都多才多艺，对即将开始的任教生活充满期待。第一堂课有许多学生迟到，小王批评了这些学生，并要求以后汉语课都不能迟到。这使得迟到的几个学生十分不满，和小王争辩了起来，小王产生了失望、愤怒的情绪。

57. 李老师是到新加坡赴任的新任汉语教师志愿者，到新加坡一个月后，他就完全适应了当地的工作和生活。而和他一样是第一次出国任教的王老师，到巴西一个月后，还是觉得不适应。

58. 李雪和王丽同是柬埔寨汉语教师志愿者，两人在同一所学校任教，宿舍也在一起。李雪性格比较腼腆，并且有时觉得当地买的食物不太干净，所以一般都自己回宿舍做饭吃。王丽则性格开朗，和当地同事很聊得来。有几次同事邀请她们聚餐或者出去玩，李雪都以身体不舒服等理由拒绝了。王丽觉得任教生活很开心，而渐渐的，李雪越来越想家。

55. ____________
56. ____________
57. ____________
58. ____________

A. 期望值
B. 个人性格特点
C. 社交支持
D. 文化距离
E. 目的语文化知识

第 59—62 题

（一）买单

服务员：欢迎光临！您几位？
安　妮：三个人，有位子吗？
服务员：有，请跟我来。您三位吃点什么？
安　妮：你们这里的特色是什么？
服务员：您喜欢鸡肉吗？如果想吃鸡肉的话可以试试我们的宫保鸡丁。
安　妮：好的，就来一个吧。我看看，干锅排骨是辣的吗？
服务员：有点儿辣，也可以做成不辣的。
安　妮：那请来一份不辣的，再要一个清蒸鱼和青菜豆腐。主食要三碗米饭。
服务员：喝的需要什么？
安　妮：两瓶可乐，一瓶水。
服务员：好的，您的菜马上来。
…………
安　妮：服务员，买单。
服务员：一共 137 块，收您 150 块，找您 13 块。欢迎下次光临！

59. 根据课文内容，以下不合适作为导入的活动是：

A. 展示各种中国菜的图片

B. 询问学生在中国饭店吃饭、点菜和结账的经历

C. 观看视频《舌尖上的中国》半个小时

D. 听写"欢迎""位子""特色""主食""米饭""买单"等生词

60. 下列选项中比较适合作为本课作业的是：

A. 写一篇 800 字的作文

B. 把每个生词抄写 50 遍

C. 要求所有学生和老师去中国餐馆吃一顿饭

D. 让学生课后查自己感兴趣的特色美食，下节课上进行模拟点菜会话练习

61. 课堂上老师让学生根据课文进行两人对话练习，有一组学生没有进行练习，而是在聊天，下面哪种处理方法效果可能最好？

A. 让说话的学生去教室外面，本节课不许进来

B. 让说话的学生大声说出聊天的内容，并批评他们

C. 把聊天的两个人的座位分别搬到教室的左右两边，隔开两人

D. 询问学生在说什么，巧妙地将聊天内容引入课堂内容上来

62. 针对这篇课文，以下哪项活动适合作为本课的拓展话题？

A. 介绍中国八大菜系

B. 说说吃荤的好还是吃素的好

C. 就"吃饭应该谁买单"展开辩论

D. 介绍在自己国家的餐厅一般怎样点餐

第 63—67 题

在汉语课本里有一篇书面语体的课文，一位老师在教这篇课文的时候，先把书面语变成口语体叙述，以其中第一段为例：

中国 SOS 儿童村是 1986 年 10 月在天津、烟台建成的。现在一共有 220 多名儿童和少年在那里生活。其中年龄最小的只有几个月，最大的已经十五六岁。这些孩子中有的是失去父母的孤儿，有的很小就被父母遗弃，他们都没有了家。建立 SOS 儿童村，是为了给这些孩子一个温暖的家，使他们得到母爱和家庭的温暖，让他们能够健康快乐地成长。所以说 SOS 儿童村是儿童的保护人，因为它让孩子们过上了正常的家庭生活，让他们得到了母爱。

叙述两遍以后，老师通过提问引导学生分析这段课文的结构：①________；②________；③________；④总结。

然后，老师让学生按照这样的结构复述课文。

接下来老师又给出两个结构相同的例子：第一个例子是一段话，老师先说两遍，然后让学生复述；第二个例子是一张表，老师让学生按照表里的内容进行复述。

最后，老师布置了作业。

63. 案例中的这段课文的结构是：

①基本情况　　②话题、时间、地点　　③目的

A. ①②③

B. ③②①

C. ②①③

D. ①③②

64. 语言课让学生复述课文是常用的方法，案例中的这段课文最**不适合**的复述方式是：

A. 改变结构

B. 改变话题

C. 改变角色

D. 改变时间

65. 老师给出的两个结构相同的例子，一个是一段话，另一个是一张表。这体现了什么原则？

A. 由易到难，循序渐进

B. 精讲多练，因材施教

C. 语言浅显，通俗易懂

D. 感性直观，启发思维

66. 这位老师布置的作业，最可能是：

A. 抄写一遍课文，并用生词造句

B. 背诵课文，并准备下节课听写

C. 把课上补充的练习用书面语体写出来

D. 看电影《飞越老人院》，写一篇 400 字的观后感

67. 案例叙述最可能是哪种课型的课堂教学？

A. 听力课

B. 口语课

C. 写作课

D. 精读课

第 68—72 题

> 陈老师是俄罗斯一所中学的汉语教师，刚入职不久，为了让自己尽快适应工作要求，并快速成为一名合格教师，他总结了一些让自己困惑的问题，发到了微博上，他期待大家的讨论能对他以后的教学有所启发和帮助。
>
> ①上课遇到学生听不懂的情况能不能说外语？
>
> ②制订教学目标要考虑哪些方面？
>
> ③需不需要有汉语课特定的课堂规范？怎么制订课堂规范？
>
> ④如果学校提供的教材不合适怎么办？
>
> ⑤学生成绩由几部分构成才最合适？

68. 下列哪项说法正确？

A. 教师应将自行制订的课堂规范张贴在教室中

B. 选择教材时应首要考虑教材编者、教学目标、教材的知名度

C. 遵循汉语优先的原则，在汉语无法有效完成沟通时适度使用外语

D. 制订教学目标时，应从听力、口语、阅读、书写、翻译几方面准备

69. 下列哪项**不适合**在学生面前谈论？

A. 学校的规章制度　　C. 中国文化体验活动计划

B. 某学生的家庭情况　　D. 某学生汉语比赛的获奖情况

70. 对于个别学生偶尔不完成作业的现象，最合适的做法是：

A. 向班主任反映，请他警告学生

B. 在课堂上公开批评没有完成作业的学生

C. 课下跟学生谈话，了解未完成作业的原因

D. 向学生家长反映，要求家长督促学生完成

71. 下列哪种做法最有助于国际汉语教师反思能力的发展及自我成长？

A. 询问家长对学生学习的期望，把家长的期望融入教学安排

B. 学习学校相关管理文件，使自己的教学符合学校的整体要求

C. 坚持撰写教学日志，积极参与同行讨论，主动学习专业知识

D. 经常询问学生对教学的意见，并随时根据学生的意见调整教学

72. 一位学生在课间休息时，指着自己笔记本上写的汉字"笨蛋"，跟陈老师说："老师，我可以说'笨鸡蛋'吗？"学生的这种中介文化行为属于：

A. 文化迁移　　C. 母语迁移

B. 文化过滤　　D. 目的语泛化

第73—75题

下面是几个操练相近词语的课堂活动，请从A—E中选出每个活动对应的操练内容，其中有两个多余选项。

①"换货"：你买了一件衣服、一条裙子或一双鞋，但大小、颜色、长短、肥瘦等不合适，你去找售货员换货。两人一组，一人扮演顾客，一人扮演售货员，进行操练。 ②"找相同"：给出三张图片，分别代表小张昨天和今天做的事情以及明天打算做的事情，请学生找出其中相同的事，并用完整的语句描述出来。 ③"优秀员工和不合格员工"：有两个员工，一个努力工作，一个却常常浑水摸鱼。请你描述一下他们的不同，比如上下班时间、工作效率、任务完成的情况。

73. ①________

74. ②________

75. ③________

A. "再"和"又"

B. "就"和"才"

C. "以为"和"认为"

D. "有点儿"和"一点儿"

E. "差点儿"和"差点儿没"

第76—78题

课堂活动信息卡

1. 活动目的：通过游戏，帮助学生熟练掌握趋向补语的用法。

2. 活动方式：

将学生分成两组，每组一次选5个学生扮演机器人，其他学生在旁边等待上场。教师用粉笔在地上画几个圆圈让“机器人”站在圆圈里。

教师发出一些指令，如“走出来、跳起来、蹲下去、跑回去、走过来、走过去”等。“机器人”要迅速做出动作，做错的学生被罚下场，在旁等待的同组学生补充进“机器人”队伍。

教师计时，在规定时间内未上场人数多的一组获胜。

3. 趋向补语结构：

简单趋向补语：来 去 上 下 进 出 回 过 起

复合趋向补语：上来 上去 下来 下去 进来 进去 出来 出去 过来 过去 回来 回去 起来

76. 上述课堂活动应在学生学习该语法点的哪个阶段实施？

A. 模仿　　B. 理解　　C. 记忆　　D. 活用

77. 下列哪项**不是**实施本次活动的关键因素？

A. 班额　　B. 年龄　　C. 文化背景　　D. 汉语水平

78. “我明天买回来一斤苹果”中的趋向补语使用有误，下列哪项解释正确？

A. 复合趋向补语“回来”一般只用作中宾式，不用作后宾式

B. 动词＋复合趋向补语＋受事宾语，一般只表示已经发生的情况

C. 复合趋向补语“回来”后的宾语必须是有定的，不能是无定的

D. 从语义上来看，能与“回来”共现的动词应是位移动词，而“买”不是位移动词

第79—81题

丁一：一个下午都没看见你，你在忙什么呢？

小明：我在准备新年活动呢。春节快要来了，中文系要准备春节活动了。

丁一：准备得怎么样了？

小明：要做的事有很多，昨天我整整画了三张海报呢。

丁一：现在你要做什么？

小明：我要去找给舞蹈队排练的地方。

丁一：现在排练室都在用，你一会儿再去吧。

小明：是吗？你怎么知道？

丁一：我刚才从排练厅路过，看到门口写的时间表了。

小明：那好，我一会儿再去。

79. 生词讲练应有详有略，以下生词适合略讲的是：

A. 整整
B. 要
C. 时间表
D. 刚才

80. 在讲练“整整画了三张海报”的用法时，下列哪种方法最合适？

A. 翻译法
B. 图示法
C. 下定义法
D. 设置语境法

81. 针对口语课的练习，下列属于任务型练习形式的一项是：

A. 选择一个活动进行海报设计
B. 教师抽选学生进行选段课文背诵表演
C. 学生分角色朗读对话
D. 给学生设置一个情境要求其模仿课文完成对话

第82—87题

下面是一位日本留学生作文的节选：

我们在日常生活上必有声音。我现在教室里写着作文，环境很安静、可是还是有声音。比如、写字的声音，空调的声音，从外边听见的开车的声音等等。可以说，我们的日常生活上、自然界上没有声音的情况没有。

如果我们在一间防音室，这间房间里任何声响都没有的话，我们如何感觉呢？一个人在房间除了自己的心跳的声音，呼吸的声音以外任何声音都没有，我可能觉得又紧张又恐怖。恐怕寂寞感，孤独感，压迫感也会发生。对心理方面的压力会越来越大。

为什么发生这样的情况呢？我认为没有声音的空间是一种非日常的空间。我们在非日常的空间不知不觉紧张起来。因为我们对这样的情况不太习惯。心理方面的问题很容易对健康影响。所以人在没有声音的房间里对人体健康产生危害的可能性很大。

82. 作文第一段划线句子的偏误从严重程度来看，并不影响整个句子的理解和交际，这种偏误是：

A. 前系统性偏误
B. 后系统性偏误
C. 全局性的偏误
D. 局部性的偏误

83. 在这篇作文的第二段，划线句子出现的偏误是哪种原因造成的：(常考)

A. 母语负迁移

B. 目的语规则泛化

C. 文化因素负迁移

D. 交际策略

84. 针对上一题中的这种偏误类型，教师可以采取什么措施？

A. 了解学生的语言背景，对比其母语和目的语的不同，预测可能出现的偏误情况

B. 了解学生的国别文化背景，在课堂教学中强调中外文化的不同

C. 对重要的语言点从结构、功能等方面进行详细讲解，对易混淆内容做对比讲解

D. 针对学生出现的偏误，加大练习力度，强化记忆

85. 第三段中的“日常”是什么词性？(易错)

A. 名词　B. 形容词　C. 区别词　D. 副词

86. 第三段划线句子属于哪种病句类型？

A. 搭配不当

B. 成分残缺

C. 句式杂糅

D. 语序不当

87. 下列哪项内容是高级阶段写作的训练目标？

A. 加强句群训练

B. 掌握某种文体的写作方法

C. 词语训练和造句为主

D. 进行大量汉字书写练习

第 88— 91 题

张老师是国内某大学的汉语教师，最近刚被派到挪威某大学任教。这学期他的教学任务是负责该校中文专业的远程视频教学。远程教学班为汉语零起点班，学生是 6 名工作繁忙的成人。远程教学班每周上 3 个小时的汉语课，一共上 14 周。学校里的现实教学班也是零起点班，学生是 15 名大二的学生，每周上 10 个小时的课，一共上 10 周。两个班级使用同样的教辅用书。校方要求远程教学班的进度要与现实教学班的进度平行，而且要达到相同的教学效果。张老师感觉教学压力很大，经常失眠。

88. 远程教学班的汉语语言环境相对更为缺乏。张老师应该从哪几个方面创设本班的语言学习环境？

①每周看一部中国电影
②以一首中国歌作为背景音乐
③授课背景加入中国元素
④完全用汉语授课
⑤给学生起中文名字，并在课堂中使用

A. ①②　B. ①③　C. ②④　D. ③⑤

89. 学期过半，张老师打算做一个10分钟左右的微课视频来全面地展示一个知识点，下列哪个知识点适合用这种形式呈现？

A. 比较句
B. “了”字句
C. “把”字句
D. 形容词谓语句

90. 一次远程视频课上，张老师在讲解重要的语言点时，麦克风出了问题，学生听不到他讲话了。为了将影响降到最小，张老师应如何处理？

A. 打电话叫同事送一个麦克风过来
B. 停下课程，马上检查线路，修理麦克风
C. 采用打字与手机录音相结合的方式继续上课
D. 打字告诉学生情况，暂停上课，换时间补课

91. 张老师感到工作压力大，经常失眠，他应该如何处理这种情况？

A. 请病假，要求回国，以恢复健康
B. 业余时间跟同事和朋友交流，释放压力
C. 主动联系学生增加课时，进行课后辅导
D. 向领导说明，请求适当调整教学标准和要求

第92—96题

父亲为我取的名字曾得到祖父的赞许。要得到祖父的赞许并不容易，尽管祖父自己替人取名字一向不太认真。祖父取名字的特点是随意。伯父在他的兄弟姐妹中是老大，叫至善；姑姑是老二，叫至美；父亲最小，本来应该叫至真，可是祖父故意闹别扭，把应该叫“至真”的名字改成了“至诚”。祖父晚年和父亲闲聊，曾笑谈给父亲取名的想法，他觉得起“至真”这个名字是顺理成章的，谁都会想到，于是偏偏改成“至诚”，让大家的想法都落空。我伯父的几个孩子的名字也是祖父取的，大堂哥叫三午，因为祖父属马、大伯属马、大堂哥也属马的缘故。我自己对取什么样的名字，在一段时间内，很在乎。刚开始发表作品的时候，我想自己无论如何得有一个响亮的笔名，而且作为一个“大作家”，仅仅有一个笔名远远不够。我最初发表了三篇小说，用了三个名字：一是真名真姓；一个是“邓林”，用了“夸父逐日”的典故；一是孟尼，是“梦里”的谐音。当时年轻气盛，认为自己每一种风格的东西都应该有一个独特的笔名。

92. 与画线句中“闹别扭”的“闹”义项相同的是：

A. 闹革命
B. 闹天宫
C. 闹笑话
D. 闹洞房

93. “夸父逐日”的典故出自：

A.《史记》
B.《搜神记》
C.《山海经》
D.《吕氏春秋》

94. 这是一篇中高级阶段的课文，中高级阶段汉语教材的选词原则不包括：

A. 适当增加新词语　　C. 注重词语的实用性和重现率

B. 注重词语的口语化　　D. 控制常用词和超纲词的比例

95. 最适合作本课拓展练习的话题是：

A. 中国的起名文化　　C. 中国生肖的由来和内涵

B. 笔名与作家的关系　　D. 说说你们国家的起名文化

96. 关于中国人的姓名文化，下列哪项说法正确？

A. 同辈之间一般称“字”　　C. 先秦时期，男子称姓，女子称氏

B. 孔明是诸葛亮的“号”　　D. 司徒、司马、司空等是以技艺为姓

第 97—100 题

> 范进不看便罢，看了一遍，又念一遍，自己把两手拍了一下，笑了一声道：“噫！好了！我中了！”说着，往后一跤跌倒，牙关咬紧，不省人事。老太太慌了，慌将几口开水灌了过来。他爬将起来，又拍着手大笑道：“噫！好！我中了！”笑着，不由分说，就往门外飞跑，把报录人和邻居都吓了一跳。走出大门不多路，一脚踹在塘里，挣起来，头发都跌散了，两手黄泥，淋淋漓漓一身的水。众人拉他不住，拍着笑着，一直走到集上去了。众人大眼望小眼，一齐道：“原来新贵人欢喜疯了。”老太太哭道：“怎生这样苦命的事！中了一个甚么举人，就得了这个拙病！这一疯了，几时才得好？”

97. 材料中的内容出自哪本小说？

A.《二十年目睹之怪现状》　　C.《警世通言》

B.《官场现形记》　　D.《儒林外史》

98. 根据故事内容，可以推测出范进参加的是：

A. 院试　　B. 乡试　　C. 会试　　D. 殿试

99. 书院是古代教育的一种特殊形式，下列关于各书院今天所在位置的说法**错误**的是：

A. 石鼓书院——湖南衡阳　　C. 岳麓书院——湖南长沙

B. 嵩阳书院——河南登封　　D. 白鹿洞书院——江苏句容

100. 到清代，“国子监”成为国家唯一的最高学府。“国子监”的最高领导人称为：

A. 博士　　B. 监生　　C. 祭酒　　D. 司业

第三部分　综合素质

本部分为情境判断题，共50题。

第101—135题，每组题目由情境及随后的若干条与情境相关的陈述构成，每条陈述都是对情境的一种反应，包括行为、判断、观点或感受等。请先阅读情境，然后根据你对情境的理解，判断你对每条陈述的认同程度，并在答题卡上填涂相应的字母，每个字母代表不同的认同程度。说明如下：

A	B	C	D	E
非常不认同	比较不认同	不确定	比较认同	非常认同

例题：

王宏是澳大利亚某孔子学院的老师。他班上的学生大多是当地的成年人，来自不同的社区，其中有一位学生叫Susan，今年48岁，已经有了一个孙子。Susan还是一位马拉松爱好者，两天前她刚刚打破了当地的女子马拉松成年组纪录。王宏非常敬佩Susan，课上他对学生们说："作为一位48岁的'年轻奶奶'，能够取得这样的成绩，简直是个奇迹！"没想到，Susan在下课后立即向校方投诉了王宏，说他不尊重学生的隐私。

面对这种情况，假如你是王宏，请你给出对下列陈述的认同程度：

1. 隐私需要尊重，但自己只是想表达对Susan的敬佩，她的反应有些过分了。
2. 应该向Susan表达歉意，说明自己的想法，争取她的谅解。
3. 经过此事后，应该调整自己的认识，充分尊重他人的隐私。
4. Susan只是一时情绪激动，校方出面做好解释和安抚工作就好，自己再去道歉反而小题大做了。

作答示例：若你对第1题的陈述"比较不认同"，则选择B；若对第2题的陈述"比较认同"，则选择D；若对第3题的陈述"非常认同"，则选择E；若对第4题陈述的认同程度介于"比较不认同"和"比较认同"之间，则选择C。各题之间互不影响。

第101—104题

孟老师在捷克一所中学教汉语零基础班。因为汉字书写对当地学生来说是个大难题，且零基础阶段能做的练习不多，所以孟老师给学生布置的作业多为抄写当天所学生词。但慢慢她发现交上来的作业质量越来越差。经过和学生沟通，孟老师得知很多学生认为抄写的形式很枯燥，而且对语言学习帮助不大，有的学生甚至说汉字是原始文字，太落后了，拼音文字才科学。

面对这种情况，如果你是孟老师，请你给出对下列陈述的认同程度：

101. 反思教学设计，改变学习汉字的方式，采用更加有趣的形式讲解。

102. 向学生强调汉字是学习过程中必不可少的，抄写能帮助他们熟能生巧。
103. 既然学生对写汉字有抵触情绪，就先放弃练字作业，将作业内容改为其他形式。
104. 纠正学生的观念，让他们认识到汉字所承载的诸多信息，告诉他们不能这样贬低汉字。

第 105—109 题

金老师在外任教期间和当地同事住在一起，但由于当地人有晚上聚会的习惯，同事经常回来得很晚，有时还会做祈祷。金老师常常被影响，休息得不到保障。

面对这种情况，如果你是金老师，请你给出对下列陈述的认同程度：
105. 长此以往自己会睡眠不足，还是尽快向学校申请调换宿舍。
106. 自己在这里人生地不熟，尽量不要和同事起冲突，自己买个隔音耳机好了。
107. 自己偶尔也在晚上放放音乐什么的，让室友也感受一下被打扰的困扰。
108. 试着和室友沟通一下，希望他们能改变作息时间。
109. 主动和室友沟通，向他说明自己的休息受到了影响，希望能共同制订一个“时间表”。

第 110—113 题

邵老师在韩国教汉语，有一次受学生邀请去他家里做客，邵老师很开心地去了。到了之后，学生的家长很热情地接待了自己，但在给邵老师拿各种零食、水果的时候，总会问“你吃过这个吗?”“在中国没有这个吧?”，之后还拿出几双袜子要送给邵老师，但是邵老师发现这些袜子也并不成对。

面对这种情况，如果你是邵老师，请你给出对下列陈述的认同程度：
110. 家长这是对自己的施舍，应该明确拒绝。
111. 这也许是当地习俗，自己可以欣然接受。
112. 对方对中国的情况太不了解了，应该告诉他们中国地大物博，而且自己什么也不缺。
113. 对对方表示感谢，但委婉告诉他们自己有很多袜子，并不需要这些。

第 114—121 题

孔琳在荷兰一所大学负责教授汉语选修课，开学之前孔琳收到了学校教务处一封信，原来她的学生 Ben 有先天听力缺陷，一只耳朵听不到，另一只也只能听到 90 分贝以上的声音。课上，孔琳发现 Ben 学习积极性很高，丝毫没有受听力缺陷的影响。孔琳很感动，平时会多给他一些回答问题的机会和思考的时间。然而，有很多学生并不理解，给孔琳提出了意见，抱怨不公平。

面对这种情况，如果你是孔琳，请你给出对下列陈述的认同程度：
114. 应深入了解学生不满的原因，认真听取学生的意见。
115. 虽然被学生质疑很难过，但自己对自己的做法感到问心无愧。

116. 可以向当地同事学习处理类似问题的办法，以回应学生的意见。

117. 学生不了解 Ben 的特殊情况才会有意见，只要向他们说明就可以了。

> 在孔琳的班上，既有荷兰学生，也有很多来自其他国家的学生。孔琳在上课举例或材料引用时，常常以荷兰的文化背景或新闻为依据。一次课上，几名其他国家的学生对此提出了不满，而一些当地学生觉得老师的做法没有问题。

面对这种情况，如果你是孔琳，请你给出对下列陈述的认同程度：

118. 今后在选择教学素材时要注意尽量多样化。

119. 可以让学生们自行商量出一个解决方法，老师照做就可以了。

120. 先完成当堂课的教学，课下请班主任老师或校长来协助处理。

121. 向学生解释使用当地背景素材的原因，以获得别国学生的理解。

第 122—125 题

> 葛洪在爱尔兰一所社区大学进行初级汉语的教学。班里有个学生 Modi，上课时经常说些还没学过的词和句子，葛老师原以为是他程度比较好，但到考试时，Modi 的成绩却只是徘徊在及格线附近。而且，Modi 还认为是葛老师的教学有问题，才导致自己的成绩不好的。之后葛洪了解发现，原来 Modi 有一位中国朋友，会在和他聊天时教他很多地道的中文表达方式，并且这位中国朋友根据自己的经验和感觉，对教材和学校教学提出了诸多意见。Modi 记下了这些内容，这才在课堂上用出来，并质疑葛老师。

面对这种情况，如果你是葛老师，请你给出对下列陈述的认同程度：

122. 告诉 Modi 其他学生的成绩都在进步，说明自己的教学没有问题。

123. 找 Modi 和他的中国朋友沟通，向他们澄清一些问题。

124. 只有不断提升教学水平，才能赢得 Modi 的信任，减少他的质疑。

125. 肯定 Modi 与中国人交流学习的做法，同时也向他说明专业教学的重要性。

第 126—130 题

> 刘薇在韩国一所小学教汉语，班上有个学生的家长也是小学教师，于是经常和刘老师交流她自己的教学经验，并向刘老师提出一些教学建议。一次，这位家长向刘老师提出了来听课的请求。

面对这种情况，如果你是刘薇，请你给出对下列陈述的认同程度：

126. 家长能否来听课要看学校的规定，自己没有权利决定。

127. 如果答应了她的请求，也许以后会有更多家长来听课，会影响自己上课。

128. 这位家长想来听课，也许是对汉语课的教学效果不太满意。

129. 能有人给自己的教学提出建议是好事，应该欣然同意这位家长的请求。
130. 不知道家长来听课的目的是什么，但自己只要备好课、上好课就可以了。

第 131—135 题

吴老师是国内高中的优秀语文老师，被派往德国一所高中当汉语老师。一次课上，吴老师在观摩学生呈现的小组作业时，发现一位学生关于某个问题的表述不正确，于是就直接指出了她的错误。这个学生的脸色立刻变得非常不好。课后她去教务办公室投诉了吴老师，说吴老师不尊重自己。

面对这种情况，如果你是吴老师，请你给出对下列陈述的认同程度：
131. 向教务老师反映自己否定学生，是因为她的说法会令其他学生产生误解。
132. 找学生谈话，告诉她自己并不是不尊重她，而是她的说法确实错了。
133. 向学院的其他老师请教自己的行为是否得当，并交流回应学生的方法。
134. 私下向学生道歉，承认自己当时言行不当，希望能得到她的原谅。
135. 下次课上向学生道歉，并告诉全班学生自己以后不会直接否定大家的想法，希望大家能积极发表意见。

第 136—150 题，每题由一个情境和四个与情境相关的陈述构成，每个陈述都是对这个情境的一种反应，包括行为、判断、观点或感受等。请先阅读情境，然后根据你对情境的理解，从 ABCD 四个陈述中选出你认为在此情境下最合适的反应和最不合适的反应，并在答题卡上按照先后顺序填涂答案。

例题：

李敏在日本一所学校教汉语，刚到日本时，她选择与一位日本同事合租公寓。日本对垃圾分类有严格的要求，虽然李敏很注意垃圾的分类，但由于之前并没有这方面的经验，所以还是经常弄错，甚至导致邻居投诉，室友也多次因此事指责她，言语之间甚至认为李敏没有素质。

面对这种情况，你认为最合适的选择是(　　)，最不合适的选择是(　　)。
A. 无须多解释，自己努力学习如何处理垃圾，在不与室友和邻居发生冲突的情况下解决问题。
B. 主动向室友和邻居道歉，说明原委，并向室友寻求帮助，向她学习垃圾分类的方法。
C. 鉴于和室友以及邻居目前的关系不太好，还是尽快找中国同事合住，以便度过适应期。
D. 被室友和邻居误解太没面子了，须尽快从中国同事那里学习垃圾分类的技巧。
答案：最合适 B　最不合适 C

第 136 题

曹乐在瑞典一家孔子学院工作。一次文化课上，当讲到“卧冰求鲤”时，她说主人公不计前嫌、孝顺继母，这样的精神值得大家学习。不料，许多学生都不能理解这种行为，而且他们还认为中国的这些故事很荒谬。

面对这种情况，你认为最合适的选择是（　　），最不合适的选择是（　　）。

A. 解释清楚这个神话故事的寓意，加以指导，使他们可以接受中国文化。

B. 学生可以有不同的理解，不一定要说服他们接受这些故事中的寓意。

C. 学生不懂得尊重不同文化，应该引导、帮助他们理解和接受这个故事。

D. 既然学生对这个故事的异议这么大，就暂时搁置，换个话题继续上课。

第 137 题

唐宋在韩国的一所学校任教。一天，附近一所医院来到学校做健康宣讲，其中涉及不少针灸、中医的内容。办公室的韩国同事邀请唐宋一起来听讲座，还拿了些包装好的中药汤药推荐给她，说这些都是对人非常有益的。

面对这种情况，你认为最合适的选择是（　　），最不合适的选择是（　　）。

A. 委婉拒绝同事的邀约，交流探讨两国针灸、中医的异同之处。

B. 参与到他们的活动中，并在之后开展中国的中医历史介绍会。

C. 了解韩国的中医发展历史，避免因文化差异产生冲突。

D. 不同文化背景下的人对同一事物的理解不同，应保留各自的意见。

第 138 题

熊琪刚到某国任教，他给办公室的当地同事准备了几条苏绣的丝巾作为礼物。一天下课，他听见有两个老师说："初次见面，熊琪就送这么名贵的礼物也太浪费了，不过听说他们中国人就喜欢用礼物套近乎。"

面对这种情况，你认为最合适的选择是（　　），最不合适的选择是（　　）。

A. 向同事了解当地送礼物的礼仪和习俗，以后多加注意。

B. 侧面了解情况后，向当地同事解释自己送丝巾的原因。

C. 找一个合适的机会，当面跟同事们说明中国送礼的传统习俗。

D. 假装没听到他们的谈话，相信时间会淡化大家对自己的误解。

第 139 题

新手教师袁媛是一所汉语学校的中文教师。班里的学生来自十几个国家。一次课上，一个罗马尼亚学生突然问袁媛："到达和达到的区别是什么？"这个问题和课程内容没有关系，学生突然提问，袁媛一时之间想不到准确的答案。同时，她发现班上的很多学生似乎都在等着看自己的反应。

面对这种情况，你认为最合适的选择是（　　），最不合适的选择是（　　）。

A. 告诉学生这个问题与这节课没有关系，后面的课会讲到的。

B. 学生有意为难自己，要谨慎地回答这个问题维护自己的威信。

C. 尽量凭借自己已有的知识解答问题,树立好自己在学生心目中的形象。

D. 表扬罗马尼亚学生积极思考的态度,说明自己下次课会提供一个准确的答案。

第 140 题

刘迪在国内一所高校的语言进修学院教留学生初级汉语,平时和学生关系都很不错。一天,之前教过的一位印度学生 Zeshan 给他发消息,问刘迪能不能帮他找一些兼职类工作。刘迪感到有些为难,因为据他所知学校规定留学生是不能打工的。

面对这种情况,你认为最合适的选择是(　　),最不合适的选择是(　　)。

A. 向学院领导上报这个情况,视学校的决定再回复 Zeshan。

B. 学生提出这样的请求说不定是生活上遇到困难了,向其他学生了解具体情况。

C. 告诉 Zeshan 自己也不知道这类兼职信息,但是之后如果遇到合适的会推荐给他。

D. 提醒 Zeshan 学校的相关规定,并告诉他自己可以提供别的方面的帮助。

第 141 题

田老师是新西兰一所学校的汉语教师。到任后不久的一天,他邀请了当地同事一起用餐。因为在国内大部分路口右转是不需要看指示灯的,而且田老师对路线不熟,开车去餐厅的路上有一个路口当时显示的是右转红灯,但田老师直接右转了,等他反应过来的时候已经晚了。这时,坐在后排的新西兰同事说了句:“你们中国人开车怎么都这么不遵守规则!”

面对这种情况,你认为最合适的选择是(　　),最不合适的选择是(　　)。

A. 向同事解释,自己并非有意违反规则,当时是因为对路况不熟悉没有反应过来。

B. 询问同事当地人是否对中国司机有偏见,自己下次开车会尽量避免这类失误。

C. 指出同事对中国人开车的评价是不正确的,认为同事有点儿大惊小怪。

D. 对给同事带来惊吓表示歉意,解释自己无意违规,希望能够向他学习,进一步熟悉当地交通规则。

第 142 题

白芙以前是中国一所中学的老师,现在在菲律宾一所孔子课堂进行教学。在教学过程中,白芙保持着在国内的习惯,每天更换着装,定期更换发型,努力把最好的状态呈现给学生。一天,当地同事看到白老师时除了说“beautiful”外,还用了“sexy”。白芙当时感到很尴尬,但是又仔细检查了自己的服装,并没有不合适的地方。后来,白老师渐渐发现当地人很喜欢互相夸赞“sexy”,即使是异性同事之间。但每次听到对自己这样的夸奖,白芙仍感到不适应。

面对这种情况,你认为最合适的选择是(　　),最不合适的选择是(　　)。

A. 欣然接受大家的赞美,将更多的精力放在教学工作中。

B. 以后要多展示其他方面的能力，让大家不只关注自己的外在美。
C. 自己要入乡随俗，慢慢接受并适应这样的说话习惯。
D. 大家虽然出于好意夸赞，但给自己的感受还是不太好，要找机会向大家说明。

第 143 题

崔灿是泰国的一名汉语教师志愿者。一天，一个学生到办公室向他请教问题时跪了下来。他非常惊讶，连忙让学生站起来问问题。但是他发现，这名学生之后很少主动问问题了。后来崔灿了解到当地尊重师长的氛围很浓厚。

面对这种情况，你认为最合适的选择是(　　)，最不合适的选择是(　　)。
A. 给学生介绍中国师生间相处的礼仪，希望学生在汉语课上能这样做。
B. 向学生说明自己当时不知道当地的礼节，做出了不恰当的反应，希望学生理解。
C. 向学生说明下跪的礼节太隆重了，作为中国人很难接受，以后问问题不必下跪。
D. 了解当地人对教师的礼节，并与学生分享目前中国常见的尊师礼节，尊重学生的选择。

第 144 题

凌老师教学经验丰富，学校安排她组织策划一场规模较大的孔院活动，并给她配备了一个承办小组。一天，按计划有一个重要的问题要进行小组讨论，但开会时，凌老师发现当地同事都没有来。她向学校负责人咨询，得到的回复是这周中小学放春假了，这些老师需要在家陪孩子。

面对这种情况，你认为最合适的选择是(　　)，最不合适的选择是(　　)。
A. 向校方说明这些老师并没有提前告知自己这样的情况，建议校方做出相应处理。
B. 为了保证工作进度，逐一通知这些同事，把今天的讨论会改成视频形式。
C. 接受这些老师的选择，重新调整这一阶段的工作安排，之后加强和组员的沟通，及时了解情况。
D. 当地同事对家庭的重视程度很高，今后在安排工作时要注意预留弹性时间。

第 145 题

任敏到芬兰后，被安排到一所中学教汉语。教学主任 Mary 为了表示对这学期新来的老师的欢迎，邀请大家周末到她家里一起做晚餐。任敏欣然前往，但她发现 Mary 和其他人做晚餐的过程非常费时，并且晚餐做好后，为了让配酒冰冻到最好的饮用状态，还要再多等一个多小时。而任敏晚上还有别的计划。

面对这种情况，你认为最合适的选择是(　　)，最不合适的选择是(　　)。
A. Mary 的时间安排不妥当，导致做晚餐的时间过长。
B. 作为主人，Mary 应该提前询问其他人当天晚上有没有其他安排。

C. 其他新老师都没有走,自己早走不太合适,勉强留下来。

D. 向 Mary 说明自己的安排,对她表示感谢和歉意,然后完成原定的计划。

第 146 题

活泼开朗的晓玉,不久前刚到泰国一所孔子学院教汉语。一天下班后,她的男朋友拿着一束玫瑰在学校门口等她。收到惊喜的晓玉给了男友一个大大的拥抱,然后两人手牵手离开了学校。但当地教师看到后,向他们投来了异样的目光。第二天,晓玉发现有些同事好像一边瞄她一边说些什么。在当地任教时间较久的同事刘老师告诉她,当地是禁止在公众场合发生亲密行为的。

面对这种情况,你认为最合适的选择是( ),最不合适的选择是( )。

A. 当地人有些八卦,自己以后还是少和当地人相处。

B. 找机会向同事说明自己和男朋友只是牵手,并没有过于亲密的举动。

C. 多了解当地的生活习俗,亲密的举动以后尽量避免在显眼的地方做。

D. 虽然觉得同事大惊小怪,但为了避免麻烦,以后尽量避免在公众场合出现这类行为。

第 147 题

许博文是一位经验丰富的汉语教师,今年在新加坡一所国际学校担任中文系主任。部门中有几位刚开始从事汉语教学的当地教师,对于他们在教学中遇到的问题和困难,许博文都会尽量帮他们分析原因,并给出自己的建议。一天,许老师在餐厅听见那几个当地教师在议论,认为他总是限制他们的主动性,还有个老师猜测,他这是在炫耀自己的经验。

面对这种情况,你认为最合适的选择是( ),最不合适的选择是( )。

A. 找机会和当地教师谈谈,结合他们的意见,寻找更合适的方式来帮助他们。

B. 自己好心没好报,在以后的工作中,对当地教师不必事无巨细、面面俱到地指导。

C. 自己问心无愧,不必和这些当地同事计较,按自己的风格行事,把工作做好就是。

D. 自己是中文系主任,要对教学效果负责,所以以后还是要尽心指导其他当地教师。

第 148 题

子君是在葡萄牙教学的新手教师。学期初,她向学生说明了自己制订的教学计划和课堂纪律等,没想到学生不仅对她提出的纪律条例有诸多不满,还给她的教学计划提出了许多意见,一时使得子君有些手足无措。

面对这种情况,你认为最合适的选择是( ),最不合适的选择是( )。

A. 及时汇总整理学生的意见,采纳其中可行的部分,对纪律条例和教学安排进行适当的调整。

B. 向学生说明自己这样制订规则和教学计划的原因,希望学生理解并接受。

C. 自己在制订相关内容之前没有考虑学生的感受和需求，应该反思。

D. 课堂纪律方面可以和学生共同商讨、重新制订，但教学计划自己是按照一定标准制订的，应坚持自己的教学计划。

第149题

> 梁天之前曾在海外孔子学院任教过四五年的时间，如今他加入了美国一家刚成立的HSK培训机构，机构负责人让他尽快制订出一套教学方案。梁天根据自己的教学经验，首先进行的是学生群体特征分析、市场上的教材调研。而负责人认为应该先拿出具体的教学计划、课程安排。但梁天觉得，如果前期的教材选择等没有确定，即使制订了教学计划，后期可能还需要更改。

面对这种情况，你认为最合适的选择是（　　），最不合适的选择是（　　）。

A. 既然是机构负责人提出的要求，自己就按照老板的意见开展工作吧。

B. 向领导解释自己这么做的原因和考虑，摆出两种做法的利弊。

C. 按照领导的要求先拿出一版简略课程大纲，之后赶紧继续进行前期调研。

D. 将工作重心依然放在自己认为重要的内容上，以确保后续更有效地制订课程计划。

第150题

> 曲莹莹是比利时一所中学的中文教师，她活泼开朗，学生都很喜欢她。她的学生Joy非常喜欢中国文化，尤其对汉服充满兴趣。一天，学生Joy邀请曲老师参加自己的生日聚会。曲莹莹很兴奋，因为这是第一次去参加学生的生日会，她知道Joy对汉文化很感兴趣，于是就精心挑选了一套蓝色的汉服作为礼物。可是第二天，领导找到曲莹莹，告诉她Joy的家长对她的行为表示非常气愤，认为她是在诅咒Joy。因为蓝色在比利时被认为是魔鬼的色彩，是不祥的标志，因此比利时人普遍不穿蓝色的衣服。

面对这种情况，你认为最合适的选择是（　　），最不合适的选择是（　　）。

A. 向领导解释自己并没有恶意，并去找Joy收回礼物。

B. 向Joy及其家长解释自己送这件礼物的原因，之后开展一节中西文化差异的展示公开课。

C. 为思虑不周向领导和家长道歉，保证今后不会出现类似问题，补送一份其他的礼物给Joy。

D. 向校长和家长、Joy解释自己并无恶意，之后多多了解当地文化与禁忌。

《国际中文教师证书》
考 试

（通用版）

必刷试卷五

注 意

一、本试卷分三部分：

1. 基础知识 50 题

2. 应用能力 50 题

3. 综合素质 50 题

二、请将全部试题答案用铅笔填涂到答题卡上。

三、全部考试约 155 分钟（含 5 分钟填涂答题卡时间）。

第一部分　基础知识

第 1—5 题

1. 从汉字发展演变的过程来看，第二个汉字属于

A. 金文　　B. 小篆　　C. 隶书　　D. 楷书

2. “爱人者人恒爱之，敬人者人恒敬之”出自哪部中国古代经典？

A.《大学》　　B.《中庸》　　C.《论语》　　D.《孟子》

3. 下列书写正确的是：

A. 暗然失色

B. 按步就班

C. 暴珍天物

D. 变本加厉

4. 下列诗句画线处应依次填入的是：

乡书何处达，归雁____________。
欲归家无人，欲渡____________。
大漠孤烟直，长河落____________。

A. 入胡天　河无船　日圆

B. 洛阳边　河无船　日圆

C. 入胡天　无河船　圆日

D. 洛阳边　无河船　日圆

5. 下列各项，与“爱”字结构相同的是：

A. 是　　B. 须　　C. 秉　　D. 房

第 6—9 题

6. 下列哪组字分别与“明”和“时”的造字法一致？

A. 行　腾

B. 衣　切

C. 肌　洒

D. 取　背

7. 下列哪组词分别与“青天”和“宫阙”的词语内部结构关系一致？

A. 车辆　云海　　C. 胭脂　马虎

B. 雪亮　本末　　D. 黑手　游子

8. 下列短语中的“把”与“把酒问青天”中的“把”词性一致的是：

A. 拉他一把　　C. 把大门的师傅

B. 把衣服洗洗　　D. 拜把子的关系

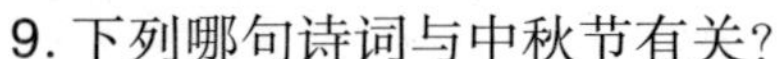

9. 下列哪句诗词与中秋节有关？

A. 满月飞明镜，归心折大刀。

B. 薄雾浓云愁永昼，瑞脑销金兽。

C. 千门万户曈曈日，总把新桃换旧符。

D. 谁家见月能闲坐？何处闻灯不看来？

第 10—14 题

甲：你怎么不吃饭？是今天的饭不好吃吗？

乙：不，我吃不下。

甲：我可以陪你聊一会儿，也许我能帮到你呢。

乙：我刚才给我男朋友发消息，①告诉他我的纽约大学研究生申请被通过了。②消息发出去以后，我有些担心。

甲：这是好消息呀！③你担心什么呢？他一定会为你高兴的。

乙：可是我担心他会难过。

甲：为什么这样说？

乙：因为出国留学就意味着我们没办法经常见面了，而且他上周和我求婚了。我不知道该不该去留学。

10. 材料中有四个问句，类型**不同于**其他三个的是：

A. 你怎么不吃饭？　　C. 为什么这样说？

B. 你担心什么呢？　　D. 是今天的饭不好吃吗？

11. 句①是：

A. 兼语句　　B. 连动句　　C. 双宾语句　　D. 主谓谓语句

12. 在教授句②的补语时，下列哪项适合作典型例句？

A. 他晕过去了。　　C. 衣服收起来吧。

B. 树叶落下来了。　　D. 你一定要坚持下去呀！

13. 下列哪项中的“什么”与句③中“什么”的意义和用法相同？

A. 看什么看，走开！　　C. 你急什么！我马上就到。

B. 你在写什么？让我看看。　　D. 吃什么不重要，健康就好。

14. 下列哪种补语类型**没有**在材料中出现？

A. 结果补语　　B. 可能补语　　C. 时量补语　　D. 趋向补语

第 15—21 题

田中：要是方便的话，明天你去办公室的时候，帮我把这张表送到办公室。
李明：行，把它交给谁？
田中：把它交给赵老师。
李明：要是赵老师不在，怎么办？
田中：<u>赵老师不在的话，你就把表放在她的桌子上。</u>
李明：好，我知道了。
田中：你别忘了。
李明：放心吧，忘不了。

15. 学习本篇课文的学生大概有多少汉语词汇量？

A. 300 个左右　　B. 600 个左右　　C. 1000 个左右　　D. 2500 个左右

16. 处于这个阶段的汉语学习者，以下哪项暂时**不是**学习者需要达到的目标？

A. 能看懂一般场合中浅显的材料，抓住主要内容和关键信息。

B. 能读懂一般场合中语言浅显、话题熟悉的描述性或叙述性短文，能抓住中心议题，抓住某些重要细节，领悟作者的真实意图。

C. 能在内容熟悉的题材中快速找到所需的特定信息。

D. 能读懂有一定长度的，带有一些成语、俗语、比喻的叙述性文章，准确理解其含义。

17. 课文中画线句子蕴含的语义关系是：

A. 假设　　B. 让步　　C. 条件　　D. 转折

18. 材料最后一句话中的“了”是什么词性？

A. 助词　　B. 动词　　C. 语气词　　D. 虚词

19. 汉字“去”的声母不能和哪些韵母相拼？（易错）

①开口呼　②齐齿呼　③合口呼　④撮口呼

A. ②④　　B. ①③　　C. ①②　　D. ③④

第 19 题

20. “就”的声调标注在：

A. 韵头　B. 韵腹　C. 韵尾　D. 介音

21. 从语义上看，下列哪句话中“把”的宾语是动作的与事：

A. 我还没把钢笔打上墨水呢。
C. 弟弟把蛋糕吃完了。
B. 你把衣服洗干净。
D. 他的故事把我感动哭了。

第22—28题

宝拉：李雷，①柯林说学校门口新开的川菜馆很**地道**。
李雷：②那儿的菜**是**不错，但是③有些菜比我们成都当地的味道要淡一点儿。
宝拉：是吗？如果我去成都旅游，你推荐我吃什么？
李雷：④这就要看你的口味了。如果你喜欢甜的，可以**尝尝**红糖糍粑；如果你喜欢吃酸的，推荐你**试试**酸辣粉和鱼香肉丝；如果你可以吃辣的，就一定要吃四川火锅，尤其是牛肉，轻轻在火锅里涮一涮……
柯林：李雷，你别说了，⑤我的口水**都**快流出来了……我们寒假去四川吧。
宝拉：去四川旅行，看大熊猫？可以考虑。

22. 句①中“地道”的发音和意思分别是：

A. dìdào　标准
C. dìdào　正宗
B. dìdao　标准
D. dìdao　正宗

23. 下列哪个选项与句②中“是”的意义和用法相同？

A. 他是个老师
C. 她是挺漂亮的
B. 他是属龙的
D. 他是北大毕业的

24. 下列四句中，与句③格式相同的是：（常考）

A. 这家店比那家要实惠
C. 小刘比安娜跑得快一些
B. 他比我早来半小时
D. 我比妹妹高一点儿

25. 句④里出现的句式，用哪种方法学习最合适？

A. 用英文解释意义并让学生自由造句
C. 给出例句并让学生自由造句
B. 给出英文例句并让学生翻译成中文
D. 提供语境并让学生完成对话

26. 课文中出现了“尝尝”“试试”这样的重叠形式，下列各项和上述用法一样的是：

A. 他对我点点头就走了。
B. 下班后我就去和朋友逛逛街。
C. 周末的时候他喜欢去郊外跑跑步。
D. 如果你决定不了，可以考虑考虑老师的建议。

27. “听说”和“据说”的主要区别是：

A. 前者词语前面可以使用主语成分，后者不能

B. 后者词语前面可以使用主语成分，前者不能

C. 前者词语中间可以插入名词性成分，后者不能

D. 后者词语中间可以插入名词性成分，前者不能

28. 下列哪个选项与句⑤中“都”的意义和用法相同？

A. 你们办公室都有谁

B. 他都已经五十岁了

C. 他问都不问我就决定了

D. 我们都成年了

第 29—33 题

由美是来自日本的留学生，在中国已经留学两年了。这天，语言学院宣布要举办演讲比赛，由美想报名参加，但又有些害怕。其实由美的汉语水平非常不错，但就是太不自信了。终于，在同学们的鼓励下，由美打算试着鼓起勇气去报名参加这次的比赛。比赛时，由美**忐忑不安**地等待上场，忽然她收到一条来自老师的信息：“不要让心里的**牢笼**禁锢了自己，尽情展示吧！”。最终，自信又优秀的由美获得了第二名的好成绩，她也牢牢**记住**了老师的那句话，在今后的生活里，遇到好的机会，她总会**毛遂自荐**、把握机会。

29. 案例中的画线句有几个多音字？

A. 3

B. 4

C. 5

D. 6

30. 最适合教授成语“忐忑不安”的方法是：

A. 用情境展示成语的用法

B. 用视频展示成语的来源

C. 用动作表现成语的含义

D. 用近义成语对比成语间的异同

31. “牢笼”的比喻类型是：

A. 明喻

B. 暗喻

C. 借喻

D. 博喻

32. “记住”的构词法是：

A. 偏正

B. 述宾

C. 述补

D. 联合

33. 下列哪个成语与“毛遂自荐”的结构**不同**？

A. 草船借箭

B. 塞翁失马

C. 狼狈为奸

D. 愚公移山

第34—38题

①一只乌鸦口渴了，它在低空盘旋着找水喝。找了很久，它才发现不远处有一个水瓶，便高兴地飞了过去，稳稳地停在水瓶口，准备痛快地喝水了。可是，水瓶里水太少了，乌鸦的嘴无论如何也够不着水。这可怎么办呢？

乌鸦想，把水瓶撞倒，就可以喝到水了。可是水瓶太重了，乌鸦用尽全身的力气，水瓶仍然纹丝不动。

乌鸦一气之下，从不远处叼来一块石子，朝着水瓶砸下去。它本想把水瓶砸坏之后饮水，没想到石子不偏不倚，正好落进了水瓶里。乌鸦飞下去，②**发现**石子沉入瓶底，里面的水比原来高了一些。

③"有办法了，可以用很多石头让水'升起来'。"乌鸦非常高兴，它"哇哇"大叫着开始行动起来，水瓶里的水也一点儿一点儿地慢慢向上升……

终于，水瓶里的水快升到瓶口了，而乌鸦总算可以喝到水了。他站在水瓶口，喝着甘甜可口的水，心里是那么痛快、舒畅。

34. 句①有几个零声母音节？

A. 1个　　B. 2个　　C. 3个　　D. 没有

35. 汉字"远"是什么结构？

A. 包围结构　　B. 左中右结构　　C. 左右结构　　D. 对称结构

36. 句②中的"发现"不能替换为"发觉"的主要原因是：

A. 前者后面可以直接加句子，后者不行

B. 前者后面不能直接加句子，后者可以

C. 前者是通过心理感觉得到的，后者是通过视觉得到的

D. 前者是通过视觉得到的，后者是通过心理感觉得到的

37. 下列选项中，和"盘"字第五笔笔画相同的汉字是：

A. "瓶"字的第十笔　　C. "里"字的第六笔

B. "砸"字的第八笔　　D. "畅"字的第六笔

38. 画线③句子对应的复句结构是：

A. 因果复句　　B. 解说复句　　C. 顺承复句　　D. 递进复句

第39—42题

英国语言学家 Larry Selinker 1969 年在"语言迁移"(Language Transfer)中首先提出"中介语"这一术语。1972 年他又发表了题为"中介语"的论文，正式提出并阐述了"中介语"这一概念，确立了中介语在第二语言习得研究中的地位。石化现象(fossilization)是指第二语言学习者在学习过程中出现的停滞状态或错误反复出现的状况，是中介语的一个重要特征。Selinker 根据研究发现，95%的外语学习者在学习过程中会出现石化现象。

39. 当学习者认为用第二语言交际能达到一定的有效性以后，中介语就不再发展，错误的形式从而固定下来，形成石化。这是从什么角度探讨石化的成因？

A. 心理　　B. 认知　　C. 社会文化　　D. 母语迁移

40. 下列哪项是石化形成的外在因素？

A. 个性　　C. 交际压力

B. 认知特点　　D. 对目的语的认同

41. 从人的心理的角度解释语言石化现象的理论是：

A. 临界期假说　　C. 社会认同理论

B. 文化迁移模式　　D. 洋泾浜化假说

42. 以下关于“中介语”的说法，**错误**的是：

A. 中介语假说以乔姆斯基的普遍语法理论为基础

B. 中介语也可以用作交际的工具

C. 中介语中已出现的偏误经过纠正后不会再出现

D. 中介语不是一成不变的，而是一个不断变化的动态语言系统

第 43—50 题

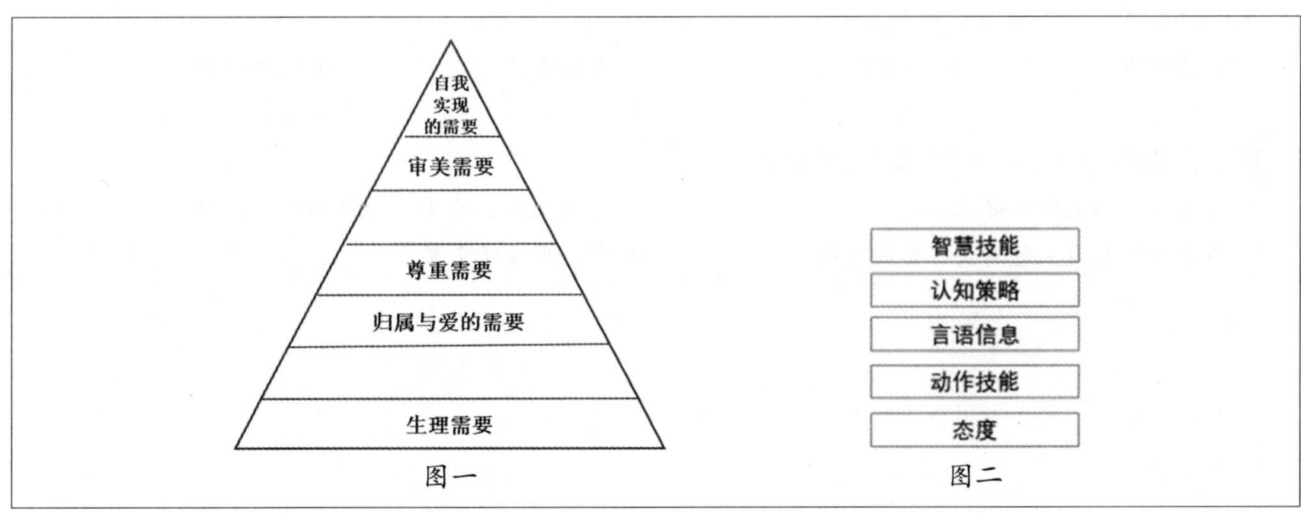

43. 提出上图两个理论的分别是：

A. 皮亚杰　加涅　　C. 马斯洛　加涅

B. 马斯洛　布鲁姆　　D. 皮亚杰　布鲁姆

44. 杰克想要去中国留学，所以高中时候开始学习汉语。他这样属于哪种需要？

A. 求知需要　　B. 安全需求　　C. 自尊需要　　D. 社交需要

45. “认知策略”是指：

A. 习得的对人、对事、对物、对己的反应倾向
B. 运用有关规则支配并提高学习、记忆能力
C. 运用概念和规则办事的能力
D. 符号记忆

46. 提出图二理论的学者还按学习的复杂程度把学习分为八类。“对近义词的辨别”属于下列哪种学习？

A. 多种辨别学习
B. 言语联想学习
C. 原理学习
D. 解决问题学习

47. 根据图一的理论，下列哪项教学方式最合理？

A. 严厉要求学生
B. 尽量少的给学生布置作业
C. 完全任学生自由发展
D. 经常鼓励学生

48. 以下哪项属于图一中从下往上的第二项需求？（易错）

A. 小刘这一个月每天都加班到深夜，睡眠严重不足。
B. 周老师在非洲一个国家任教，但最近那里爆发了内乱，他感到很不安。
C. 麦克的汉语进步很大，老师把他任命为汉语课代表，他学习起来更努力了。
D. 林老师立志于做一名国际中文教师，在泰国任教以来她的课一直受到学生的欢迎，她感到自己的工作很有意义。

49. 在目的语国家，学生在文化接触过程中出现的“文化休克”发生在：

A. 蜜月阶段　B. 挫折阶段　C. 适应阶段　D. 调整阶段

50. 以下学习任务对应图二中“智慧技能”的是：

A. 从观看戏曲表演中寻求乐趣
B. 传达制作某道菜时需要注意的事项
C. 阅读报纸上的关于一件事情的报道
D. 学会用筷子夹菜

第二部分　应用能力

第 51—53 题

以下各题所描述的情况分别对应不同的文化尺度，请从 A—E 中作出选择，其中有两个多余选项。

51. 有些学生喜欢老师给出详细的学习计划和建议，并且愿意以此为依据学习，而有的学生则很反感这样的老师。
52. 周楚在留学期间发现身边的中国留学生一般喜欢和同样来自国内的人交流，小组作业时也更倾向于和同样文化背景的人合作，对“自己人”关心更多。欧美地区的学生则看起来更外向，因为他们在路上好像见到谁都打招呼。
53. 亚洲地区校园中学生对老师的称呼一般是姓氏加上“老师”二字，欧美地区学生一般会直呼老师的名字。

51. ____________

52. ____________

53. ____________

A. 权力距离

B. 不确定性回避

C. 长期导向与短期导向

D. 个体主义与集体主义

E. 男性文化与女性文化

第 54—57 题

汉语综合课成绩测试双向细目表

<table>
<tr><th rowspan="2">题目类型</th><th colspan="5">考查能力</th><th rowspan="2">各类题目数量</th><th rowspan="2">分值比重（%）</th><th rowspan="2">时间（分钟）</th></tr>
<tr><th>识别</th><th>理解</th><th>应用</th><th>分析</th><th>综合/评价</th></tr>
<tr><td>汉语语法</td><td></td><td></td><td>6</td><td>6</td><td></td><td>12</td><td>12</td><td>13</td></tr>
<tr><td>汉语词汇</td><td>6</td><td></td><td>6</td><td></td><td></td><td>12</td><td>12</td><td rowspan="2">40</td></tr>
<tr><td>汉语阅读</td><td></td><td>16</td><td></td><td></td><td>10</td><td>26</td><td>26</td></tr>
<tr><td>综合填空</td><td></td><td>10</td><td></td><td>13</td><td></td><td>23</td><td>13</td><td>15</td></tr>
<tr><td>边听边写</td><td></td><td></td><td></td><td></td><td>11</td><td>11</td><td>21</td><td>22</td></tr>
<tr><td>书面简答</td><td></td><td></td><td></td><td></td><td>10 +6</td><td>16</td><td>16</td><td>20</td></tr>
<tr><td>总计</td><td>6</td><td>26</td><td>12</td><td>19</td><td>37</td><td>100</td><td>100</td><td>110</td></tr>
</table>

例题：

准时非常重要，因为迟到就是浪费他人的时间和生命，是对他人的不尊重。有时候，迟到会使约会失败，会错过重要的机会，甚至会让别人不再信任自己。

这段话主要谈的是：

A. 别浪费时间　　B. 准时很关键　　C. 迟到的原因　　D. 怎样得到信任

54. 案例中的例题主要考查的是:

A. 按要求查找信息

B. 语段理解与概括

C. 词语理解与运用

D. 推断作者的态度

55. 在测试内容的轻重比例安排上,要重“使用”轻“知识”,而这一思想是由题量的多少和权重的大小来体现的。下列说法**不正确**的是:

A. 被试的水平越高,对产出性技能的考查比重越大

B. 考查汉语知识的题量应该少于考查汉语使用技能的题量

C. 考查汉语使用技能的题目权重应该大于考查汉语知识的题目权重

D. 测试内容的安排顺序要反映出自高到低的能力层次的衔接发展与过渡

56. 上面的双向细目表中,横向列出的各项是要考查的能力,即在认知行为上要达到的水平,通常采用识记、理解、应用、分析、综合、评价6个等级。这是按照________的教育目标分类划分的。

A. 加涅(Gagnè)

B. 海姆斯(Hymes)

C. 布鲁姆(Bloom)

D. 巴赫曼(Bachmann)

57. 下列哪种题型最适合在双向细目表中的“书面简答”中出现?

A. 你做的鱼真是太好(　chī　)了,我喜欢。

B. 排列顺序。

①可是今天起晚了　②平时我骑自行车来上班　③所以就打车来公司

C. 看图,用词造句。

乒乓球

D. 请结合这张图片写一篇80字左右的短文。

第58—62题

第1页共2页

我学习汉语是为了打开眼界。因为高中三年级的时候我没有什么理想、也没有想上日本的大学、所以我为了找自己的理想是什么呢？想做的事情是什么？我对自己问、到现在学习汉语。

我认为中国是个发展中国家、也可以说人也发展、环境也发展、都发展的当中一定有自己的前途。我想去人们努力发展的地方、投入自己、因为我要变化、没变化也没有进步、所以最发展热闹的地方、世界最关注的地方、我选择中国来读书。

58. 该作文出现了一处介词冗余的错误，下列出现了同样错误的句子是：

A. 我父亲是很热爱事业。
B. 听说在学校附近有银行。
C. 我经常惹起我母亲生气。
D. 本人十分可以满足国内公司的要求。

59. 下列哪项是中级阶段写作的训练目标？

A. 掌握正确的汉语语序
B. 能够得体地运用语言
C. 谋句成段和谋段成章
D. 掌握某类文体的写作方法

60. 基于该生的写作表现，为提高他的写作能力，掌握句子间的承接关系，最适合的课后写作练习是：

A. 记一件难忘的事
B. 写一个会议通知
C. 表达对某一观点的看法
D. 将直接引语改为间接引语

61. 下列哪个要求属于限制模仿型写作训练？

A. 教师鼓励学生套用学过的范文的开头、结尾和结构
B. 教师要求学生写一篇作文，并对内容给予一定的提示
C. 教师通过列表法帮助学生总结书面表达常用的标点符号
D. 教师批改作文时，对不同阶段的学生确定不同的修改重点

62. 连词成句是写作训练初级阶段的常用方法，以下哪个训练材料适合训练时点、时段等时间范畴的表达方式？

A. 蓝的　是　毛衣　还是　你　红的　周末　买的
B. 是　他　从　来　的　留学生　欧洲　三月

C. 已经　作业　我　老师　把　交　给　了　上周

D. 个　睡　八　觉　晚上　我　小时　昨天　了

第63—66题

以下是一篇课文及其生词：

> 筷子在中国大约已经有3000多年的历史了。对外国人来说，使用筷子吃饭并不容易，所以，国外的一些中国餐厅在放筷子的纸袋上会提供使用筷子的详细说明。不过，如果你认为每个中国人都会正确使用筷子，那就错了。有人在互联网上专门进行过调查，结果发现每六个中国人中就有一个使用筷子的方法是错误的，如果你想正确使用筷子，那就好好练习吧。
>
> 生词：大约　餐厅　纸袋　袋(子)　互联网　进行　错误

63. 根据课文内容，本课的教学对象应该是：

A. 零基础的高中生　　C. 初中级水平的成人

B. 初级阶段后期的小学生　　D. 中高级阶段的留学生

64. 下列哪项生词应重点讲练？

A. 餐厅　纸袋　　B. 大约　错误　　C. 互联网　进行　　D. 大约　进行

65. 第二次上课前，为检查大家的复习效果，老师听写了本节课的词汇。这属于哪种词汇练习方式？（易错）

A. 感知类练习　　B. 理解类练习　　C. 记忆类练习　　D. 应用类练习

第65题

66. 关于汉语和词汇教学，下列说法**错误**的是：

A. 对于汉字文化圈的学习者，直接用母语词是产生词汇错误的重要原因之一

B. 词汇教学中不需要涉及文化对比

C. 词汇是语言的建筑材料，是汉语教学的基础

D. 词汇教学涉及音、形、义三个方面

第67—69题

学生即将进行“快乐运动，快乐生活”主题单元的学习，以下是李老师据此设计的教学计划中的一部分，并给学生布置了一篇作文《我最喜欢的运动》。

主题单元	快乐运动，快乐生活	
教学目标	目标一	1. 认读常见运动词汇 2. 表达对各类运动的好恶
	目标二	1. 学习描述运动进行方式的动词 2. 学习表示运动进行场地的名词

续表

教学目标	目标三	1. 了解更多不常见的运动(观看视频) 2. 了解不同运动对人的影响 3. 比较和描述全班最喜欢的运动 4. 进行运动绘画、展示等活动

67. 材料中的主题单元教学最适合哪类汉语学习者?

A. 3—5 岁　　B. 8—10 岁　　C. 13—15 岁　　D. 18 岁以上

68. 李老师在设计主题单元目标时,最重视培养学生的哪种策略?

A. 情感策略　　B. 交际策略　　C. 资源策略　　D. 跨学科策略

69. 李老师布置的作业最可能发展学生的哪种智能?

A. 内省智能　　B. 身体—运动智能　　C. 逻辑数学智能　　D. 人际关系智能

第 70—72 题

下面是一篇学生完成的“看图写作”的作文。

今天上午我和朋友一起去游乐场玩。我们玩了很多次过山车,觉得开心极了。在回家路上,我们看到有个老爷爷坐在地上,旁边有一辆自行车。我们猜老爷爷是骑车摔倒了。我们一起把他扶起来,然后送他回家了。

70. 在“看图写作”练习中,评价作文质量的标准至少应包含哪些方面?

A. 修辞　词汇　语法

B. 汉字　句长　内容

C. 人物　情节　文体

D. 语言　内容　衔接

71. 下列哪项属于任务型写作的典型做法?

A. 大声朗读短文,写读后感

B. 阅读范文,获取撰写格式

C. 根据材料小组讨论,撰写写作提纲

D. 头脑风暴,列出写作时可用的词语

72. 在写作教学中,下列哪种做法既能限定内容的逻辑性,又能训练写作技能?

A. 按照指定的词序造句组段

朋友——困难——帮助——批评——良师益友

B. 使用恰当的关联词语填空

家________讲理的地方,________讲情的地方。________靠近对方,敞开心扉,________能做到心无芥蒂。

C. 至少选用三个词语,接着开头的句子,续写一段话

有的……有的……　表演　鼓掌　难忘　虽然……但是……

在新年联欢会上,同学们______________________。

D. 请把下面四个分句连成一段话

①我们该如何选购呢

②一年一度的中秋节即将来临

③人们把月饼当作吉祥、团圆的象征

④面对商场里琳琅满目、包装精美的月饼

第 73—75 题

下面是三名国际汉语教师志愿者在教学过程中遇到的突发情况及应对方式,请从 A—E 中选择,其中有两个多余选项。

73. 孙老师在写"运动"时由于个人习惯把笔顺写错了。他灵机一动,转向全班学生提问:"老师的笔顺正确吗?"一些学生争先恐后地举手要回答,另一些原本在孙老师板书时没有注意看的学生之后也更加集中注意力了。

74. 李老师让学生进行双人对话练习,其中有一组学生没有练习而是在用母语聊天。李老师走到他们身边提醒以后,他们还是说说笑笑,于是李老师让全班同学根据他们的表情猜一猜他们在说什么,学生们纷纷踊跃发言,李老师又问两位同学在说什么。最后李老师带领全班同学一起将他们刚才说的句子说了一遍。

75. 当学生在课堂上玩手机时,钱老师突然手扶额头说:"哎呀,老师好难过。"学生问为什么,钱老师回答:"因为你们不喜欢我了。"学生们连连说不,钱老师接着说:"可是你们都在玩手机。"学生悄悄放下了手机。

73. ____________

74. ____________

75. ____________

A. 因势利导法

B. 智慧回应法

C. 将错就错法

D. 就近提问法

E. 目光、动作暗示法

第 76—79 题

袁老师是一位刚毕业的国际汉语教师志愿者,通过考核被分配到泰国当地一所学校进行教学。她希望能将自己培养成一位合格的汉语教师和课堂管理者,面对即将开始的教学,她感到很紧张。为了上好第一节课,她设计了一项课堂活动:

1. 课前准备	准备一些不同颜色的、写着自我介绍要素的汉字卡片(姓名、年龄、爱好)
2. 主题活动	自我介绍:学生分别向全班做自我介绍 询问他人:向不同的人询问其基本信息(姓名、年龄、爱好)
3. ________	在教师指导下: (1)说出简单的自我介绍 (2)听懂别人的自我介绍 (3)写出所学汉字和拼音

76. 国际汉语教师应当具备足够的知识储备，与国际汉语教育相关的跨学科的基础知识**不包括**：

A. 心理学相关知识　　C. 语用学相关知识

B. 自然科学相关知识　　D. 第二语言习得相关知识

77. 上表中的活动计划可能适合哪类汉语学习者？

A. 幼儿初级水平　　C. 中学生中级水平

B. 少儿初级水平　　D. 大学生高级水平

78. 上表中课堂活动“3”应填写的是：

A. 学习成果评估　　B. 撰写总结报告　　C. 安排测试　　D. 布置作业

79. 接下来为有效地在班级开展活动，袁老师应该重点了解学生的哪方面信息？

A. 家庭背景　　B. 健康状况　　C. 个人爱好　　D. 学习风格

第 80—85 题

80. 学生：我把早饭没吃完。
　　老师：哦，你没把早饭吃完。
81. 学生：老师，我们什么时候考试汉语？
　　老师：什么？请你再说一遍。
82. 学生：他手机没有了，他不小心，是他应该。
　　老师：是应该吗？是应该的话，后面还要加宾语，加什么呢？还是别的词？
　　学生：哦，他活该。
83. 学生：我喜欢苹果非常。
　　老师：不对，是“我非常喜欢苹果”。
84. 学生：昨天我的自行车坏了，我晚上十点就到家。
　　老师：你晚上十点就到家？
85. 学生：老师，我昨天不写作业。
　　老师：“不”强调的是主观意愿，而“没”强调客观情况。这么说，你故意不写作业吗？

请在 A—F 选项中选出下列各项所对应的纠错类型：（常考）

80. ________
81. ________
82. ________
83. ________
84. ________
85. ________

A. 重复
B. 引导
C. 重述
D. 明确纠正
E. 请求澄清
F. 元语言提示

第86—89题

> “一带一路”(The Belt and Road)是“丝绸之路经济带”和“21世纪海上丝绸之路”的简称,2013年由中国国家主席习近平分别提出建设“新丝绸之路经济带”和“21世纪海上丝绸之路”的合作倡议。截至2021年5月,已有146个国家同中国签订共建“一带一路”合作文件。

86. 下列人物都与“丝绸之路”相关,与其他三人**不属于**同一时期的是:

A. 张骞　　C. 郑和

B. 班超　　D. 甘英

87. 明代中晚期瓷器外销进入黄金时期,出口的主要是青花瓷,盛产青花瓷的景德镇被称为“瓷都”。今天,一位来自景德镇的制瓷高手说的最有可能是哪种方言?

A. 赣方言　　C. 吴方言

B. 闽方言　　D. 客家方言

88. 关于以下几个“一带一路”国家,说法正确的是:

A. 中国人去津巴布韦免签

B. 津巴布韦和塞尔维亚都是内陆国

C. 巴基斯坦是第一个与中国建交的国家

D. 巴基斯坦和塞尔维亚的官方语言都是英语

89. “一带一路”在非洲的唯一支点是:

A. 埃塞俄比亚　　C. 肯尼亚

B. 南非共和国　　D. 埃及

第90—93题

材料一:范文	材料二:学生作业
我叫维多利亚,今年27岁,来自埃及。去年我毕业于埃及大学中文系,毕业之后我就申请了来中国读研究生,而且我打算毕业以后去中国驻埃及使馆或者在中国的外国公司工作。 我的爱好不少:跳舞,听音乐,看电影,跟朋友逛市场。来到中国之后我还特别喜欢旅游,这里有很多好看的风景和名胜古迹。也有很不喜欢的,那就是电脑! 在中国的留学生活很有趣,我还有很多想去的地方。但现在我应该好好学习,希望能顺利毕业。	我的名字叫林东,我从南非来的,我今年20岁,我高中毕业后来到北京,<u>我已经在这儿学了一年汉语了。</u>我打算学好汉语,之后去叔叔的公司工作。 我的爱好很多,我喜欢看电视、踢足球、游泳、看漫画等,当然,还有音乐。我喜欢一些中国歌。我通过听中文歌,我的汉语水平越来越高。 在北京的生活很好,但是夏天也很热。我希望今年夏天我能通过HSK三级考试。

90. 根据学生作业与范文的对比,该生最应该弥补哪方面的知识?

A. “了”的用法　　C. 篇章的结构安排

B. 写作的文体知识　　D. 篇章中代词的省略

91. 下列关于写作教学反馈的观点**不正确**的是:

A. 可以挑出典型性偏误,让大家共同修改

B. 因为是写作课,不应该修改学生的语法偏误

C. 为及时向学生反馈,教师应在课堂上完成批改

D. 通过合作学习的方式,让学生互相修改作文后再交给教师

92. 下列哪句中的“了”与材料二画线句句尾的“了”用法一致?

A. 我已经吃完了。　　C. 大卫越来越瘦了。

B. 我等她3个小时了。　　D. 我在北京只住了半个月。

93. 下列哪种做法属于任务型写作?

A. 给学生布置命题作文《介绍我自己》

B. 要求学生按照准备、起草、修改三个阶段进行写作

C. 为学生提供句型和篇章结构,要求学生写自我介绍

D. 让学生分组讨论写作思路,汇报讨论结果并进行写作

第94—97题

请从A—F中选出下面四幅画所对应的作者,其中有两个多余选项。

A. 颜真卿
B. 柳公权
C. 张大千
D. 张择端
E. 黄公望
F. 吴道子

94. ________
95. ________
96. ________
97. ________

94

95

96

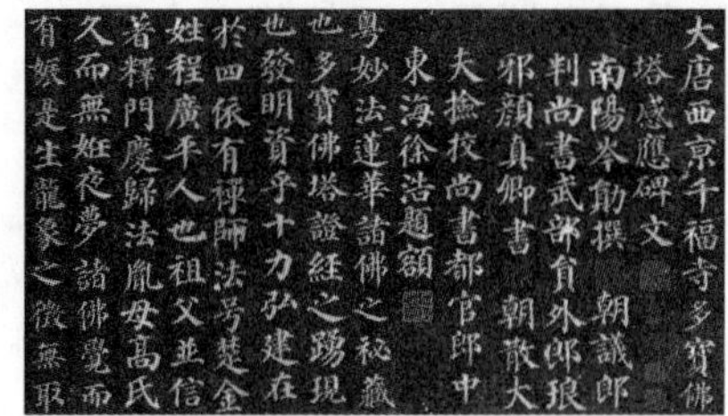

97

第98—100题

以下是英国一所孔子学院针对文化体验活动贴出的海报：

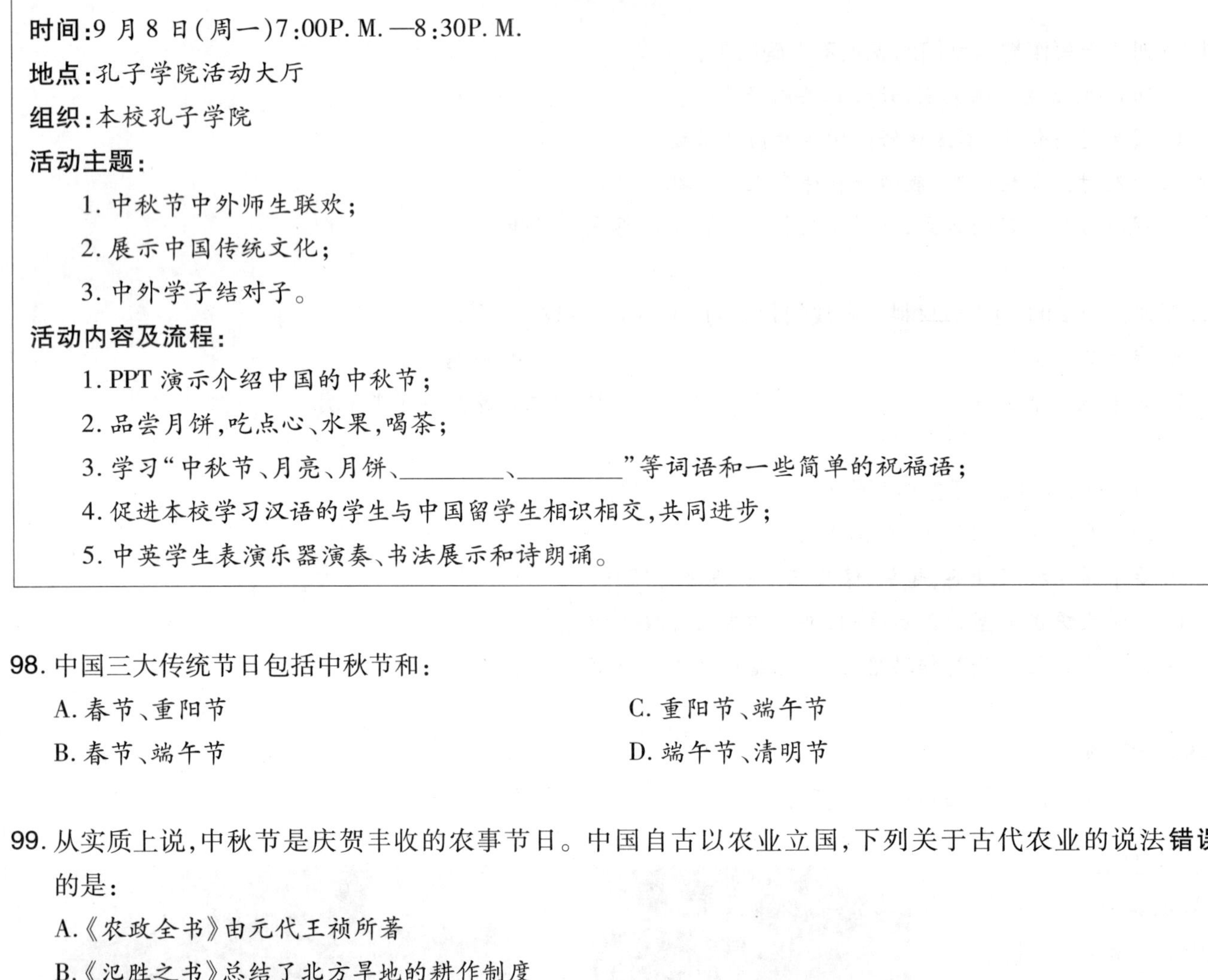

中秋晚会活动

时间:9月8日(周一)7:00P. M.—8:30P. M.

地点:孔子学院活动大厅

组织:本校孔子学院

活动主题:

1. 中秋节中外师生联欢；
2. 展示中国传统文化；
3. 中外学子结对子。

活动内容及流程:

1. PPT演示介绍中国的中秋节；
2. 品尝月饼,吃点心、水果,喝茶；
3. 学习“中秋节、月亮、月饼、________、________”等词语和一些简单的祝福语；
4. 促进本校学习汉语的学生与中国留学生相识相交,共同进步；
5. 中英学生表演乐器演奏、书法展示和诗朗诵。

98. 中国三大传统节日包括中秋节和：

A. 春节、重阳节　　C. 重阳节、端午节

B. 春节、端午节　　D. 端午节、清明节

99. 从实质上说,中秋节是庆贺丰收的农事节日。中国自古以农业立国,下列关于古代农业的说法**错误**的是：

A.《农政全书》由元代王祯所著

B.《氾胜之书》总结了北方旱地的耕作制度

C. 在河姆渡遗址中发现了世界上最早栽培的稻谷

D.《齐民要术》总结了黄河流域的农业生产经验

100. 下列哪项乐器是从国外传入中国的?

A. 瑟　　B. 笛子　　C. 筚篥　　D. 古筝

第三部分　综合素质

本部分为情境判断题，共50题。

第101—135题，每组题目由情境及随后的若干条与情境相关的陈述构成，每条陈述都是对情境的一种反应，包括行为、判断、观点或感受等。请先阅读情境，然后根据你对情境的理解，判断你对每条陈述的认同程度，并在答题卡上填涂相应的字母，每个字母代表不同的认同程度。说明如下：

A	B	C	D	E
非常不认同	比较不认同	不确定	比较认同	非常认同

例题：

王宏是澳大利亚某孔子学院的老师。他班上的学生大多是当地的成年人，来自不同的社区，其中有一位学生叫Susan，今年48岁，已经有了一个孙子。Susan还是一位马拉松爱好者，两天前她刚刚打破了当地的女子马拉松成年组纪录。王宏非常敬佩Susan，课上他对学生们说："作为一位48岁的'年轻奶奶'，能够取得这样的成绩，简直是个奇迹！"没想到，Susan在下课后立即向校方投诉了王宏，说他不尊重学生的隐私。

面对这种情况，假如你是王宏，请你给出对下列陈述的认同程度：

1. 隐私需要尊重，但自己只是想表达对Susan的敬佩，她的反应有些过分了。
2. 应该向Susan表达歉意，说明自己的想法，争取她的谅解。
3. 经过此事后，应该调整自己的认识，充分尊重他人的隐私。
4. Susan只是一时情绪激动，校方出面做好解释和安抚工作就好，自己再去道歉反而小题大做了。

作答示例：若你对第1题的陈述"比较不认同"，则选择B；若对第2题的陈述"比较认同"，则选择D；若对第3题的陈述"非常认同"，则选择E；若对第4题陈述的认同程度介于"比较不认同"和"比较认同"之间，则选择C。各题之间互不影响。

第101—105题

小刘刚被派到芬兰的一所小学教汉语，今天是她第一次正式给孩子们上课。小刘满怀信心，意气风发地走进教室，首先进行自我介绍，然后进入了正式的课堂教学。但是在讲课过程中，小刘发现孩子们脸上的疑惑越来越深，询问他们是否理解所讲内容也都在摇头。小刘意识到可能是学生水平与教学计划不一致，但也只能硬着头皮把第一节课上完。

面对这种情况，如果你是小刘，请你给出对下列陈述的认同程度：

101. 在给新的班级进行第一节课时，可以不用安排太多教学任务，作为师生摸底的基础即可。

102. 课后找几个学生聊聊天或做一下测试，了解学生的真实汉语水平。

103. 反思自己的备课环节，课下加强对学生情况的了解，再重新制订教学计划。

104. 将下一次的上课内容简化，并适当添加游戏环节。

105. 对于第一节课，一般需要准备至少两套方案，随机应变。

第106—109题

叶老师最近刚到英国一所小学任教。他发现班里的座位都不固定，学生想坐哪儿就坐哪儿，而且桌椅也没有按顺序排列，觉得这样不利于他辨认学生，而且开展一些课堂活动会需要重新移动座位。于是他把汉语课的位置都固定下来了。没想到这之后上课，学生看起来都很紧张，上课也没有之前活跃了。

面对这种情况，如果你是叶老师，请你给出对下列陈述的认同程度：

106. 这只是这里的学生刚开始不适应，等过段时间就习惯了。

107. 这样的座位安排对之后的课堂讨论、交流等活动的展开很有利，希望学生能努力适应。

108. 既然学生们感到不适应，就还是按原来的方式坐好了，取消一些不方便开展的课堂活动。

109. 向有经验的教师请教处理方法，尝试把两种座位方式结合，并设计适应性更强的活动形式。

第110—113题

王倩文是国内某高级中学的优秀教师，教学能力好，责任心强。经选拔，她被派往欧洲某国的孔子学院任教。该国人民生活节奏慢，对休闲时间的要求很高。上课时，学生们经常迟到并慢悠悠地进入教室，导致授课经常被打断。有时候考虑到教学的进度安排，王倩文会拖堂几分钟，但学生们对拖堂表示不满，下课铃响后躁动不安，甚至直接夺门而出，这让在国内教书多年的王倩文很不适应。

面对这种情况，如果你是王倩文，请你给出对下列陈述的认同程度：

110. 应该向校方领导反映情况，制订明确的课堂规范，要求学生准时上课。

111. 既然学生迟到影响课堂进程，那么自己为了确保进度而拖堂也无可厚非。

112. 告诉学生自己拖堂是为了教给大家更多的知识，希望大家能明白自己的良苦用心。

113. 孔子学院是宣传中国文化的地方，应采取中式课堂管理，而非顺应当地的教学习惯。

第114—117题

某大学的HSK考试安排在了周六，但是考试安排公布下去之后，几个留学生提出异议，因为按照他们所信奉的宗教的教义，周六是什么事情都不做的。负责这次考试的张老师感到有些为难。

面对这种情况，如果你是张老师，请你给出对下列陈述的认同程度：

114. 把情况反映给学校领导，经讨论后再给出解决方案。

115. 和学生沟通，这是学校的统一安排，要求他们尽量来参加考试。

116. 让这些学生提前考或者延后考都不能保证试题不被泄露，所以还是让学生尽量准时参加。

117. 允许学生的请求，让他们参加下次举行的 HSK 考试。

第 118—121 题

> 沈文在波兰一所大学担任中文教师，他是个热心肠的人。前两天他得知 Sam 的母亲生病住院，就买了鲜花去探望。对于他的举动，Sam 表示非常感谢。回到学校后，沈文向同事说起此事，希望大家也关心一下 Sam。之后很多同事见到 Sam 都问起他母亲的情况，这让 Sam 感到很奇怪。得知是沈文"传播"了消息后，Sam 来到沈文的办公室，要求沈文就侵犯隐私向他道歉。

面对这种情况，如果你是沈文，请你给出对下列陈述的认同程度：

118. 虽然自己无意间冒犯了 Sam，但道歉的要求有些过分了。

119. 自己的做法的确存在问题，必须向 Sam 承认错误。

120. 向 Sam 说明自己的初衷，表明自己并不了解当地的习俗。

121. 以此为戒，以后在工作和生活中要多了解当地人的想法。

第 122—126 题

> 李老师在国内是一位性格开朗、经验丰富的语文老师，通过选拔，被派到泰国某个公立学校从事汉语教学。在一次上课时，李老师按照课程计划进行授课，但有一位同学突然开始提问某个语法点问题，李老师解答之后那位学生还说有不明白的地方继续追问，并且把话题越扯越远，课程节奏被打乱。面对这种情况李老师一时不知所措，也想不出更好的解答角度，只好重复一遍刚才的解答，匆匆说完，又草草讲完接下来的内容然后下课了。

面对这种情况，假如你是李老师，请给出对下列陈述的认同程度：

122. 自己应该反思教学设计，对于不易讲解的语法问题多请教有经验的同事该如何简单明了地解释。

123. 针对连环问题，自己应该适度解答，对于无法当时解答的部分，可以作为下次课的小任务留给同学们研究，也给自己缓冲的时间。

124. 该学生似乎是在故意刁难，有意损害自己在全班同学面前的威信。

125. 该学生应该课下进行提问，不停追问会影响教学进度。

126. 对于没有意义的问题，要学会适当地拒绝回答，并给出理由。

第 127—129 题

孙老师刚到柬埔寨的一家孔子学院工作，由于还不熟悉当地情况，他就经常和中国老师来往，而与柬埔寨的老师交流不多。学校规定，老师早上八点前要到办公室，但是据孙老师观察，柬埔寨的几位老师并没有严格遵守。一天，由于身体不适，孙老师在教学例会上迟到了十分钟，其他当地老师表现得非常不满。

面对这种情况，如果你是孙老师，请你给出对下列描述的认同程度：

127. 向所有同事解释自己迟到的原因，并引以为戒，以后更严格要求自己。

128. 向有经验的中国老师咨询处理方法，并提醒他们注意类似情形。

129. 无论别人怎么样，自己要做到遵守学校规章制度。

第 130—132 题

黄老师在泰国一所孔子学院的下属教学点担任汉语课教师。一次，孔子学院的领导到各个教学点视察慰问。在座谈会上，外方院长问各位老师在生活和教学上有没有什么困难，黄老师提出了自己的建议。会后，中方院长问黄老师为什么有困难不和自己说。

面对这种情况，如果你是黄老师，请你给出对下列陈述的认同程度：

130. 中方院长是在埋怨自己，以后还是应该有问题先和中方人员沟通。

131. 向中方院长解释那个问题自己只是在会上突然想到了，并不是故意不向他汇报。

132. 自己应该对孔子学院的管理制度等多了解一些，以后有问题的话按流程上报。

第 133—135 题

杨柳老师在一次课上向学生介绍起中国的“和谐”“以和为贵”等思想，没想到有学生表示在这样的社会氛围下就没办法表达自己的立场和观点，如果每个人都一样那世界多无聊啊。

面对这种情况，如果你是杨老师，请你给出对下列陈述的认同程度：

133. 应向学生详细解释中国文化中“和谐”的含义，力争获得这些学生的理解和认同。

134. 可以引导学生充分表达和讨论对“和”的理解，帮助学生们看到东西方文化对和谐、集体主义等观念的不同理解。

135. 学生的做法表现出了他们独立思考的精神，值得肯定和鼓励，而这些是中国学生所没有的。

第 136—150 题，每题由一个情境和四个与情境相关的陈述构成，每个陈述都是对这个情境的一种反应，包括行为、判断、观点或感受等。请先阅读情境，然后根据你对情境的理解，从 ABCD 四个陈述中选出你认为在此情境下最合适的反应和最不合适的反应，并在答题卡上按照先后顺序填涂答案。

例题：

> 李敏在日本一所学校教汉语，刚到日本时，她选择与一位日本同事合租公寓。日本对垃圾分类有严格的要求，虽然李敏很注意垃圾的分类，但由于之前并没有这方面的经验，所以还是经常弄错，甚至导致邻居投诉，室友也多次因此事指责她，言语之间甚至认为李敏没有素质。

面对这种情况，你认为最合适的选择是（　　），最不合适的选择是（　　）。

A. 无须多解释，自己努力学习如何处理垃圾，在不与室友和邻居发生冲突的情况下解决问题。

B. 主动向室友和邻居道歉，说明原委，并向室友寻求帮助，向她学习垃圾分类的方法。

C. 鉴于和室友以及邻居目前的关系不太好，还是尽快找中国同事合住，以便度过适应期。

D. 被室友和邻居误解太没面子了，须尽快从中国同事那里学习垃圾分类的技巧。

答案：最合适 B　最不合适 C

第 136 题

> 高老师在澳大利亚一所国际学校教汉语，同一办公室还有一位来自中国台湾的刘老师。相处下来，高老师发现这个同事对中国的归属感和文化认同感都不强，有时候在教学中流露出的一些观点对大陆不是很友好。高老师担心这样下去学生对中国的认识会受影响。

面对这种情况，你认为最合适的选择是（　　），最不合适的选择是（　　）。

A. 在自己的课上加强中国形象的正面宣传。

B. 如果遇到有学生对台湾的归属问题有疑问时，给予正确的解答。

C. 和刘老师进行一些交流，用事实告诉他他的观点不正确。

D. 向学校投诉刘老师在教学中掺杂私心，宣传错误观点。

第 137 题

> 雷老师刚刚到海外一所大学任教，当地同事特地选了一家中餐馆为他举办欢迎会。点餐时，雷老师点了水煮鱼、火锅准备让同事一起品尝。上来之后他才发现同事们只吃自己点的菜，没有共享的意思。

面对这种情况，你认为最合适的选择是（　　），最不合适的选择是（　　）。

A. 不动声色地吃自己点的菜，下次注意不要犯同样的错误。

B. 主动给大家分餐，并逐一送到每个人面前，同时表达谢意。

C. 询问服务员是否可以把已经点的菜退掉，重新点一份单独的菜。

D. 向同事说明自己没注意分餐的问题，询问大家是否愿意一起分享。

第 138 题

> 西班牙当地要举办一次汉语演讲比赛,格拉纳达孔子学院派 Hugo 参加比赛,并让朱老师担任指导老师。接到任务后,朱老师积极地帮助 Hugo 备战:帮助他纠正发音,总结汉语文化知识,对他的自我介绍更是一遍遍润色……一天,Hugo 对他说:“老师您帮我写的自我介绍非常好,可是那不是我写的,我应该自己写。”

面对这种情况,你认为最合适的选择是(　　),最不合适的选择是(　　)。

A. 尊重 Hugo 的想法,只在他需要时给予指导和帮助。

B. 充分尊重 Hugo 的个性和想法,不加干涉,由 Hugo 自主完成准备。

C. 付出了那么多心血,却没有得到 Hugo 的肯定,请求学校更换辅导老师。

D. 向学生解释这次比赛的重要性,希望 Hugo 可以理解自己的行为并接受帮助。

第 139 题

> 小金为了“文化展示”课专门在网上搜索了编中国结的视频,并学习了几种编发。但是没想到,在课上展示的时候,其中一个节没有编好,并没有出来应有的效果,有几个学生忍不住笑了起来。

面对这种情况,你认为最合适的选择是(　　),最不合适的选择是(　　)。

A. 为自己的失误向学生道歉,然后换一个更简单的中国结进行教学。

B. 自己虽然失误了,但学生也不该嘲笑老师,应该向他们提出批评。

C. 学生并没有恶意,自己赶紧重新尝试,直到能编成功为止。

D. 换一个有把握的编法进行展示,课下继续练习,争取之后的教学不出问题。

第 140 题

> 邵老师到缅甸任教已有两个月的时间。她的室友是缅甸人,平时非常照顾邵老师。邵老师很想感谢她,于是精心挑选了礼物并在周日送给她,但室友表现得非常尴尬,并且不愿意接受礼物。原来,周日送礼物在当地是一种禁忌。

面对这种情况,你认为最合适的选择是(　　),最不合适的选择是(　　)。

A. 自己好心办坏事,还是先收回礼物,改日再送给室友以表达心意。

B. 礼物已经买了,自己也是一片诚意,劝室友还是收下。

C. 向室友道歉,承认自己没有注意这一习俗,礼物改日再送。

D. 在之后的生活和工作中,更加注意了解当地文化,尤其是禁忌。

第 141 题

> 邹平刚到德国一所大学的孔子学院任教，为了尽快熟悉环境，邹平向学校报到后，就先在校园里转了转，辨认一下各个教室的位置。但是当他走到一间教室外向内看时，正在上课的当地老师走出教室并很警惕地问邹平是什么人。

面对这种情况，你认为最合适的选择是（　　），最不合适的选择是（　　）。

A. 向这位同事做自我介绍，并解释自己只是想了解新的工作环境。

B. 教室里还有学生在看着，为了不留下坏印象，自己还是赶紧道歉。

C. 为可能影响到老师和学生们上课而道歉，并说明自己只是想尽快熟悉环境。

D. 这里的新同事很敏感，跟他们解释一下，今后还是多和中国同事来往。

第 142 题

> 金老师在美国一所汉语学校任教，他和周围同事的关系都不错。一次假期旅游，返程时候金老师给同事们带了些小礼物。他的搭档当地教师 Lisa 收到礼物后告诉金老师，他买到假货了。这时其他同事也都在旁边。

面对这种情况，你认为最合适的选择是（　　），最不合适的选择是（　　）。

A. Lisa 只是单纯提醒我，没有别的意思，直接的说话方式是这里的习惯。

B. 美国人不懂得给别人留面子，Lisa 这样说出来我很尴尬。

C. 为自己送出的礼物是假货而向 Lisa 和其他同事道歉，并收回礼物。

D. 感谢 Lisa 的提醒，看来国外也有假货，之后自己在买东西的时候要多注意。

第 143 题

> 陆江平是菲律宾某孔子学院的工作人员。根据校方要求，他带领几位同事开发一个汉语学习 App。工作开始后，陆江平发现小组内的当地教师在研讨会上总是只互相交流，不太参与大组讨论，而且在遇到一些特定问题时总是要求让更多的人加入，理由是这些人对这个问题更熟悉。对于当地教师的行为，其他中方教师也颇有意见。

面对这种情况，你认为最合适的选择是（　　），最不合适的选择是（　　）。

A. 直接指出这几位当地教师的问题，希望他们及时改进。

B. 也许这就是当地人的办事习惯，不必在这些方面纠结，关注任务进度就好。

C. 只是在一起共事一段时间，就顺其自然，和中国老师一起把工作做好。

D. 召开一次组内小会，把发现的这些问题一一列举出来，大家共同讨论，制订详细的工作计划。

第144题

在美国任教的姜东和几位同事负责开发一套适合当地教学情况的"汉语学习指南"。经过五个月的努力,这本学习指南终于成形了,并且一经推出,就受到社区内各教学点的一致好评。研发小组这天要接受当地一家媒体关于这本学习指南的采访,在被领导问到是否愿意接受采访时,姜东表示都可以,同事Mark则表示自己愿意接受这个任务。采访过后,新闻稿受到广泛关注,Mark也被其他地区邀请去做关于这个学习小册子的介绍会。

面对这种情况,你认为最合适的选择是(　　),最不合适的选择是(　　)。

A. 自己当初没有争取,现在事已至此,再争也没有必要,就当自己奉献了。

B. 重要的是这本学习指南能发挥积极作用,其他的都无所谓。

C. 向领导表达参与后期工作的意愿,展现自己的贡献。

D. 这个结果不公平,应该向领导争取属于自己的荣誉。

第145题

何莉是一名挪威的汉语志愿者,学校给她在当地一栋公寓里安排了住所。当地人习惯把洗好的衣服直接用烘干机烘干,但公共的洗衣房和烘干机要走两条街,宿舍又比较小,平时手洗的袜子等小衣服没有地方晾晒,何莉就将自己的衣物晾在了二楼走廊上。第二天,何莉的邻居气冲冲地敲开了她的门。

面对这种情况,你认为最合适的选择是(　　),最不合适的选择是(　　)。

A. 主动拿下挂在走廊的衣服,避免和当地人发生冲突。

B. 和邻居沟通,询问对方对此生气、惊讶的原因,再采取相应行动。

C. 只能委屈自己在宿舍内挂一根绳子,不在走廊里晾挂衣物。

D. 和邻居老师解释自己在走廊挂衣服的原因,争取自己挂衣服的权利。

第146题

康老师到泰国一所民办大学担任汉语教师,开学之际,康老师发现高年级学生经常通过恶作剧来欺负新生,如让男生在大庭广众下脱衣服,在女生脸上画画等,新生都默默忍受着各种过分的行为。之前康老师只在泰国电视剧里看过这种情节,但真实发生在自己眼前时还是有些看不下去,多次上前制止,并向同事说起。学生随后在学校论坛上联名抗议,声称不欢迎康老师。泰国同事也说,学生没有恶意,这类活动是当地学校的"传统"。

面对这种情况,你认为最合适的选择是(　　),最不合适的选择是(　　)。

A. 和学校说明情况,争取调派到其他没有这类恶作剧的学校。

B. 通过讲授中国和谐的文化观念等方式,潜移默化地影响学生。

C. 在论坛上发表声明,说明自己的意图和想法,希望学生能够理解。
D. 与学校的领导说明情况,介绍中国的校风,制止此类事件,保护学生。

第 147 题

张婧是孔子学院的一名汉语教师。一次上课,学习"旅游"话题词汇,其中有一个词"单人床",为了让学生更好地理解词义,并扩充词汇,张婧临时增加了个词"单身",并随口问一个学生"Luxi 你单身吗?"没想到 Luxi 看起来有点生气,不愿回答这个问题,课堂气氛变得尴尬起来。张老师也觉得很尴尬,因为她之前一直觉得自己和学生的关系不错。

面对这种情况,你认为最合适的选择是(　　),最不合适的选择是(　　)。
A. Luxi 也许只是害羞,换个人问就好了。
B. 当场询问 Luxi 认为这个问题不恰当的原因并就双方的观点进行交流。
C. 今后要严格按照做好的教案进行教学,不要临时增添内容,以免发生类似的情况。
D. 向 Luxi 解释自己并没有别的意思,只是为了练习学过的词而已,如果她不喜欢这个问题可以换一个问题。

第 148 题

佟彤结识了一个美国女孩儿,名叫 Amy。佟彤经常邀请 Amy 到宿舍玩儿,并偶尔给 Amy 准备些小礼物。很久以后,她也接到 Amy 的邀请去她家玩。佟彤以为会在 Amy 家吃饭,因此专门准备了一些蛋糕和一瓶葡萄酒。到 Amy 家后,她发现 Amy 只准备了一些水果和面包。聊了近两个小时之后,佟彤见没有共进晚餐的迹象就告辞了。

面对这种情况,你认为最合适的选择是(　　),最不合适的选择是(　　)。
A. 也许自己做的有哪里不对,才使得 Amy 这么冷淡。
B. Amy 并不重视双方的友情,今后不必过于主动。
C. Amy 可能不理解中国式的礼尚往来,不必太放在心上,顺其自然。
D. Amy 的交往风格可能就是这样的,未必是不重视自己,不妨看看再说。

第 149 题

最近在国外任教的李老师要组织一些中学生去隔壁市参观中国文化巡展。由于需要在外住宿一天,他提前订好了酒店。到达酒店后,发生了一件意想不到的事情:有两个孩子被分到了号码为 666 的房间,他们说那是恶魔的房间,不想住在里面。然而周围其他酒店的客房也满了,李老师找不到其他可以替代的地方。

面对这种情况,你认为最合适的选择是(　　),最不合适的选择是(　　)。
A. 向孩子解释周围已经没有其他替代的房间了,请他们谅解并配合。

B. 把这两个孩子分到别的房间，和其他学生挤一挤。

C. 说明在中国文化中“6”意味着吉祥和顺利，看孩子们是否愿意住进去。实在不行再找酒店其他客人商量调换房间。

D. 安抚孩子们的情绪，和他们解释在中国文化中“6”意味着吉祥和顺利，住在这样的房间是非常让人羡慕的。

第150题

董老师在乌克兰一所中学负责汉语教学工作。一个学期后，在一次和学生聊天时，一个学生告诉董老师，他们刚开始都觉得董老师很严肃，因为董老师上课时常常说“这是重点，你们要记下来”，并且很少表扬，只是偶尔会说“很好”这种笼统的鼓励性词语。董老师很惊讶，因为她觉得自己只是想提醒学生记笔记，并且“很好”是比较高的评价了。

面对这种情况，你认为最合适的选择是(　　)，最不合适的选择是(　　)。

A. 旁听当地教师的课，向他们学习，改善自己的教学方式。

B. 改变教学习惯，了解学生的需求，给学生更多的鼓励。

C. 向学生解释自己那样做的原因。

D. 告诉学生这是自己的授课风格，希望大家适应。

《国际中文教师证书》
考 试

（通用版）

必刷试卷六

注 意

一、本试卷分三部分：

1. 基础知识 50 题

2. 应用能力 50 题

3. 综合素质 50 题

二、请将全部试题答案用铅笔填涂到答题卡上。

三、全部考试约 155 分钟（含 5 分钟填涂答题卡时间）。

第一部分　基础知识

第1—4题

1. 从汉字发展演变的过程来看,第二个汉字属于:

A. 甲骨文　　C. 小篆
B. 金文　　D. 隶书

2. "身修而后家齐,家齐而后国治,国治而后天下平"出自中国哪部古代经典?

A.《中庸》　　C.《孟子》
B.《论语》　　D.《大学》

3. 下列哪项有错别字?

A. 家徙四壁　　C. 机杼一家
B. 家喻户晓　　D. 罢黜百家

4. 下列诗句画线处应依次填入的是:

①人言落日是天涯,望极________不见家。
②少小离家老大回,乡音无改________衰。
③________三千里,家书十五行。

A. 远山　虬髯　江水　　C. 远山　鬓毛　疾行
B. 天涯　鬓毛　江水　　D. 天涯　虬髯　疾行

第5—8题

甲:你看,那件白毛衣怎么样?
乙:挺好看的。不过,白的容易脏。这件蓝的怎么样?
甲:这件毛衣的颜色有点儿深,我喜欢浅颜色的。
乙:那件黄的呢?
甲:不错,挺漂亮! 就买它吧。

5. 材料中加点字的造字法依次是：

A. 会意　象形　象形

B. 象形　会意　象形

C. 象形　象形　会意

D. 会意　象形　会意

6. 讲解“毛衣”一词最合适的教学方法是：

A. 语素释义

B. 直接对译

C. 近义词释义

D. 实物/图片展示

7. 教师在讲解了“这件毛衣的颜色有点儿深”之后，学生说出了“这件毛衣有点儿好看”的句子，该偏误的原因是：

A. 母语负迁移

B. 元认知策略

C. 目的语规则泛化

D. 交际策略的影响

8. 下列哪项中“呢”的用法与画线句中“呢”的用法相同？

A. 汉字可难学呢！

B. 我怎么会忘了你呢？

C. 我喜欢吃四川菜，你呢？

D. 他怎么还不回来，去哪儿了呢？

第9—13题

请选出下列每组词汇所对应的词汇术语类型，在A—F中进行选择，其中有一个多余选项。

9. 琉璃　参差　惆怅　忐忑

10. 猩猩　姥姥　娓娓　皑皑

11. 地震　月食　海啸　胆怯

12. 彻查　火红　笔直　热销

13. 提高　纸张　缩小　稿件

A. 叠音词

B. 双声词

C. 重叠词

D. 中补型合成词

E. 状中型合成词

F. 主谓型合成词

9. ________ 10. ________ 11. ________ 12. ________ 13. ________

第14—19题

我刚到北京时，听过一个**相声**，说北京人的**口头**语是“吃了吗”。后来我发现，其实北京人最爱说的一句话是“回头再说”。

我从香港来北京时，邻座的中国人用地道的英语问我：“你是去北京吗？”我们就这样愉快地聊了一路。临下飞机，他还给了我一张**名片**，①<u>邀请我有空儿到他家去玩儿。</u>到北京后的第二个周末，我给这位先生打电话。他在电话里热情地说：“有时间来家里玩儿吧。”②<u>我马上高兴起来</u>，说：“太好了，我什么时候去？”他停了一会儿说：③<u>“这一段工作太忙，回头再说吧。</u>”可是，几乎每次打电话他都在邀请我去他家的同时，带上一句“回头再说”。

我开始想，不是说有空儿就让我去吗？怎么会这样不实在？在三次“回头再说”之后，我终于去了他家。他和太太都十分热情，准备了满满一桌的酒菜让我吃了个够。④**临了**他还送我好多书。我粗粗一看，总价钱要五百多块呢，就说：“你给我这么贵的书，我一定要付钱。”他平淡地说：⑤“这些书都是你用得着的，**至于**钱，回头再说吧。”之后我多次提起给他钱的事，他都说：“回头再说吧。”

14. 下面对句①的句型描述正确的是：

A. 主谓句　　C. 连动句

B. 兼语句　　D. 存在句

15. 下列哪项中的“起来”与句②中的“起来”意义和用法相近？

A. 五星红旗升起来了。　　C. 天气渐渐暖和起来。

B. 他看起来有60多岁。　　D. 上课了，把门关起来吧。

16. 句③“回头再说”属于下列哪种常用的委婉表达修辞策略？

A. 谦言　　C. 曲言

B. 托词　　D. 借说

17. 下列哪项中的“了”与句④中的“了”意义相同？

A. 没完没了　　C. 一目了然

B. 了如指掌　　D. 了无踪迹

18. 下列哪项与句⑤中“是”的意义和用法相同？

A. 他是从美国来的。　　C. 他爸爸是做生意的。

B. 麦克是不会来的。　　D. 他是昨天抵达中国的。

19. 下列哪项包含必须读轻声的音节？

A. 相声　　C. 名片

B. 口头　　D. 至于

第20—23题

张老师在研究汉语口语课的课堂互动时，分别对王老师、吕老师进行了访谈，下面是访谈内容片段。

片段一

张老师：对你来说，上好口语课最难的是什么？

王老师：学生的开口率问题。怎样找到一个问题，让他们愿意说。比如说最开始的时候，为了练习新学的句式，你总是挨个儿地问学生：“你叫什么名字啊？”“你多大了？”问两天学生就烦了，就不愿意说了。

张老师：然后呢？你都用哪些方法让学生开口？

王老师：我重新给学生设计"简历"，每个人都有个新身份，互相用新信息提问、回答。问完以后，再要求学生汇报。我告诉他们，学好汉语，最重要的就是"不怕丢脸"。所以开始的时候，我会做一些比较奇怪的表情，以此来告诉他们要"不怕丢脸"，以一种放松的状态上口语课。

片段二

张老师：我看到，学生跟你配合得特别好。你觉得你的学生是不是特别好？

吕老师：（笑）是吗？其实我觉得大多数情况下，课堂的关键在于老师的设计。设计好了，学生才能被调动起来。

张老师：那你具体是怎样做的？

吕老师：不要给学生难度大的活动，要让他们能够在难度较低的活动中获得成就感。遇到不积极的学生，就不要做太多特别需要学生积极主动配合的活动，可以多做一些生词、课文的重复练习和结构替换练习。

20. 片段一中提到的课堂活动运用了下列哪种教学方法？

A. 情景教学法　　C. 合作学习法

B. 交际教学法　　D. 任务教学法

21. 片段一中要学生"不怕丢脸"的做法，依据的是下列哪种假说？

A. 互动假说　　C. 可教性假说

B. 输出假说　　D. 情感过滤假说

22. 片段二中吕老师的想法符合下列哪种教学法的理念？

A. 直接法　　C. 听说法

B. 情景法　　D. 暗示法

23. 片段二中画线部分符合下列哪种学习理论的理念？

A. 建构主义　　C. 人本主义

B. 认知主义　　D. 行为主义

第 24—27 题

下面是一位学生的写作训练，用"马路、手机、注意、要是、后悔"五个词所写的一段话。

上个月我有中文课，下课的时候，我走路回家。我走路时候玩手机。我没有注意马路。马路上绿灯变成了红灯，我还在玩手机。一个自行车撞到了我，然后我摔倒了。我们去了医院。要是我走路的时候不玩手机，就不会发生交通事故。我后悔那天的事情。

24. 画线句中“后悔”一词使用错误,“后悔”应属于:

A. 体宾动词　　C. 谓宾动词

B. 双宾动词　　D. 粘宾动词

25. 从语段中代词的使用和句子之间的关联情况来看,该生应加强哪方面的训练?

A. 替代衔接　　C. 词汇衔接

B. 省略操作　　D. 连接成分运用

26. 在语言教学中,也要注意体现文化教学目标,下列哪项不属于“美国标准”中提出的“5C”目标:

A. 交际　　C. 理解

B. 贯连　　D. 社区

27. 针对该生写作中的问题,教师在写作教学中应强化什么方法和策略?

A. 控制写作法和连贯策略　　C. 过程写作法和宏观策略

B. 自由写作法和语境策略　　D. 任务写作法和命题策略

第28—31题

声调教学在语音教学中占有重要地位。因为每个声调出现的频率都要比任何一个声母或韵母高得多,而声调又是汉语语音中最敏感的部分,学生出现洋腔洋调最主要的原因是声调。在教学中,我们首先应该让学生明白汉语的声调是什么,它有什么作用。

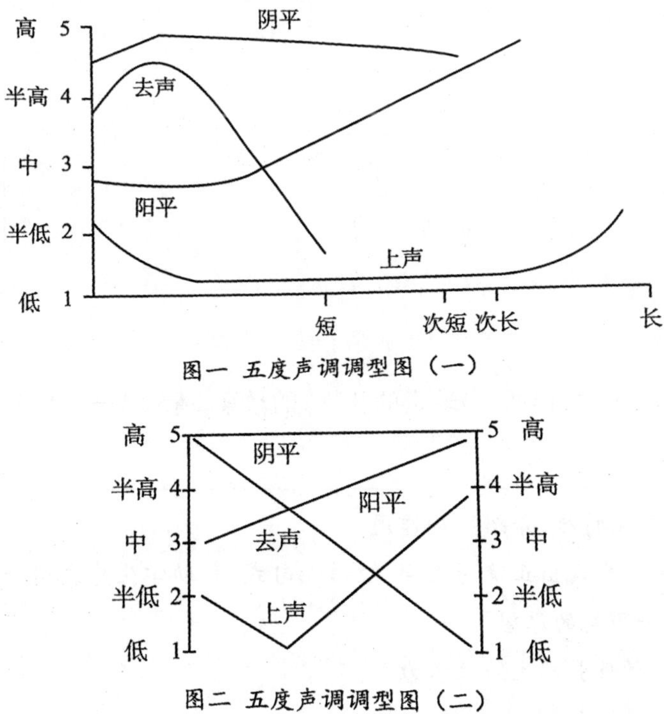

图一 五度声调调型图(一)

图二 五度声调调型图(二)

学习汉语声调，掌握每个声调的调型特征非常重要，第三声在图一和图二中存在一定的差别，图一表示为 __28__ 调，图二为 __29__ 调。

A. 曲折　　B. 降升　　C. 高平　　D. 低平

E. 全降

30. 跟图二比，图一在每个调型的________方面的显示更明确。

A. 音高　　B. 音长　　C. 音色　　D. 音强

31. 轻声不是四声之外的第五种声调，原因是：

A. 有些轻声音节（如语气词）是非轻不可的

B. 轻声在一般情况下不具有区别意义的作用

C. 其读音不独立存在，只体现在词语和句子中

D. 它通常是读音比较短、也比较轻的一种调子

第 32—35 题

请从 A—E 中选出与下面关于教学和编写教材的想法契合的假说，其中有一个多余选项。

32. 编写教材时，先出现量词，后出现数量补语。

33. 王老师在制订教案时，特别注意给学生留出小组活动和自由表达的时间。

34. 编写教材时，首先要考虑母语与目的语的差异，差异越大，难度越大。

35. 江老师在讲授新的内容时，并不急于让学生马上表达，而是给他们足够的理解时间，等学生对自己有信心的时候再让学生表达。

32. ________

33. ________

34. ________

35. ________

A. 互动假说

B. 情感过滤假说

C. 习得顺序假说

D. 对比分析假说

E. 可理解输入假说

第 36—40 题

下列陈述摘自某老师所写的初级口语课《最珍贵的礼物》的教案，请从 A—F 中选出与之相匹配的教案环节，其中有一个多余选项。

36. 使学生能够简单描述事物特征、介绍事物作用。

37. 通过图片、视频等引导学生说出正确的生词、短语或句式，帮助学生建立同一语义场的联想图式。

38. 使学生有描述自己某一事物的愿望。

39. 师生问候，通过热身话题吸引学生的注意力。

40. 组织学生以“它的特点”为话题进行讨论。

36. ________
37. ________
38. ________
39. ________
40. ________

A. 教学目标——情感领域
B. 教学目标——技能领域
C. 教学步骤——课文处理
D. 教学步骤——组织教学
E. 教学方法——任务型教学法
F. 教学方法——启发式教学法

第 41—44 题

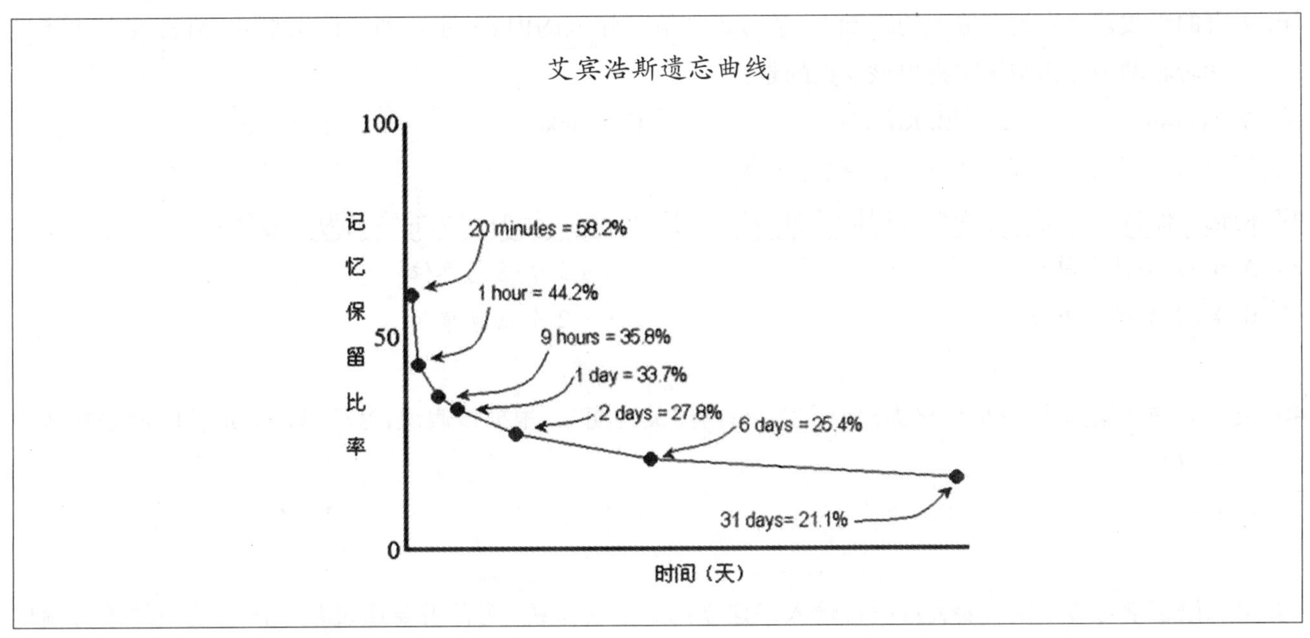

41. 上图所展示的遗忘变化的特点是：

A. 均衡下降　　B. 先慢后快　　C. 先快后慢　　D. 均衡上升

42. 按保持的状态和时间分类，下列哪项不属于记忆类别？

A. 永久记忆　　B. 短时记忆　　C. 感觉记忆　　D. 长时记忆

43. 人在拨打电话时，打完电话号码就忘记了，这种情况属于：

A. 短时记忆　　C. 瞬时记忆

B. 长时记忆　　D. 形象记忆

44. 以下关于“遗忘”的说法**错误**的是：

第 44 题

A. 遗忘可分为部分遗忘、完全遗忘、暂时遗忘、永久遗忘

B. 只有后边的学习过程会对现在的记忆的保持产生影响

C. 有意义的内容遗忘得慢，难易度适当的材料遗忘得慢

D. 衰退说认为产生遗忘的原因是记忆所建立的暂时神经联系的痕迹由于得不到强化而逐渐衰退甚至消失

第45—50题

> 第二语言学习的基本过程包括了“输入—中间过程—输出”几个环节，从输入到输出之间，大脑所进行的活动涉及几个方面：注意、记忆、思维、信息处理（语言分析）、母语转移和中介语的形成等。

45. 控制着人类言语活动的是大脑的：

A. 前半球　　B. 后半球　　C. 左半球　　D. 右半球

46. 语言的吸收建立在语言输入的基础上，学习者理解了输入的内容，注意到了语法形式，语言输入才能进入学习者的中介语系统。提出该观点的是：

A. Nemser　　B. Krashen　　C. Selinker　　D. Swain

47. 记忆按保持的状态可分为瞬时记忆、短时记忆和长时记忆。短时记忆的容量为：（易错）

A. 6 ±2 个信息单位

B. 8 ±2 个信息单位

C. 7 ±2 个信息单位

D. 9 ±2 个信息单位

48. 关于大脑功能侧化，伦尼伯格提出语言学习具有“关键期”。根据该假说，习得母语的最佳时期是在多少岁之前？

A. 4 岁　　B. 9 岁　　C. 12 岁　　D. 16 岁

49. 第二语言学习者不仅需要大量语言输入来建立第二语言系统，而且需要通过基于语言使用的语言输出来检测对语言规律的各种假设，进而调整语言，以便最终建立第二语言系统。这一观点来自：

A. 中介语假说

B. 互动假说

C. 输入假说

D. 输出假说

50. 环境是影响第二语言习得的外部条件。课堂教学最根本的缺陷是：

A. 难以提供真实的交际情境

B. 接触目的语的时间有限

C. 提供的都不是真实的语言材料

D. 不可能教给学生全部的语法规则

第二部分　应用能力

第 51—53 题

某海外社区大学将举办“中华文化体验营”，下表是该活动的基本方案。

时间	2 月 5 日—6 日
地点	校展览馆
参与人员	全校所有学生自愿参加
预备活动	________模拟测试
分组活动	中华文化体验
	趣味汉语教学
	中国传统游戏
	中国民族舞蹈

51. 为更好地了解参与人员的汉语水平，适合填在文中横线处的考试类型是：

A. HSK　　B. BCT　　C. YCT　　D. MCT

52. 为开发学生的多元智能，该活动计划将中华文化体验与数学课结合起来，下列活动设计**不合理**的是：

A. 用毛笔写数字　　C. 用算盘学计算

B. 用剪刀剪图形　　D. 踢毽子学计数

53. 在中国民族舞蹈体验活动中，举办方计划教学生跳民族舞，下列音乐与舞蹈搭配正确的是：

A.《嘎达梅林》　藏族舞　　C.《在那遥远的地方》　蒙古族舞

B.《月光下的凤尾竹》　傣族舞　　D.《跑马溜溜的山上》　维吾尔族舞

第 54—59 题

54. 幸亏：他幸亏带了雨伞，不然全身都得淋湿。
55. 舅舅：妈妈的哥哥或弟弟。
56. 丑陋：不好看。
57. 凑合：你晚上下班又累又饿，想吃汉堡，但是店里只剩披萨，别的汉堡店又很远，你只好买了披萨。
58. 氧气：oxygen
59. 离婚：回忆之前学习过的“离开”“婚姻”

请将下列讲解词语的例子与词汇教学方法进行匹配，从 A—F 中进行选择。

54. ___________

55. ___________

56. ___________

57. ___________

58. ___________

59. ___________

A. 母语对译法

B. 情景释义法

C. 以反释正法

D. 以旧带新法

E. 例句释义法

F. 语素释义法

第 60—65 题

下面是一节课的具体教学安排，请阅读后回答问题。

①PPT 展示选词填空练习。

洗干净　看见　记住

A. 跑步时穿的衣服我________了。

B. 墙上的字我________了。

C. 他的话我________了。

②边演示提问，边板书。

A. 这件白衣服染上了很多颜料，你洗得干净吗？

B.（在黑板上写很小的一个字）这个字你看得见吗？

C.（播放语速很快、很长的一段录音）他的话你记住了吗？

③边示范回答，边板书。

洗不干净　看不见　记不住

④总结板书：

动词＋得＋……＋吗？/动词＋得＋……＋动词＋不＋……？

动词＋得＋……。

动词＋不＋……。

⑤…………

60. 从本节课的教学安排来看，这位老师的教学步骤①属于什么教学环节？

A. 复习旧知

B. 导入新课

C. 展示讲解

D. 练习巩固

61. 下列哪种教学安排最适合上面的步骤⑤？

A. 让学生自行造句

B. 引导学生看图片回答问题

C. 教学生练习写“得”这个汉字

D. 让学生抄写步骤②中板书的句子

62. 由这种教学安排可知，本节课的教学重点是：

A. 时量补语　　C. 可能补语

B. 结果补语　　D. 程度补语

63. 下列句子是学生常见的一些偏误，哪种偏误和本课的重点语言点有关？

A. 昨天我睡觉了六个小时。

B. 昨天的作业我不写完了。

C. 这么多东西，我一个人一定拿得不动。

D 为了减肥，她每天吃饭得少，吃水果得多。

64. 以下哪项是本课处理语言点的顺序？

A. 展示—练习—解释—归纳　　C. 解释—展示—归纳—练习

B. 展示—解释—归纳—练习　　D. 解释—归纳—展示—练习

65. 教学活动能够体现不同的语言教学理念，以下体现了“任务法”理念的活动是：

A. 一对一分小组进行问答练习

B. 要求学生分组排练一个小品

C. 进行替换练习以掌握语法结构

D. 要求学生讲述看过的一部电影

第66—68题

常慧老师是某高校的一名新手教师，这个学期负责教中级班的口语课和初级班的听力课。下面是常老师为突出课型特点所做的努力及遇到的问题，请从A—D中选择相应问题的原因，其中有一个多余选项。

①口语课上，为提高学生开口率，常老师尽量不讲生词、语法和课文，每节课选择一个相关话题让学生讨论，但是学生还是什么也说不出来。

②听力课上，常老师认为学生听不懂的主要原因是听力材料的生词太多，应该多花时间讲解生词的用法，但这样做会影响教学进度。

③在口语课上，学习“纠结”一词时，常老师举了这样一个例子：“我一想到这个问题就纠结。”但是学生表示还是不明白这个词的意思。

66. ①________

67. ②________

68. ③________

A. 在生词用法教学过程中，应该体现生词的使用语境

B. 在以理解为主的课型当中，生词的讲解不应该以运用为目的

C. 在以输出为主的课型当中，应该注重语言的形式和意义，而不是功能

D. 课堂中的输出是以输入为前提的，不管什么课型，输入都是输出的前提

第69—72题

张老师是海外某大学的新手教师，下面是他为期末考试命制的一套试题。

××大学汉语课期末笔试题

（100分钟）

姓名：________　　班级：________　　教师：________

一、听写词语（10%）

1. ______________________________

…………

二、听对话，选择正确的答案（15%）

1. A. 小王不去北京　　C. 小张去北京

B. 小王要去北京　　D. 小王和小张一起去北京

…………

三、反义词连线（5%）

1. 偶尔　　拒绝

2. 至少　　马虎

3. 仔细　　最多

4. 输　　特殊

5. 接受　　赢

四、完形填空（10%）

很多人喜欢过节的＿1＿是，节日＿2＿是一个机会，一个＿3＿每个人都有的机会。情人节主要是情侣们的。儿童节呢，当然是＿4＿孩子们的。唱歌、跳舞、收礼物，没有＿5＿这更开心的时候了。

春节、"五一""十一"就＿6＿了，＿7＿全中国人的＿8＿。想休息的，正好这段时间好好放松放松；想看亲戚的，买点儿礼物，说上几句祝福的话；想找朋友聊天儿的，打个电话，发个邮件，一起到酒吧、饭馆、咖啡厅坐坐，吹吹牛；想一家人出去旅游的，买好机票，爱去哪儿就去哪儿。＿9＿不用工作，＿10＿手机也可以关掉。

1. A. 过程　　B. 原因　　C. 想法　　D. 机会

…………

10. A. 就　　B. 可　　C. 连　　D. 便

五、阅读理解（30%）

…………

六、作文（30%）

以《中文课，你可以更好！》为题，写一篇作文。

要求：1. 不少于80字。2. ……

评分标准：……

69. 该试卷第三部分"反义词连线"的题目存在什么问题？

A. 答案不具唯一性　　C. 违背了从易到难的原则

B. 题目要求不明确　　D. 部分内容与题干要求不符

70. 如何完善“四、完形填空”的命题？

A. 增加段落字数
B. 分散考点的位置
C. 丰富考查的语言点
D. 增强选项的迷惑性

71. 学生在作文《中文课，你可以更好！》中普遍提到“希望课堂上有更多的交流互动”。张老师打算用行动研究的方法来解决这个问题。根据行动研究的一般流程，他应该：

A. 录制教学视频并分析—与示范课进行对比—改善教学—撰写论文
B. 学生座谈—同行听课—请教专家—制订教学方案并试行—撰写论文
C. 明确问题—阅读文献—制订方案并试行—修正方案并实施—写报告总结
D. 阅读文献—问卷调查—数据分析—设计新教学方案并实施—写报告总结

72. 考完后，有一个学生找到张老师，他认为自己的分数不应该比另一个同学低，希望查看两人的试卷，张老师应：

A. 同意其要求并说明评分依据
B. 拒绝把试卷给学生看并解释原因
C. 把试卷、评分标准和答案给他看
D. 询问教学主管后再决定是否给他看

第 73—77 题

请在 A—F 中选出以下描述所对应的一项，其中有一个多余选项。

73. 在较短时间内，相似环境下，用同一份汉语试题对同一批被试者进行两次考试，检验测试结果的一致性。
74. 如果参加汉语考试的被试者都没有答对这道题，P 值最低，为 0；如果都答对了这道题目，P 值最高，为 1。
75. 汉语能力高的被试者答对题目的概率大，汉语能力低的被试者答对题目的概率小。
76. 要精心编制题目和试卷，汉语测试的题目要能较好地代表欲测的汉语内容和能力结构。
77. 为每个学生准备一份评估档案，对学生每次的课堂表现进行评估。

73. ________
74. ________
75. ________
76. ________
77. ________

A. 效度
B. 信度
C. 难易度
D. 区分度
E. 形成性评价
F. 诊断性评价

第 78—81 题

科学技术的发展确实给生活带来了许多方便，但也给我们增加了不少烦恼。最普遍的是，每个现代人头脑中都要记住很多密码：信用卡需要密码，电脑需要密码，电子信箱需要密码，有时候甚至连开门都需要密码。如果谁不小心忘记了这些密码，那麻烦可就大了。

★人们需要记住什么?

A. 友谊　　B. 答案　　C. 密码　　D. 号码

★给人们带来烦恼的是:

A. 科学技术　　B. 电子信箱　　C. 工作压力　　D. 环境污染

(选自 HSK 考试样卷"阅读"部分)

78. 这道考题的难度适合 HSK 考试的哪个等级?

A. 2 级　　B. 4 级　　C. 5 级　　D. 6 级

79. 这两道题考查的是哪项阅读能力?

A. 跨越障碍进行阅读的能力

B. 体会作者感情的能力

C. 查找细节的能力

D. 把握主要信息的能力

80.《HSK 标准教程》是专门针对汉语水平考试 HSK 的一套标杆教程。这套教材属于:

A. 语言技能教材

B. 语言知识教材

C. 文化知识教材

D. 专门用途语言教材

81. 一位老师想把这段材料用在听力课练习中,在听材料之前,老师可以:(易错)

A. 讲解并重复操练材料中的语言点,帮助学生扫清阅读障碍

B. 对材料中的未学词汇进行讲解并拓展,以扩大学生的词汇量

C. 以"科技发展给生活带来的影响"导入,先引导学生简单讨论这个话题

D. 找一篇关于"密码"的文章作为阅读材料,让学生先阅读、学习这篇材料

第 82—85 题

香菱笑道:"我只爱陆放翁的诗'重帘不卷留香久,古砚微凹聚墨多',说的真有趣!"黛玉道:"断不可学这样的诗。你们因不知诗,所以见了这浅近的就爱,一入了这个格局,再学不出来的。你只听我说,你若真心要学,我这里有《王摩诘全集》,你且把他的五言律读一百首,细心揣摩透熟了,然后再读一二百首老杜的七言律,次再李青莲的七言绝句读一二百首。肚子里先有了这三个人作了底子,然后再把陶渊明、应玚,谢、阮、庾、鲍等人的一看。你又是一个极聪敏伶俐的人,不用一年的工夫,不愁不是诗翁了!"香菱听了,笑道:"既这样,好姑娘,你就把这书给我拿出来,我带回去夜里念几首也是好的。"

82. 下列诗词作者分别对应王摩诘、陆放翁、李青莲的是:

①故人西辞黄鹤楼,烟花三月下扬州。

②风急天高猿啸哀,渚清沙白鸟飞回。

③独坐幽篁里,弹琴复长啸。

④金樽清酒斗十千,玉盘珍羞直万钱。

⑤王师北定中原日,家祭无忘告乃翁。

⑥空山新雨后,天气晚来秋。

A. ⑤①②　　B. ③⑥①　　C. ⑥⑤④　　D. ③④②

83. 该段选自《红楼梦》,以下与《红楼梦》成书时期相同的是:

A.《儒林外史》　B.《牡丹亭》　C.“三言二拍”　D.《水浒传》

84. 下面哪一个典故和陶渊明**无关**?

A. 葛巾漉酒　B. 白衣送酒　C. 才高八斗　D. 北窗高卧

85. “画图省识春风面,环佩空归夜月魂”描写的是谁?

A. 王昭君　B. 貂蝉　C. 杨贵妃　D. 西施

第86—88题

【课前准备・案例一】

老师:你叫什么名字?

学生1:我叫杰克。

老师:你好,杰克。你今年几岁?

学生1:我今年19岁。

老师:他呢?(指向该学生的同桌,示意该生提问其同桌)

学生1:你好,你叫什么名字?

学生2:我叫……

…………

【课前准备・案例二】

老师:你喜欢什么颜色?

学生1:我喜欢红色。

老师:你喜欢什么颜色?

学生2:我喜欢黑色。

老师:你喜欢什么颜色

学生3:我喜欢蓝色。

…………

【操练目的词汇:时间】

设计提问:①你从家里来公司要多长时间?

②晚上你有时间吗,晚上你有空吗?

③下次上课的时间是(什么时候)?

补充:④一时间 a very short time

一时间想不明白。

86. 在上述两个案例中,正确的做法是:

A. 案例一　B. 案例二　C. 均正确　D. 均不正确

87. ①②③④句中，哪项的设计显然不合适？

A. ①　　B. ②　　C. ③　　D. ④

88. 下列关于"一时间"和"一下子"的描述，正确的是：

A. "一时间"强调动作或状态的变化快

B. "一下子"强调动作或状态的变化快

C. "一下子"只能放在动词前

D. "一时间"和"一下子"都表示短时间内的一种情况

第 89—92 题

反思是教师实现自我专业发展的重要途径。根据下列描述，从 A—F 中选择对应的反思方法，其中有两个多余选项。

89. 小王请同事给自己的课堂录像，课下自己观看并记录对课堂活动的分析和总结。

90. 实习老师刘云请教学组长来听自己的课，并请教对方对自己课堂的评价。

91. 张老师在练习"虽然……但是……"关联词时，让学生使用"虽然张老师的课……，但是……"句型造句，希望能从学生的造句中了解到他们对自己课堂的看法。

92. 志愿者教师赵老师在自己空闲时在网上收集优秀的国际汉语教学视频来看。

89. ________

90. ________

91. ________

92. ________

A. 撰写教学日志

B. 课堂观摩与分析

C. 刺激性回忆报告

D. 同侪听课

E. 间接调查

F. 网络反思

第 93—95 题

周老师是一所高校汉语进修班的班主任，为了丰富同学们的生活，他准备周末组织大家去故宫参观。以下是基本方案：

课外活动主题：参观北京故宫博物院

时间：5 月 28 日（本周六）

预备活动：①教师介绍北京故宫的背景和主要景点；补充"旅游"相关词汇；

②学生讨论、确定参观路线及行程安排；

③学生预测参观中可能出现的情况，并讨论需要准备的物品。

参观游览：按照课堂上讨论的路线进行参观。

活动目标：①锻炼学生口语表达能力；

②了解中国古典建筑风格和文化传统习俗；

③增强学生的互助合作精神。

成果汇报：根据游览感想，分组制作 PPT，并在课堂上展示、交流。

93. 组织课外活动，不需要考虑学习者的哪项因素？

A. 爱好　　C. 语言水平

B. 性格　　D. 文化背景

94. “红墙黄瓦”“坐北朝南”是故宫的特色。中国传统文化中方向、颜色和五行是有对应关系的，下列正确的是：

A. 金—黄—西　　C. 水—白—北

B. 木—青—东　　D. 火—红—中

95. 除故宫外中国历史上还有许多著名的宫殿建筑，其中合称为“汉三宫”的是：

A. 长乐宫、未央宫、兴庆宫　　C. 长乐宫、未央宫、建章宫

B. 咸阳宫、未央宫、建章宫　　D. 长乐宫、太极宫、建章宫

第96—100题

宋人摹《洛神赋图》

此图是根据曹植所写《洛神赋》而创作的故事画。

书法作品《洛神赋》

作者：(元)赵孟頫

96. 图一《洛神赋图》的原作者以画绝、才绝、痴绝被称为“三绝”，他是：

A. 张僧繇　　C. 顾恺之

B. 毛延寿　　D. 吴道子

97. 建安时期，以曹操、曹植父子和“建安七子”为代表的文人把哪种文学形式推上高峰？

A. 乐府诗　　C. 玄言诗

B. 五言诗　　D. 七言诗

98. 赵孟頫书法技艺高超,集晋唐之大成。和他并称为“楷书四大家”的还有:

A. 欧阳询　颜真卿　柳公权　　C. 欧阳询　颜真卿　黄庭坚

B. 褚遂良　颜真卿　柳公权　　D. 怀素　颜真卿　柳公权

99. 我国古代书画艺术成就颇高,关于古代书画艺术下列说法**错误**的是:

A. 中国艺术注重神韵技法,注重表现事物的意趣和人的内在情感

B. 宋徽宗赵佶犹善书画,所创“瘦金体”风格独特

C. 唐代绘画艺术空前繁盛,其中吴道子被称为“画圣”,代表作有《送子天王图》

D. 书法家张旭以草书出名,因其为人与书法如狂如癫,世称“张癫”,代表作《自叙帖》

100. 书画艺术创作离不开文房四宝,其中最为著名的是湖笔、徽墨、宣纸和:

A. 端砚　　B. 歙砚　　C. 洮砚　　D. 澄泥砚

第三部分　综合素质

本部分为情境判断题，共50题。

第101—135题，每组题目由情境及随后的若干条与情境相关的陈述构成，每条陈述都是对情境的一种反应，包括行为、判断、观点或感受等。请先阅读情境，然后根据你对情境的理解，判断你对每条陈述的认同程度，并在答题卡上填涂相应的字母，每个字母代表不同的认同程度。说明如下：

A	B	C	D	E
非常不认同	比较不认同	不确定	比较认同	非常认同

例题：

王宏是澳大利亚某孔子学院的老师。他班上的学生大多是当地的成年人，来自不同的社区，其中有一位学生叫Susan，今年48岁，已经有了一个孙子。Susan还是一位马拉松爱好者，两天前她刚刚打破了当地的女子马拉松成年组纪录。王宏非常敬佩Susan，课上他对学生们说："作为一位48岁的'年轻奶奶'，能够取得这样的成绩，简直是个奇迹！"没想到，Susan在下课后立即向校方投诉了王宏，说他不尊重学生的隐私。

面对这种情况，假如你是王宏，请你给出对下列陈述的认同程度：

1. 隐私需要尊重，但自己只是想表达对Susan的敬佩，她的反应有些过分了。
2. 应该向Susan表达歉意，说明自己的想法，争取她的谅解。
3. 经过此事后，应该调整自己的认识，充分尊重他人的隐私。
4. Susan只是一时情绪激动，校方出面做好解释和安抚工作就好，自己再去道歉反而小题大做了。

作答示例：若你对第1题的陈述"比较不认同"，则选择B；若对第2题的陈述"比较认同"，则选择D；若对第3题的陈述"非常认同"，则选择E；若对第4题陈述的认同程度介于"比较不认同"和"比较认同"之间，则选择C。各题之间互不影响。

第101—104题

韩丽所教的班上有个别华裔学生，由于有中国背景，他们学习汉语较其他学生更快，发言喜欢抢答，成绩也更高，这引起了班上其他学生的不满。

面对这种情况，如果你是韩丽，请你给出对下列陈述的认同程度：

101. 可以向当地同事学习处理类似问题的办法，以回应学生的意见。
102. 学生的质疑只要不影响教学，可以适当忽视。
103. 和校方商议根据汉语水平高低分班。

104. 一个班级里总会有学生进度快或慢，分高或低，这很正常。

第 105—109 题

王老师在欧洲一所语言学校教汉语。学生都是成年人，思路开阔，职业多样。课堂上经常会因为一个话题引起讨论，还将课程内容引到其他话题上，有时候甚至还希望王老师多讲讲有关中国的婚恋、家庭、犯罪、老龄化社会等话题，导致课程经常不能按时完成。王老师对此很是苦恼。

面对这种情况，假如你是王老师，请你给出对下列陈述的认同程度：

105. 可以在与学生商议之后安排专门的讨论课，对关注的热点问题进行讨论。

106. 学生个性太过鲜明，应该制定严格的课堂规章，减少学生干扰课程进度的次数。

107. 如果学生再次询问感兴趣的话题，应该告诉学生这节课我们还有教学任务，不能讨论不相关内容，然后继续上课。

108. 学生乐于关注中国时事是好事，可以适当调整原有教学计划，多加入学生感兴趣的内容。

109. 可以转变思路，让学生将感兴趣的话题在课下通过邮件等方式发送，最后统一安排时间讲评。

第 110—114 题

韩老师在澳大利亚一所中学教汉语，有一个学生很令她头疼，因为那个学生总是迟到，韩老师多次和这个学生沟通都没有用。一天下午上课这个学生又迟到了很久，韩老师非常生气，觉得这样多次迟到的行为太过分了，于是给予他放学后留堂的处罚。这个学生表示抗议，告诉韩老师她没资格在不通知家长和学校的情况下这样处罚自己。

面对这种情况，如果你是韩老师，请你给出对下列陈述的认同程度：

110. 自己没有提前了解学校的具体规定，不知道学生说的对不对，这次就先不处罚了，免得自己触犯学校规定。

111. 该学生没有遵守汉语课的纪律，自己就有资格惩罚他，相信学校也会支持自己。

112. 学生这样说让自己太没面子了，如果不处罚这个学生，以后其他学生就会效仿他不遵守纪律。

113. 打电话向学校教务老师询问是否有这样的规定，之后再决定惩罚的方式。

114. 直接给该学生的家长打电话说这件事，希望家长能配合，并协助老师对学生进行管理。

第 115—118 题

陈晨是一所高校国际教育交流学院的新任辅导员，负责管理留学生相关事务。一天，两位本学期新来的巴基斯坦学生找到陈晨，希望学校给他们配备新的冰箱，因为留学生宿舍里的公共冰箱之前被别的留学生用过，放了猪肉。

面对这种情况，如果你是陈晨，请你给出对下列陈述的认同程度：

115. 学校不可能专门为两位巴基斯坦学生配备一个冰箱，建议他们把自己的食材都用袋子装好再放进冰箱。

116. 这涉及具有不同信仰的留学生们的矛盾，自己不能做决定，应该上报给学院。

117. 把其他留学生找来一起开个会，分配各自对冰箱的使用范围。

118. 如果同意了这两个学生的要求，别的留学生会感到不公平，所以不能答应。

第 119—122 题

> 李老师在国内是一位优秀的小学教师。经过考核，被派往法国一所小学教授汉语。让她没想到的是，这里 8 岁左右的孩子根本意识不到课堂代表什么，他们在课上随意讲话，随意离开座位嬉戏打闹，甚至直接跑出教室。李老师上前劝阻，有孩子直接哭闹起来，完全不听老师的教育。维持课堂秩序耗费了李老师大量的精力，授课内容也受到影响。

面对这种情况，如果你是李老师，请你给出对下列陈述的认同程度：

119. 根据在国内教学的经验制定课堂纪律条例，如果有不遵守的学生，直接跟校长汇报情况。

120. 改善教学的方法并提高教学内容的难度，让学生在汉语课堂上更加专注。

121. 直接通过邮件和家长沟通，希望家长承担管教责任。

122. 针对学生的需求进行调研，根据调研结果，在课堂上增加更多学生感兴趣的内容。

第 123—126 题

> 于玲性格开朗，不拘小节，毕业后到日本的一所中学担任汉语教师志愿者。不久于玲发现日本女生基本从中学就开始接触化妆，每个人出门前都要精心打扮一番。偶尔于玲听到一些学生悄悄议论自己，说她怎么从来不化妆，不重视自己的形象。于玲觉得这些和教学无关，也就没有放在心上。之后有一次，办公室一位当地教师找到于玲，隐晦地表达了希望她以后来上班时能适当化化妆。

面对这种情况，如果你是于玲，请你给出对下列陈述的认同程度：

123. 告诉同事和学生，小小年纪就开始化妆对皮肤不好，很多中国女孩子是不化妆的，相比于外表，内在更加重要。

124. 认识到自己对日本文化了解得不够透彻，决心要入乡随俗学习化妆。

125. 应该注意到自己的习惯带来了一些误解，可以考虑学习一下化妆技术，并在一些必要的时候适当化妆。

126. 感谢同事的建议，但自己的主要工作是教学，不必把精力放在这些方面。

第 127—130 题

沈佳这个学期在语言进修学院实习，教授新入学的留学生初级汉语，她所教的两个班里的留学生主要来自埃及、巴基斯坦、日本、韩国等。不久沈佳发现来自日本的一位女生非常努力，常常在下课后仍留在教室学习，开学两个多月就已经准备报考 HSK 二级了，让沈佳觉得很佩服。于是沈佳在给另一个班上课时，常常提起这个女生，表扬她学习认真，进步神速，有时候还会说"你们应该向她学习"的话。结果有一次在课上，一位男生就表达了不满，说沈佳不该总把他们和那个女生做比较，其他学生也纷纷附和。

面对这种情况，如果你是沈佳，请你给出对下列陈述的认同程度：

127. 每个学生都是不同的，自己确实不应该把他们互相比较。

128. 自己这样说并不是对他们不满，只是希望激励学生们更努力学汉语。

129. 努力的学生是值得表扬的，但自己不应该在别的班里夸奖其他学生，这样会给学生造成心理压力。

130. 向学生道歉，并解释自己这样说是为了让他们在学习上有个可参照的目标，希望学生们理解。

第 131—133 题

王老师在土耳其某地语言学校教授汉语，和她搭档的是一位本土教师 Silvia。两人的分工是 Silvia 主要负责讲解课文、语法等，自己主要负责学生口语、写作等的练习，一节 2 小时的课，他们一人上一半。合作不久，王老师感觉这样的教学形式有些问题。

比如，有时王老师发现 Silvia 总是用母语给学生直接解释语法点；有时临到自己上课了，Silvia 告诉王老师说希望他能在练习中加入某个语言点，因为她觉得这部分是考试重点。

面对这种情况，如果你是王老师，请你给出对下列陈述的认同程度：

131. 向校方反映情况，争取更换一个搭档老师，避免以后再出现此类现象。

132. 和 Silvia 表明自己的想法，建议两人共同对教学设计和安排作出具体规划。

133. Silvia 是本土教师，更熟悉教学情况，她的教学方式也许是更有效的，应该听她的。

第 134—135 题

薛老师在泰国某小学教汉语，分配的教师宿舍的设施条件都不错，唯一让薛老师头疼的是，他们住的地方在一楼，蚊虫很多，地上、桌上时常会见到蚂蚁、蟑螂，晚上还有蚊子吵得薛老师睡不着觉。

面对这种情况，如果你是薛老师，请你给出对下列陈述的认同程度：

134. 向当地同事询问消灭蚊虫的方法，并组织同事们轮流打扫卫生，尽量让环境干净整洁。

135. 向校方提出申请，要求更换宿舍。

第136—150题，每题由一个情境和四个与情境相关的陈述构成，每个陈述都是对这个情境的一种反应，包括行为、判断、观点或感受等。请先阅读情境，然后根据你对情境的理解，从ABCD四个陈述中选出你认为在此情境下最合适的反应和最不合适的反应，并在答题卡上按照先后顺序填涂答案。

例题：

李敏在日本一所学校教汉语，刚到日本时，她选择与一位日本同事合租公寓。日本对垃圾分类有严格的要求，虽然李敏很注意垃圾的分类，但由于之前并没有这方面的经验，所以还是经常弄错，甚至导致邻居投诉，室友也多次因此事指责她，言语之间甚至认为李敏没有素质。

面对这种情况，你认为最合适的选择是（　　），最不合适的选择是（　　）。

A. 无须多解释，自己努力学习如何处理垃圾，在不与室友和邻居发生冲突的情况下解决问题。

B. 主动向室友和邻居道歉，说明原委，并向室友寻求帮助，向她学习垃圾分类的方法。

C. 鉴于和室友以及邻居目前的关系不太好，还是尽快找中国同事合住，以便度过适应期。

D. 被室友和邻居误解太没面子了，须尽快从中国同事那里学习垃圾分类的技巧。

答案：最合适 B　最不合适 C

第136题

周琴被派到泰国某中学负责汉语教学。由于教学经验丰富，她被任命为汉语组教学组长。当地的老师都非常友好，很容易相处，但渐渐周琴发现每次开教学讨论会，他们都会迟到，并且讨论时经常聊与工作无关的事。几次例会都被影响了进度。于是周琴公布了教学例会的规则，并警告大家今后不准迟到、不准闲聊，例会也算作上班考勤的一部分。然而当地同事说周琴这是不尊重他们。

面对这种情况，你认为最合适的选择是（　　），最不合适的选择是（　　）。

A. 保障工作高质量完成，即便得罪同事也要严格强调小组纪律。

B. 与当地同事充分沟通，激发他们的荣誉感和兴趣，争取他们的支持。

C. 入乡随俗，应按照当地同事的方式进行工作，增加工作时间以保证工作进度。

D. 为自己过于严厉的表达方式向当地同事道歉，接受他们的批评，以争取他们认真工作。

第137题

牛思彤和马哲是一对恋人。他们商量一起去罗马尼亚做汉语教师志愿者。出国不久，两人出现了分歧并分手了。感情的问题使得牛思彤很苦闷，情绪低落。她来参与这个项目主要是因为男友，现在所面临的局面是之前根本没想到的。

面对这种情况，你认为最合适的选择是（　　），最不合适的选择是（　　）。

A. 面对这种情况，也没有心思备课，要找别的方式纾解一下情绪。

B. 来这里的原因都不存在了，继续待在这里的意义不大。

C. 先想办法散散心，让情绪稳定一些，再决定后面的安排。

D. 既来之，则安之，感情的事先放一放，立刻将注意力放在教学工作上。

第 138 题

秦娜在美国的一所中学担任汉语教师。有一次上课，秦娜在 PPT 上用图片展示的方式引导学生练习造句，其中有一组图片是一个黑人小姑娘和一个白人小男孩各拿着一张成绩单，造的句子是“这个男孩的成绩比这个女孩的高”。下课后学校领导把秦娜叫到办公室，告诉她，她的学生投诉她有种族歧视行为。

面对这种情况，你认为最合适的选择是（　　），最不合适的选择是（　　）。

A. 向领导解释自己只是为了练习而造句，并没有任何歧视的内涵。

B. 自己无意间可能伤害了个别学生的感情，应该向学生道歉，并在今后更加注意素材的选取。

C. 自己只是无心之举，是学生太敏感了。

D. 公开在学校例会上道歉，并表明自己并没有歧视任何人的意思。

第 139 题

刘倩倩在给语言预科班的留学生上课时发现，亚洲地区的学生如果老师不点名，一般不会主动举手发言；而欧美地区的学生，总是积极抢答。

面对这种情况，你认为最合适的选择是（　　），最不合适的选择是（　　）。

A. 有意识地多提问亚裔学生，多给他们开口说话的机会。

B. 减少随机提问的方式，采用“开火车”的方式一个个轮流回答。

C. 亚裔学生因为和中国的文化距离更近，学起来更快，因此不提问他们也没关系。

D. 这样的差异是民族性格造成的，老师没有办法改变什么。

第 140 题

钱涛在埃及的一所中学任教，按照学校安排，和学校一位来自法国的外教合住在学校附近一个两室一厅的公寓里。搬进去几天后，钱涛发现法国同事在自己卧室的门上加装了一个防盗锁。

面对这种情况，你认为最合适的选择是（　　），最不合适的选择是（　　）。

A. 可以在自己的门上也装上门锁。

B. 同事装门锁是他的权利，自己无须过问和担心。

C. 问问同事所住的社区是否不够安全，需要装门锁。

D. 同事的行为说明他对自己存在一定的担心或敌意，要找时间和他沟通一下。

第 141 题

靳涛刚到英国的一所大学担任汉语教师。一天，他觉得头不太舒服，就到学校的附属医院预约就诊。就诊当天，他觉得嗓子也不舒服，请求医生帮他看一下。医生告诉他，靳涛需要再约一个时间来看嗓子，因为下一个患者在候诊，他得按照时间表做事。

面对这种情况，你认为最合适的选择是(　　)，最不合适的选择是(　　)。

A. 接受这个医生的说法，但会感到不高兴。

B. 认可这个医生的做法，并按他的要求去办。

C. 理解这个医生的说法，但尝试说服他帮助自己。

D. 这个医生对患者疾病并不关心，应要求他完成诊疗。

第 142 题

在日本教学的陈婷负责当地一所中学的汉语课。汉语课程在那个学校属于兴趣班，教学目标不高，上课形式也比较灵活多样。这周临近期末，学校教数学的当地老师采希找到陈婷，商量能不能把这周的汉语课时间让给数学课，因为快考试了，而学生的复习效果不太好，汉语课只是兴趣课，复习压力没那么大。

面对这种情况，你认为最合适的选择是(　　)，最不合适的选择是(　　)。

A. 数学课复习效果不好是采希作为老师教学计划没有做好，和自己没有关系。

B. 采希这样说是不重视汉语课，而且也不太尊重自己这个汉语老师，不能同意。

C. 如果有需要，同意按照学校的制度进行调课，之后用数学课把汉语课补上。

D. 以汉语课复习进度也很紧张为由拒绝采希的请求。

第 143 题

小张刚刚到泰国的一所小学工作，虽然有时想家，但对新环境适应得还不错。一次课上，一个原本表现不错的学生变得特别调皮，处处和小张对着干，不仅把小张放在旁边的包扔在地上，还说让小张回到中国去。这次小张实在没忍住，课没上完就跑出了教室，躲进洗手间哭了起来。下班后一个当地同事过来问小张怎么了。

面对这种情况，你认为最合适的选择是(　　)，最不合适的选择是(　　)。

A. 感谢同事的关心，但学生顶撞自己的话说出来会让自己没面子。

B. 感谢同事的关心,但是自己的负面情绪要自己消化,简单说明一下情况就好。
C. 把事情告诉同事,同时希望同事能帮忙了解下那个学生为什么说出那些话。
D. 把事情经过告诉同事,并希望同事能对学生进行批评教育。

第 144 题

刘一鸣在阿根廷担任成人班的汉语教师。第一节课,他用西班牙语做自我介绍,说:"我很荣幸担任这个班的老师,我虽然能力有限,但会竭尽全力做好教学工作,也希望大家多多指教……"没想到一些学员小声议论说:"既然水平不够,就不应该来教我们,学校应该派有资格的老师来。"

面对这种情况,你认为最合适的选择是(　　),最不合适的选择是(　　)。
A. 告诉学生这是典型的中国式表达,希望能学习这样谦虚的品格。
B. 调整后面的自我介绍,按照西方自信的方式来表现自己,介绍自己的诸多优点。
C. 让学生进行自我介绍,然后引导学生思考这两段介绍的不同,由此简单介绍中国人谦虚的表现风格。
D. 忽略他们的反应,按自己的思路继续自我介绍,通过后面的教学来展现能力。

第 145 题

江帆是一位年轻的语文老师,要到国外的一所中学教授汉语。出发前,一位有国外生活经验的朋友建议他要尽快融入当地文化。于是,江帆入职后努力认识了学校的很多同事。一天,他想邀请大家下班后去打篮球,增进与同事之间的关系。江帆跟几位同事说了打球的想法后,大家都拒绝了他。

面对这种情况,你认为最合适的选择是(　　),最不合适的选择是(　　)。
A. 自己没有给大家准备的时间,所以会被拒绝,下次要注意这一点。
B. 打球的方式也许有些人不喜欢,下次换成邀请聚餐比较好。
C. 老师们的行为说明他们不怎么欢迎我,还没有完全接纳我。
D. 几位老师的行为反映出这里的人比较不喜欢突然的变动,喜欢按计划做事。

第 146 题

章老师是一位拥有近十年教学经验的汉语教师,多年来一直在国外进行教学工作。最近一所高校聘请章老师来学校的国教院任副院长,章老师欣然接受,并准备好把自己积累的这些经验都分享给大家。但是回国后一个月,章老师就发现自己出现了种种不适应——拥挤的街道和人群、快节奏的生活、和同事在工作习惯上的差异等,甚至觉得自己成了个"边缘人",周围一个熟悉的朋友都没有。

面对这种情况,你认为最合适的选择是(　　),最不合适的选择是(　　)。
A. 再努力调整自己去适应,如果实在觉得不行,就回到国外工作。

B. 积极寻求身边家人等的支持，多参加学校的活动，必要时候主动去找心理医生做疏导。
C. 向同事说明自己由于常年在外所以一些习惯和教学方法上会和大家不同，希望大家体谅。
D. 多和身边朋友、学生等分享自己在外的经历，潜移默化地使他们更加理解自己。

第147题

刘薇这个月刚被派到日本任教，这也是她第一次出国进行教学。在租住的公寓安顿下来之后，刘薇对房间进行了一次大扫除，全部完成后已经晚上十一点了。刘薇觉得太晚了，而且自己对周围环境还不熟悉，就决定先把垃圾放在门口，第二天一大早再扔。但是第二天出门的时候，刘薇听到隔壁邻居谈论说新来的中国人没有公德心，把垃圾放在公共区域。

面对这种情况，你认为最合适的选择是（　　），最不合适的选择是（　　）。
A. 向邻居道歉，并解释自己只是临时放一下，马上就会清理掉。
B. 向邻居询问附近扔垃圾的地方，并说明希望他们不要对中国人抱有偏见。
C. 和邻居解释刚搬来，不是有意乱放垃圾，并向对方咨询公寓的其他管理规定。
D. 自己的行为导致了邻居的误解，为了避免扩大不好的影响，自己写一张道歉信和说明贴在门口。

第148题

周老师在海外一所私立学校任教，学校的校长和校董是一对夫妻，以经商为主。校长夫妇在教学设计、课程计划等方面给周老师提出了诸多要求，但有些并不适用于所教学生群体。而且校长有时还会对周老师的着装提出意见。随着周老师和当地同事越来越熟悉，一些同事也会跟周老师吐槽校长夫妻的“奇葩”行为，抱怨校长总是给他们布置很多和教学无关的工作，并追问周老师是不是也不喜欢校长。

面对这种情况，你认为最合适的选择是（　　），最不合适的选择是（　　）。
A. 实话实说，说明校长对自己教学的干涉存在不合理性。
B. 自己身为外教老师还是不要参与到这些话题中来，隐藏自己的真实想法。
C. 认同同事的说法，并和同事一起讨论校长，增加共同话题。
D. 对同事的话不做主观评价，承认自己在教学上和校长的观念有不同，但也说明校长的做法中的合理之处。

第149—150题

李婷在新加坡一所国际学校任教。教学中她发现，当地的教材用的都是繁体字，在她告诉学生简体字的写法后，学生也不愿意更改，还有的认为繁体字更能体现汉字的意义，比如“愛”就比“爱”多了颗“心”。

面对这种情况,你认为最合适的选择是(　　),最不合适的选择是(　　)。

A. 向学生解释繁体字已经过时了,中国现在都用简化汉字。

B. 向学生介绍简化汉字的优点,让学生自己做决定用哪种,但是自己在教学中坚持用简体。

C. 向学校领导申请更换简体字版本的教材。

D. 用哪种字体是学生的自由。

> 一天,在汉语数词教学中,李婷发现即使教完了词汇和规则,在练习中学生仍总是用"十九千"来表达"一万九千"。后来她了解到,当地的语言习惯是用"十千"代替"万"的。而且,不少学生还建议李老师用新加坡的方式进行教学。

面对这种情况,你认为最合适的选择是(　　),最不合适的选择是(　　)。

A. 对于数字来说,能理解最重要,如果用"十千"对学生来说不影响交际的话,可以按照学生想要的方式教学。

B. 告诉学生学习中文就要学"地道",并且要培养中文思维,还是应该用"万"来表达。

C. 当时先不给回复,课下请教其他中文老师关于这部分内容的教学方案。

D. 向学生介绍"万"进制的优点,让学生自己选择表述方式。

参考答案与解析

《国际中文教师证书》考试(通用版)必刷试卷一

第一部分　基础知识

第 1 题 B

本题考查汉语拼音规范书写。A 项缺少隔音符号,应为 kù'ài。C 项声调标错位置,应为 suīrán。D 项姓和名首字母都需要大写,即 Lǐ Bái。

第 2 题 C

本题考查/a/的音位变体。/a/的音位变体有[a][ε][A][ɑ],[a]出现在韵尾[-i、-n]之前,[ε]出现在韵头[i-、y-]和韵尾[-n]之间,[A]的出现条件是无韵尾,[ɑ]出现在韵尾[-u、-ŋ]之前。材料第一句话中含有/a/的汉字有爱[α]、来[α]、然[α]、但[α]、方[ɑ]、安[α]、参[α]、观[α]、像[ɑ]、马[A]、长[ɑ],由此可知答案选 C。

第 3 题 C

本题考查拼音教学方法。"旅"字发音困难,主要是因为韵母 ü 不易掌握。根据 i 和 ü 在发音时舌位高低、前后程度都相同,只唇形圆展不同的特点,老师可采用带音法,先从发音较简单的韵母 i 入手,然后告诉学生在保持舌头位置不变的情况下,唇形由展向圆改变。吹纸法适合 b、p 等送气和不送气音对比教学;手势法便于向学生展示舌头位置等;咬舌法适合学生在发鼻音韵母时结尾容易关上双唇的情况。

第 4 题 C

本题考查字体辨别与汉字发展。在汉字的发展演变中,隶书是古文字演变为今文字的转折点。各选项中,A 项是金文,B 项是篆书,C 项是隶书,D 项是楷书,故答案选 C。

第 5 题 D

本题考查拼音的发音描写与国际音标。"水"的拼音构成为:声母 sh(舌尖后、清、擦音,音标[ʂ]),韵母 ui(合口呼 uei,音标[uei])。"平"的拼音构成为:声母 p(双唇、送气、清、塞音,音标[p^h]),韵母 ing(齐齿呼,音标[iŋ])。A 项国际音标和描述都错误,B 项国际音标错误,C 项国际音标和描述都错误。因此答案选 D。

第 6 题 D

本题考查定语结构的辨析。句①中的定语包括:主谓短语作定语("爷爷送给她的")、形容词作定语("唯一")、名词作定语("生日")。D 项与此结构相同。

第 7 题 C

本题考查修辞格。句②为比喻句。比喻,就是用跟甲事物有相似点的乙事物来描写或说明甲事物。句②把"贝壳"上的纹路比作"皱纹",显示出贝壳的珍贵,句中喻词为"像"。C 项也为比喻句,把"青少年"比作"太阳",故选 C。A 项的"像"不做比喻用法,表比较;B 项运用的是借代,用"一针一线"代"任何东西";D 项运用的是拟人。

第 8 题 A

本题考查课堂练习设计。首先要判断出句③的语言点是“对事物进行描述”。在完成看图说句子这样限定性的练习后,根据由易到难的原则,可进行开放性练习。A 项“纪念品”属于具体事物,对其进行描述符合练习要求,故选 A。

第 9 题 A

本题考查语义理解。句④“感动得差点儿流下了眼泪”实际语义是“没流泪”,即结果是事情没有发生。A 项的实际语义是“没累死”,结果也是没有发生,故选 A。B 项的实际结果是“考上了”;C 项实际语义是“赶上了火车”;D 项表示“买到了那场电影票”,这三项的最终结果都是实现了,与句④表达语义相反。

答题点拨:关于“差点儿”和“差点儿没”的语义和使用,可以根据朱德熙先生提出的“企望说”进行简单归纳:

①说话人企望发生的事:

肯定形式表否定意义:差点儿通过考试。(实际:没通过)

否定形式表肯定意义:差点儿没通过考试。(实际:通过了)

②说话人不希望发生的事:两种用法都表示否定

差点儿迟到了。

差点儿没迟到。(实际都表“没迟到”)

第 10 题 C

本题考查偏误分析和离合词。“打两个滚”中的“打滚”是离合词,各选项中,同属离合词的是“上班”。A 项状语位置错序;B 项语法正确,不会引起偏误;D 项时量补语的位置错误。

第 11 题 C

本题考查修辞。比喻就是打比方,用本质不同又有相似点的甲事物来描述或说明乙事物,使表达更形象、生动。比拟是根据想象直接将本体当作拟体进行陈述或描写,可以使读者对所表达的事物产生鲜明的印象、感受作者的情感。通感是把不同感官的感觉沟通起来,借联想引起感觉转移,“以感觉写感觉”。借代是不直接说某人或某事物的名称,借与它密切相关的名称去代替的手法,又叫“换名”。在句①中,“甜味儿”是味觉所体会到的,运用通感的手法以嗅觉描写出来。

第 12 题 A

本题考查句式辨析。存现句是表示何处存在、出现或消失了某人或事物的句子,它可以分为存在句和隐现句两种。句②属于存现句中的“存在句”,故选 A。主谓句是由主语、谓语两个成分构成的单句。连动句是连谓短语充当谓语或直接独立成句的句子。双宾句是有指人和指事物双层宾语的句子。

第 13 题 B

本题考查对课文中重点语法的选择。材料中较多出现“打半个多小时羽毛球”“打羽毛球打半个多小时”这样的时量补语句,且根据课文材料的难度,可判断教学重点为时量补语。

第 14 题 A

本题考查“起来”的用法。句①中的“起来”为动词,表“起床”义,作句子的动词谓语,读作 qǐlái。句③中的“起来”为趋向动词,作趋向补语,表示“开始并继续”,读作 dòngqilai。

第 15 题 B

本题考查时量补语结构辨析。句②为时量补语,该句主要结构形式为“主 + 动词 + 时量词 + 名词”,即在“打羽毛球”这一动宾短语中直接插入时量补语。选项中与其形式一致的是选项 B。

第 16 题 A

本题考查语义关系。画线句子中的关联词是“不光……还……”,表示的语义关系是递进。

第 17 题 D

本题考查语气词“呢”的语法意义。“呢”含有“指明事实不容置疑略带夸张或表疑问”,例句“还知道日程呢”中含有“指明事实不容置疑略带夸张”的意义,D 项的“呢”强调“你们辛苦”这一事实不容置疑,故选 D。A、B 项中的“呢”表疑问,C 项中的“呢”意在指出客观事实。

第 18 题 A

本题考查词的词性。“3 月间”的“间”表示“一定的空间或时间里”,是方位名词。

第 19 题 D

本题考查词的义项。“成百头灰鲸”中的“成”表示“达到以百计量的数量”。

第 20 题 A

本题考查问句的类型。最后一段中的三个问句是无疑而问、自问自答,意在引导读者注意和思考问题,属于设问句。

第 21 题 A

本题考查词的结构类型。“传宗接代”的整体结构为并列式,“传宗”和“接代”并列;“传宗”“接代”的内部结构均为动宾式。A 项“争先恐后”整体结构为“争先”和“恐后”并列,成分结构也均为动宾式;B 项“引吭高歌”整体为状中关系的偏正结构,“引吭”修饰“高歌”;C 项“春暖”和“花开”并列,但其内部结构均为主谓关系;D 项“引人注目”整体为兼语结构,“人”为兼语,作“引”的宾语、“注目”的主语。

第 22 题 B

本题考查修辞手法。文中“鸟儿都是按时‘起床’”“公鸡就一跃而起”“灰鲸前来‘拜访’”等都是运用了拟人手法。

第 23 题 C

本题考查成语的构造。“引狼入室”属于兼语结构,“狼”是前一动词“引”的宾语,也是后边动词“入室”的主语。C 项“请君入瓮”与其结构相同。A 项“画蛇添足”是连谓结构;B 项“宁死不屈”是紧缩结构;D 项“毛遂自荐”是主谓结构。

第 24 题 C

本题考查近义词辨析。自然而然的变化一般用“逐渐”;有意识而又有次序的变化用“逐步”。“逐渐”可以修饰形容词,“逐步”不能。

第 25 题 D

本题考查词性判断。该句中的“索性”为副词,表示直截了当、干脆。

第 26 题 A

本题考查词的义项辨析。句中的“才”表示事情发生、出现得晚。A 项中的“才”也表发生得晚。B 项的“才”强调确定语气;C 项表示数量小,同“只”;D 项表示以前不久,意为“刚刚”。

第 27 题 B

本题考查汉字规范书写。“善”字的笔顺为:点、撇、横、横、横、竖、点、撇、横、竖、横折、横。第六笔是“竖”。

第 28 题 C

本题考查教学设计。语音训练贯穿汉语教学的始终，但不同阶段、不同环节应有所侧重。A 项词汇认读操练的基础要求是学生能掌握生词的音、形、义三方面内容，因此纠音是必要环节。B 项语音复习课，其教学重点之一就是发音的准确，因此纠音是其中重要的教学环节。C 项语言点讲解，重点内容是语法结构的掌握、语义的理解及语用的练习，纠音不是教学重点内容。D 项课文朗读，目的在于锻炼学生的口语表达能力，纠音应是重点环节。

第 29 题 D

本题考查语音教学策略。在初级水平的学生学习时要多给予他们正确、精准的示范，模仿错音不利于学生对正确读音的记忆，D 项正确。A 项，在学生一时无法模仿发音时，可以先暂时跳过这个音，并给予学生鼓励，在日后的教学中每遇到这个音就帮助学生强化一次，循序渐进。在一次教学中反复纠正，容易使学生产生疲惫感和抵触心理，挫伤其积极性。B 项对于两种语言中差别较大的音，由于母语中没有相似或相同的发音，因此学生在学习时可能无法及时找到正确的发音部位及方法，因此模仿的方法有利于学生直观感知这个语音，可以采用，B 项说法错误。C 项个别模仿和学生的逆反心理没有明显因果关系。

第 30 题 D

本题考查语音的练习方法。观察第五组练习，明确其练习目的是区别声母 z、c。声母 z、c 的发音部位相同，发音方法上的差别在于 z 是不送气音，c 是送气音，因此宜采用“吹纸法”，使两个发音不同的气流状况直观地呈现出来。

第 31 题 A

本题考查韵母的分类。普通话韵母可按发音时的口型、结构、韵尾三个方面进行区分。从口型的不同可以把普通话声母分为：

开口呼：韵母不是 i、u、ü 和不以 i、u、ü 起头的韵母

齐齿呼：i 或以 i 起头的韵母

合口呼：u 或以 u 起头的韵母

撮口呼：ü 或以 ü 起头的韵母

其中要注意，-i[ɿ]（只出现在 z、c、s 的后面）、-i[ʅ]（只出现在 zh、ch、sh、r 后面）都属于开口呼

本题中各组练习的韵母分别对应开、齐、合、撮四呼：

①pàohuǒ（开-合）　piāoliú（齐-齐）　gāngsuǒ（开-合）

②hàowù（开-合）　sānyuè（开-撮）　yālì（齐-齐）

③xiàoyuán（齐-撮）　xìngfú（齐-合）　quèshí（撮-开）　lùnwén（合-合）

④qíjì（齐-齐）　jiāyóu（齐-齐）　qǐngjià（齐-齐）　jīngqí（齐-齐）

⑤cāngsāng（开-开）　zìcóng（开-合）　cúnzài（合-开）　zūncóng（合-合）

答题点拨：①判断韵母属于四呼的哪一类时，要以韵母的实际发音为标准，因此可以先把各音节改写成其实际发音，如 ong[uŋ]、you[iou]、wen[uən]。②本题还可根据选项直接判断 A 项说法正确，每组均含有鼻音韵母。

第 32 题 B

本题考查名词的指称。泛指是对某物不作限制，如“借我根笔”其中的“笔”就是泛指的表达，不对“笔”的颜色、性状等做限制。全指的用法是把词语与所指的整个集合联系起来，如“柳树春天发芽”描述的是所

有的柳树。不定指是在向听话者陈述时把所指对象作为陌生事物引入，一般通过数词“一”与量词组成数量短语，如“一节汉语课”。定指是发话者认为听话人对某事物已经了解知晓，把所指称的事物作为已知事物向听话人陈述，常用指示代词“这”“那”。

第 33 题 A

本题考查副词的具体分类。“正好”表示某件事或某情况的发生恰到好处，属于语气副词，同类的还有“难道、岂、究竟……”。“程度副词”如“很、最、极、非常……”；“范围副词”如“都、均、总共、净……”；“方式副词”如“大肆、特意、猛然……”。

第 34 题 D

本题考查句式判断。例句是一个兼语、连谓兼用句，“他邀请大维去四川”中“大维”是“邀请”的宾语，也是“去四川”的主语，因此这里属于兼语句；而“他邀请……和他一起去四川”又是个连谓句，主语“他”既发出了“邀请”的动作，又进行了“去四川”。D 项同样是兼语连谓兼用句，“他”既“扶老奶奶”又和老奶奶一起“过马路”，“老奶奶”是兼语。A 项是使令式兼语句，“人”是兼语。B 项是连谓句。C 项是兼语连谓连用句，即句子前半部是兼语句形式“他派人叫我”，后部分是连谓短语“我上山采药”。与兼语连谓兼用句的区别在于，C 项中的主语“他”并不和“我”一起完成之后的动词“上山采药”。

第 35 题 B

本题考查语义角色分析。根据与句中谓语动词的关系，名词性词语在句中担任不同语义角色。施事：动作行为的主体。受事：因动作行为而受到影响的事物。与事：动作行为的间接承受者。处所、方式、时间等：动作行为发生的地点、方式、时间等。A 项中“饺子”是动作“吃”的对象，即受事；B 项“大碗”是动作进行的工具，不是与事；C 项“食堂”是动作行为发生的处所；D 项指代获得报酬的或工作的方式。

第 36 题 D

本题考查句型判断。句③为存现句，表示“四川到处”都存在“好吃的”。

第 37 题 D

本题考查文化常识。辣椒在 16 世纪明朝末年经丝绸之路和东南亚海路传入中国。

第 38 题 C

本题考查用词偏误分析。加粗部分的词汇具有较强书面色彩。

第 39 题 D

本题考查汉字规范书写。作文材料中的错别字有：“肺”、“既然”中的“既”、“制烟厂”中的“厂”。

第 40 题 C

本题考查复句的类型。第一段画线句子中的关联词是“不但……还……”，复句类型是递进。

第 41 题 B

本题考查问句的分类。该学生在发出疑问后给出了自己的答案，属于无疑而问、自问自答，这种属于设问句。

第 42—46 题 DBCFE

本组题考查语言学习策略。

第 42 题：猜测词义属于补偿策略的一种方式；

第 43 题：深呼吸以放松自己、克服害怕情绪，属于情感策略；

第 44 题：向讲话者提出请求，属于社交策略；

第 45 题：自己制定详细的语言学习计划，属于元认知策略中的计划策略。元认知策略指个体为实现最佳的认知效果而对自己的认知活动所进行的调节和控制，用于评价、管理、监控认知策略的使用，例如指导注意力、自我管理、自我监控等；

第 46 题：把单词根据一定标准分类整理的做法属于组织策略中的归类策略，是认知策略中的一种。

第 47—50 题 ADCD

本组题考查互动假说。“互动假说”的提出来自于 Michael Long 对“外国式语言”的质疑论证，是在克拉申输入假说基础上提出的，并被广泛认为是对输入假说的拓展和延伸。其哲学基础是互动主义认识论，本质是语言互动的心理认知，核心是语言能力较强的说话人所做的语言互动结构调整，即意义协商基础上的形式协商。意义协商是形式协商的原动力，意义的协商在二语习得中起决定性作用；形式协商是意义协商的衍生体。故第 47 题选 A，第 48 题选 D，第 49 题选 C，第 50 题选 D。

第 47、48 题其余选项：“强制输出”是 Swain 的输出假说的核心，认为二语习得不仅需要可理解的输入，更需要可理解性输出。“可理解性输入”出自 Krashen 输入假说，认为学习者接触到“可理解的语言输入”，且其注意力集中于对意义的理解时才能产生习得。Chomsky 主要理论是转换生成语法和语言习得机制。

第 50 题：本题可采用排除法。互动假说的提出在 20 世纪 80 年代，而情景法在 20 世纪 20 至 30 年代产生于英国，认知法在 20 世纪 60 年代产生于美国，从时间上看，排除 A、B 两项。体验教学法侧重于对学生的情感陶冶，而互动假说强调在课堂活动的设计和开展中，教师应该有意识地通过设置信息差等模拟真实交际，促成学习者之间的意义协商和真实互动，任务教学法的主要形式与主张受到了它的影响。

第二部分　应用能力

第 51 题 A

本题考查学习者汉语水平判断。材料中给出的词语“虽然……但是……”“准备”“最”“休息”“雪”“希望”等为 HSK 二级词汇，可以判断该写作练习适用于初级阶段课堂。

第 52 题 D

本题考查写作教学的顺序。写作训练第一课时一般包括启发导入、知识学习、范文分析、总结规则、布置任务、学生写作实践六个环节。

第 53 题 C

本题考查写作教学的设计。写作任务要契合写作教学的目标。训练句子间承接关系的写作，最合适的任务是叙事类写作，因为在该类短文中，需要按照一定的逻辑顺序进行写作，如时间的推移、事件的发展等，都蕴含一定的承接关系。

第 54 题 D

本题考查写作任务的设计安排。教师布置写作任务时要明确要求写作时间与写作字数，如中级阶段一般要求学生能在 2 小时内按要求写出一篇 600 字以上的记叙文。明确写作时间和字数，有利于真正锻炼学生的写作能力，且为考查写作能力提供参考标准。

第 55—59 题 EDFGC

本组题考查偏误原因分析。

第 55 题：“爱不释手”后不可加宾语，一般说“对……爱不释手”。

第 56 题：“活灵活现”属于描述性词语，本身已具有程度性，不能再被程度副词修饰。

第 57 题:“倾囊相授”比喻把自己所有的知识都传授给别人。此处使用对象错误。

第 58 题:“夸夸其谈”常用作贬义词,形容说话浮夸不切实际。

第 59 题:“蓬荜生辉”谦辞,表示由于别人到自己家里来或张挂别人给自己题赠的字画等而使自己非常光荣。根据汉语交际中自谦的语用习惯,一般不说“自己使别人家蓬荜生辉”。

第 60 题 D

本题考查语言点练习类型。重复练习的形式有领读、重复句子、重复对话等;变化练习的形式有句型变换、合并句子等;拓展练习包括词语拓展、句子拓展等。这三类练习都是主要通过多次重复来达到操练的目的,不怎么需要理解。交际练习是语言点练习的重要部分,能帮助学生学会在真实的环境中使用该语言点。本题材料中明确给出了“情景设置”,且考查结果以“表演”的形式呈现,锻炼了学生的表达能力,属于交际练习。

第 61 题 C

本题考查对教师在特定教学活动中角色的认识。该活动由老师在课前设计好、准备好,而在活动实施中并不过多讲解知识或参与,体现了教师设计者的角色。

第 62 题 D

本题考查教学活动中的师生关系。该活动由教师做出计划、设置情景、给出词汇和语言点材料并制定活动规则,而学生则是参与的主体,因此本节课属于在教师引导下的学生参与的口语课。

第 63 题 A

本题考查对课型和适用对象的判断。首先从形式上判断,该课堂活动不包含知识讲解等内容,主要目的在于让学生通过所设置的情景进行对话练习,因此属于口语课型。从具体内容看,需要用到的词汇和语言点难度中等,适用于初级后期或中级前期水平,故选 A。

第 64 题 C

本题考查口语课教学相关内容。首先可判断出材料显示的是一节口语课的活动设计。

选项 A 正确。口语课上,当学生在进行交际性活动时,教师应避免当场纠错,避免干扰交际的顺利进行,影响说话人的积极性。

选项 B 正确。口语课的教学目的是训练学生的口头表达技能,常以功能项目为主线编排,活动设计要围绕学生生活创设情景,提高学生根据不同的功能进行交际的能力。

选项 C 错误。词汇教学也是口语课的教学内容之一,口语课中的词汇教学有利于学生扩大词汇量,同时复习相关词汇,为学生的口语输出做准备。

选项 D 正确。语法和句型不是口语课的重点教学内容,因此对于其中较难的语言现象,可以先简单说明,引导学生说出正确的句子即可,不必深究。

第 65 题 A

本题考查对一般教学模式的认识。首先根据材料可判断,本活动所对应的口语教学模式是“改良的传统模式”,在这样的教学过程中,教师只起引导作用,所以指导会过于零散,不够系统。选项 B、C 是“传统模式”的缺点,选项 D 是“任务模式”的缺点。

第 66 题 D

本题考查课堂活动组织策略。在日常教学中常出现一些学生由于性格内向等因素而较少参与课堂活动的情况。教师可以通过给每个人都安排具体任务的形式来调动学生的参与度。做法 A、B 可能会加重内向学生的焦虑感,C 项也无法调动学生的积极性。

第 67 题 B

本题考查词汇讲解方式。在阅读课上,结合语境让学生根据语素推测词义是常用的方法。“直达”的含义为“直接到达”,可以根据构成这个词的两个语素的基本意义推测出来,简单易懂;同时这样的方式也有利于学生词汇量的扩大、锻炼猜词能力,故选 B。

第 68 题 A

本题考查阅读训练方式。常用的阅读训练方式有四种:

查读:从大量文字资料中有目的地寻找特定的细节信息,这些文字资料可以是不成文章的资料,如各类时间表、号码簿、名单、菜单、地图、指示图等;也可以是成文的资料,如通知、告示、广告以及一般的通讯报道和文章等。材料题目主要考查学生对细节数字信息的搜集辨认,因此可采用查读的训练方式。

通读:从头到尾读一篇文章。通读在快速阅读中运用得最广泛,是其他快速阅读形式的基础,也是快速阅读训练的重点。

细读:要求学生逐句读懂所要求阅读的材料,细读时常用的帮助学生理解文章的方法有划重点、加旁注、做笔记等。

略读:只浏览文章的大标题、各段落的小标题、主题句等,了解文章的中心思想、各部分的内容概括和整体脉络。

第 69 题 D

本题考查阅读课的教学方法和技巧。背景知识在阅读理解中有重要作用,在阅读课上,首先根据话题适当让学生展开联想,是为了让学生建立跟话题相关的词汇语义图,构建相关图式,激活背景知识。

第 70 题 A

本题考查阅读模式。“下”指的是句子中的底层结构,如词素、词语;“上”指的是句子中的上层结构,即整句。“自下而上”的阅读模式是先看细节再看整体;“自上而下”是先看整体再看细节;“交互式”是综合了这两种模式的优点;“分析型”阅读模式不存在。先字词再句子、文章的方式属于自下而上的阅读模式。

第 71 题 A

本题考查阅读训练的目的。材料中的填空题内容均为具体数字信息,属文章细节内容,故选 A。

第 72 题 D

本题考查教学重点的选择。“对于”属于介词,表示人、事物、行为之间的对待关系,在句中位置较灵活,用法易混淆的近义词有“对”“关于”,因此“对于”需要重点讲解。

第 73 题 B

本题考查对教案重点的判断。教学目标的实现、教学难点的讲解以及课堂活动的呈现都要依靠教学环节的实施,常规的教学环节包括复习、导入、教授新课、巩固练习、课堂小结、布置作业。

第 74 题 D

本题考查句式分析判断。句①属于结果补语,选项中 D 句也为结果补语。

第 75 题 B

本题考查复句类型判断。句②属于让步假设复句,其中的关联词为“再……,也……”,偏句先让一步,把假设当作事实承认下来,正句则说出不因假设实现而改变的结论。

第 76 题 C

本题考查“关于”和“对于”的辨析。

①表示关联、涉及的事物，用“关于”。如：关于这个事情，你直接和刘主任联系。

表示指出对象，用“对于”。如：对于这个问题，我们一定会重视起来。

②“关于”作状语只能用在主语前，“对于”作状语用在主语前后均可。

③“关于……”可以单独作文章标题，“对于……”要加上名词才行。如：

关于提高教学质量。

对于提高教学质量的几点建议。

第 77 题 A

本题考查学习风格及对应教学方法。学习者的学习风格是指学生在学习汉语的过程中会采用的学习方式以及会体现出的学习特征。视觉型的学习者往往需要借助视觉信息的辅助才能有效学习，故选 A。B、D 项做法适合听觉型学习者，C 项适合动觉型学习者。

第 78 题 D

本题考查教学设计应考虑的因素。在“复习”环节(2)中，该老师的做法是“鼓励为主，不必太严格”，这是为了消除学生害怕说错的焦虑情绪，帮助学生克服开口回答问题的恐惧感。“焦虑”是一种性格特征，故选 D。

第 79 题 B

本题考查汉语听力技能训练方法。按照不同的活动方式，可以把训练技巧划分为听说、听写、听做、听辨、听想、听记等几种。

A 项听写结合：训练学生的汉字书写，有助于学生将语言的音、形、义统一起来，听写方式可以是边听边写，也可以是先听后写等。

B 项听记结合：锻炼学生的记忆能力，有助于学生将短时记忆转化为长时记忆，储存语言知识，提高学习的效率。记录的内容主要有人名、地名、时间、日期、方式、各种数字、作者的观点情节等；记录的方式可多样，关键是要方便快速记录，并且听后容易识别。

C 项听辨结合：训练学生识别差异的能力，能有效区分不同的声音和意义，常用来训练学生对汉语拼音的感知和辨别。在检查听辨结果时要用到说、看、写、做等多种训练技巧。

D 项听说结合：在“听”（输入）的基础上加强“说”（输出），训练中要注意训练学生捕捉声音、抓住重点和在理解记忆基础上自由表达的能力。

根据题干内容，可知答案选 B。

第 80 题 C

本题考查听力练习的方式。汉语课堂的听力练习大致包括感知性练习和理解性练习。感知性练习主要有听写、填空、重复、归类、替换等，理解性练习包括听句子做动作、猜词、听后判断正误或选择答案等。由此可知答案选 C。

第 81 题 B

本题考查教案的内容。虽然语言教学的教案详略不拘，风格各异，具有明显的个性化倾向，但其基本内容通常包括基本信息、课时分工、教学目标、教学重点与难点、教学过程、板书设计、教具准备、教学日志等内容。故 B 项错误。

第 82 题 D

本题考查听力课堂的教学组织与课堂管理。对于课上学生没有听懂的现象，教师要区分性质，辩证对待。如果学生没有听懂的地方具有代表性，别的学生虽然题目做对了但在这方面的理解也存在偏差，就需要在课上解决问题；如果没有代表性，则可以课外进行个别辅导。

第 83 题 A

本题考查学生的学习能力。综合判断能力包括根据语法结构推测的能力、无视生词的能力、预测新信息的能力等。本题中学生能听懂单独的词语，但不能理解成句、成段表达，说明欠缺语法结构的综合听辨能力。

第 84 题 A

本题考查汉语拼音。观察材料内容，练习主要围绕 z、c、s 和 zh、ch、sh 两组拼音，主要是为了在对比中分辨这些读音。舌尖前音“z、c、s”也叫平舌音，舌尖后音“zh、ch、sh”也叫翘舌音。送气与不送气的对比是 z 与 c、zh 与 ch 的对比辨音。舌面前音是 j、q、x，舌面后音是 g、k、h。该练习中没有涉及前后鼻音的对比分辨。

第 85 题 B

本题考查对材料的观察理解。本活动把学生易混淆的平翘舌音进行了听辨、模仿和认读练习，是为了让学生在对比中分辨读音。

第 86 题 D

本题考查对待偏误的态度与策略。语音教学中纠音是非常重要的一个环节，为了给学生打好基础，要做到严格要求，对重难点读音更要加强纠音，除了集中练习外，还须在平时的学习中进行强调，以加深学习者的印象。因此 D 项错误。

第 87 题 C

本题考查语音教学原则。语音教学需要进行大量、反复的练习，但一味的机械练习形式单一，学生易感觉枯燥，且对于部分困难读音，教师根据学生的错误原因，从发音部位、发音方法等方面给予一定的指导，也可以达到较好的教学效果。

第 88 题 C

本题考查课堂活动设计。A 项“采访”的形式对于词汇量 80 个左右的初学者来说较难进行，且和存现句关联性不强；B、D 两项活动形式也与存现句关联性较小；C 项活动最适合，因地制宜地利用了周围环境，且有利于存现句的表达练习。

第 89 题 A

本题考查复习活动设计。B 项活动仅让学生复述听到的内容，对内容的理解情况无法给出反馈，复习效果无法保障；C、D 两项活动对于词汇量较少的初学者来说难度较大；A 项“你说我画”适用于名词、动词等具有实际意义、易用图画展示的词汇，这部分基础词汇是零基础学生较早学习的，通过听他人的“说”来进行“画”，能在词汇的“音”与“义”之间建立联结，因此该方法有利于低年级学生进行词汇复习。

第 90 题 B

本题考查课堂活动设计。在心理方面，10—15 岁的学习者具有注意力不易集中、自律性相对薄弱的特征。所以教师在设计、组织教学活动时应注意教学内容的实用性及生动性，吸引学生多参与课堂活动。因此，采用游戏的方式既能保持学生注意力不被分散，又能练习所学内容。A 项和 D 项的做法是在教室教学中吸引注意力的方法，但考虑到何老师是在学生活动中心进行授课，这样的方式会影响到其他人，故不合适。而 C 项的做法不易实现。故选 B 项。

第 91 题 B

本题考查教师职业发展的相关内容。A 项虚拟关注阶段一般是职前接受教师教育阶段，该阶段专业发展的身份大多仍是学生，至多只是“准教师”。这个阶段通过对教育理论及教师技能的学习，对自我专业发展有了反思的萌芽，为正式成为老师打下基础。B 项任务关注阶段是教师专业结构逐渐稳定、持续发展的时期。该阶段教师由关注自我的生存转移到更多关注教学，由关注“我能行吗”转到关注“我怎么才能行”上来。C 项生存关注阶段是教师专业发展的关键阶段，面临着从“学生”向“老师”身份的转变，也是“教育理论”到“教学实践”的磨合期。新任教师一般处于该阶段。D 项自我更新关注阶段的教师其专业发展的动力已经转移到专业自身，教师进行有意识的自我规划，谋求最大限度的自我发展。根据材料，何老师在网上搜索相关教学视频，说明她已处于“我怎么才能行”的任务关注阶段。

第 92 题 B

本题考查教学方法。“交际法”以语言功能和意念为纲，培养在特定的社会语境中运用语言进行交际的能力。交际法强调以学生为中心，在教学中尽量创造真实的情景，以小组活动的形式培养语言交际能力，把课堂活动和课外生活结合起来。在进行课堂活动时首先设定了具体真实的情景、包含的互动、提问环节都可以看出该课更注重语言功能方面的教学。因此答案选 B 项。

第 93 题 C

本题考查会话合作原则。“合作原则”由格莱斯提出，他认为会话能顺利地进行需要双方互相配合，遵循一些基本规则，包括：

质的准则：所说的话要真实。

量的准则：所说的话要包含交谈目的所需要的信息。

关系准则：所说的话必须是有关的、切题的。

方式准则：所说的话要清楚、有条理、简练，避免晦涩。

“答非所问”违反了关系准则。

第 94 题 A

本题考查课堂活动的组织。在课堂活动中，教师需要对活动进程进行把控，控制整体的进度，同时要给学生自由的发挥空间以达到实际的语言练习目的，情感态度、话语技巧与语言要素的选择上都由学生自行控制。

第 95 题 A

本题考查中国古代音乐知识。宫、商、角、徵、羽是中国古乐基本音，“宫”音为五音之主、五音之君，统帅众音。

第 96 题 B

本题考查古代传统乐器知识。“一钟双音”指的是编钟具有的“正鼓音”和“侧鼓音”。

第 97 题 B

本题考查古诗词积累。A 项选自唐代诗人李贺《李凭箜篌引》。B 项选自李白《春夜洛城闻笛》，诗的前两句“谁家玉笛暗飞声，散入春风满洛城。”描写的是笛声。C 项选自白居易《琵琶行》。D 项选自李白的《听蜀僧濬弹琴》。

第 98 题 D

本题考查古代音乐的作用。周朝建立以后，相传周公“制礼作乐”，“礼”“乐”并列为维护奴隶主统治秩序的两大支柱。即在这个时期，音乐的功能从原始社会的巫术祭祀转向主要为统治阶级服务。

第 99 题 A

本题考查古代著作与作者。《乐律全书》作者为朱载堉，是明代律学家，有“律圣”之称。

第 100 题 B

本题考查曾侯乙编钟相关内容。曾侯乙编钟自出土后至今演奏过三次：第一次是 1978 年出土后文物工作者及音乐家对其进行测音并演奏；第二次是 1979 年为庆祝新中国成立 30 周年而奏响；第三次是 1997 年庆祝香港回归。

说明：第三部分“综合素质”考查考生的个人态度倾向，没有统一的标准答案。

《国际中文教师证书》考试(通用版)必刷试卷二

第一部分　基础知识

第 1 题 C

本题考查现代汉语中/i/的音位变体。/i/的主要音位变体有:①[i],作韵腹时出现;②[ɪ],作韵尾时出现;③[j],作韵头(零声母)时出现。本诗中含有[i]的是“依、尽、里、一”;含有[ɪ]的是“白、海”;含有[j]的是“流、穷、千”。注意“日”字的韵母是舌尖后元音[ʅ],/ʅ/和/i/是两个不同的元音音位。

第 2 题 C

本题考查修辞格。后两句诗结构一致、意思相对,运用了对偶的修辞手法;第三句里的“千里目”运用了夸张的修辞手法。

第 3 题 D

本题考查“一”的变调。“一”的变调规律是:

①单念、在词句末尾及序数词中,声调不变。

②在去声前,变为 35 调,如:一样、一个。

③在非去声前,变为 51 调,如:一般、一年。

④嵌在相同的动词中间,读轻声,如:看一看、想一想。

“一层楼”中“一”的实际读音为 yì。(但要注意现代汉语中有时用“一层”表示建筑的“第一层”,这时的“一”实际上是序数词的用法,仍念做“yī”)

第 4 题 D

本题考查造字法。选项中各字的造字法为:

白,象形。甲骨文字形像日光上下射之形,太阳之明为白。

流,会意。从水、从㐬。

千,形声。从十,人声。

目,象形。人眼。

里,会意。居也。从田从土。

层,形声。层,重屋也。从尸,曾声。

第 5 题 B

本题考查汉语音节结构。各字的音节结构为:

汉字	声母	韵母		
		韵头	韵腹	韵尾
黄	h	u	a	ng
白	b		a	i
流	l	i	o	u

续表

汉字	声母	韵母		
		韵头	韵腹	韵尾
山	sh		a	n
层	c		e	ng

第 6 题 A

本题考查国际音标。“黄河”的国际音标为[xuaŋ][xɤ]。

第 7 题 B

本题考查汉字的演变。汉字形体的演变顺序是:甲骨文—金文—小篆—隶书—楷书。“生”的甲骨文形体为  ,金文为  ,小篆形体  ,隶书  ,楷书

第 8—13 题 BDGFAE

本组题考查句型句式辨别。

第 8 题:名词“圣诞节”作句子的谓语,是名词谓语句。

第 9 题:“圣诞节有一个派对”这一主谓结构作整个句子的谓语,是主谓谓语句。

第 10 题:祈使句,表示建议、要求。

第 11 题:由名词或名词性短语单独构成的句子,是名词性非主谓句。

第 12 题:“一起走”作谓语,“咱们”是主语,整句是一般的动词谓语句。

第 13 题:由动词加语调构成,是动词性非主谓句。

第 14 题 D

本题考查数量短语的语义特征和用法。例句中的“一步一步”是“一 A 一 A”式数量短语作状语,表“按次序地进行”,其中“步”为名量词。A、B 两项中的“遍”“下”为动量词,表示动作的重复。C 项中的“一场一场”为数量短语作定语,表示“数量多”。D 项“两个两个”作句子的状语,表示“考生们按次序进入”,且“个”为名量词,其构成、语法功能及意义都与例句一致,故选 D。

第 15 题 C

本题考查课堂练习的设计。课堂上的操练一般遵循由简到难、由机械练习到有意义练习再到交际活动练习的原则。练习①的特征是给出句子的一半,限定了一定的情景,属于半机械练习;练习②根据给出的例句,要求根据提示替换句子的关键词,难度较小,属机械练习,应该在语法讲解后首先进行;练习③属于交际性练习,不限定话题、条件,难度最大,可放在最后进行。

第 16 题 B

本题考查对字形和造字法的理解运用。

A 项“黄”,《说文解字》曰:“地之色也。从田从炗,炗亦声。炗,古文光。”就是说“黄,是土地的颜色,从田从炗。‘炗’是古文写法的‘光’”。虽然“土地的颜色”能够简要地解释出“黄”的意义,但从其字形不能猜出含义。

B 项“多”,会意字。《说文解字》曰:“多,重也。从重夕。夕者,相绎也,故为多。”王国维说:“多从二肉,会意。”现在从其字形还可以推测出其“数量大”的本义。

C 项“科”,从禾,表示与稻谷相关;从斗,表示衡量区分。从禾从斗,合起来指衡量、分别谷子的等级品类,为会意字,但从现在的字形中已不能推测出其本意,所以也不适合从字形进行释义。

D 项“欣”,从欠、斤声,为形声字。

第 17 题 C

本题考查偏误分析。题干作文中一处明显的语法偏误是“所以我要见面她们”,其中“见面”是离合词,应改为“见她们一面”。

第 18 题 B

本题考查偏误分析。材料中的句子为“那是个真热闹的地方”,应为“那是个热闹的地方”,其中“真”为副词。错误在于“真 + 形容词”不能作定语,“真”的作用是加强语气,“真 + 形容词”带有说话人主观情感,而非客观事实,“真 + 形容词”可以作为表述性成分(谓语、补语),不能做修饰成分(定语、状语)。

第 19 题 C

本题考查汉字的书写。材料中一共 4 个错别字:“拥齐”(拥挤)、“很俄”(很饿)、“牛饭”(午饭)、“担是”(但是)。

第 20 题 C

本题考查汉语拼音的规范书写。普通话拼写首先要以“词”为基本单位,副词与后面的词语要分写,“真热闹”这一短语要写作 zhēn rènao;“香港”是专用名词,开头字母要大写,应为 Xiānggǎng。

第 21 题 A

本题考查句式判断。“给我你的微信号码”为双宾句,其中“我”为间接宾语/近宾语,“微信号码”为直接宾语/远宾语。

第 22 题 A

本题考查关联词语义关系。句②中的关联词组为“不仅……还……”,表示递进关系。

第 23 题 C

本题考查对教学主要内容的分析与拓展的把控。材料中没有涉及“交通工具”和“名胜古迹”,排除 A、B 两项;材料中虽提到“假期旅游”,但全篇主要围绕的话题如拍照、旅游等都可归类为“爱好”,且最后点题“大家都有自己的爱好”,因此本课围绕“业余爱好”这个话题展开拓展更合适。

第 24 题 B

本题考查外来词的分类。“外来词”也叫借词,指的是从外族语言里借来的词。根据吸收方式和构造,大致可分为四类:

①音译。照着外语词的声音用汉语同音字对译过来的,如休克、苏打、逻辑。

②音意兼译。把一个外语词分成前后两部分,音译一部分,意译一部分。如浪漫主义、马克思主义、冰激凌。

③音译加汉语语素。去掉音译词中的一个音节,在其前面加注汉语语素。如“的士(taxi)”去掉“士”,在前面分别加注汉语语素“面”“货”,构成“面的”“货的”。还有一种情况是将外来词音译后,加一个表示义类的汉语语素,例如“卡车”的“卡”是 car 的音译,之后再加上汉语语素“车”。

④借形。如 CD、WHO、T 恤衫等。

题干中的“博客”属音译词。选项中 B 组都为音译词;A 项“华尔兹”“卢布”是音译词,“火车”是音译加汉语语素;C 项“沙丁鱼”是音译加汉语语素,“芭蕾”和“休克”是音译词;D 项“新西兰”“电梯”是音意兼译词,“的士”属音译词。

第 25 题 D

本题考查成语和谚语的积累、理解。“萝卜青菜,各有所爱”表示每个人有各自的喜好。D 项“乐山乐水”意思是有人喜爱山,有人喜爱水,比喻各人的爱好不同,故选 D。A 项“叶公好龙”比喻说是爱好某事物,其实并不真爱好。B 项“各执一词”意思是各人坚持各人的说法,不肯相让。C 项“爱屋及乌”比喻爱一个人而连带地关心到跟他有关系的人或物。

第 26 题 C

本题考查主谓谓语句类型。

周遍性主谓谓语句:大主语是疑问代词的任指活用,或是表示周遍性意义的词语,大主语和小主语可以换位而意义不变。如:什么他都不吃(他什么都不吃)。

关涉性主谓谓语句:大主语是大谓语关涉的某一方面的对象。如:这个问题我们有不同的看法。

领属性主谓谓语句:大主语和小主语之间有领属关系。如:老詹身体非常棒。

受事性主谓谓语句:大主语是小谓语中某个动词的受事。如:这件事大家都赞同。

第 27 题 A

本题考查“就”的意义和用法。句②中的“就”表示在某种条件或情况下自然怎么样,与 A 项的“就”意义和用法相同。B 项的“就”表示在很短的时间以内。C 项的“就”表示一边儿是菜蔬、果品等,一边儿是主食或酒,两者搭着吃或喝。D 项的“就”意为仅仅,只。

第 28 题 B

本题考查“的”的意义和用法。“我应该提前想到的”中的“的”为语气词,附于句尾,起加重语气的作用。“普通的”为“的”字短语,其中的“的”为结构助词。

第 29 题 D

本题考查补语类型分辨。句⑤询问的是“包有无可能放下外套”,如果进行否定回答,应为“包放不下”,可判断该句为可能补语。

第 30 题 B

本题考查借代的修辞格。“龙井”本来是杭州一种著名茶叶的产地,后来直接用于指称这种茶叶。

第 31 题 D

本题考查话轮的判断。衡量话轮的标准:①说话者是否连续,即在一个语法语义完成序列的末尾有无沉默。如有沉默,那么说话者的话就不止一个话轮。②是否发生了说话者和听话者的角色互换。如果发生,就标志着一个话轮的结束和下一个话轮的开始。由此判断,这篇对话共有 12 个话轮。

第 32 题 C

本题考查语言点练习方式。题目中教师让学生商量周末计划,目的在于将课文中所学内容进行具体表达运用,属于交际性练习。

第 33 题 D

本题考查语义判断。“好辣”中的“好”是动词词性,读为“hào”,表“喜爱”。A、B、C 项中的“好”读音均为“hǎo”,其中“好半天”中的“好”是副词,表示“多/久”;“好看”和“好写”中的“好”用在动词前,表示事物使人满意的性质所在的方面。D 项的“好”词性、词义和读音都和“好辣”中的一致。

第 34 题 B

本题考查词义判断。“以刀工闻名”的“以”表“因为”义,和 B 项“以人废言”中的“以”一致。“一以贯之"的"以"表示"依，按照"；"以儆效尤"的"以"为连词，表目的；D 项的"以"用在单纯的方位词前，组成合成的方位词或方位结构，表示时间、方位、数量的界限。

第 35 题 C

本题考查拼音音节。选项中各字的韵母结构为：

	介音（韵头）	韵腹	韵尾
闻 wén	u	e	n
名 míng		i	ng
淮 huái	u	a	i
扬 yáng	i	a	ng
湖 hú		u	
南 nán		a	n
起 qǐ		i	
源 yuán	ü	a	n

第 36 题 B

本题考查形近字的区分。A 项错误，应为"若即（jí）若离"，表"靠近"义；C 项错误，应为"既（jì）往不咎"，"既"表"已经"；D 项错误，应为"招之即（jí）来"，表"就"。

第 37 题 C

本题考查中国文化常识。传统的"八大菜系"包括鲁、川、粤、闽、苏（主要指淮扬菜）、浙、徽、湘。

第 38 题 B

本题考查教学内容设计。B 项对"于"和"於"进行对比探源，教学内容涉及古代汉语，不适合加入该阶段的教学中，会增加学生的学习负担。

第 39 题 C

本题考查汉字造字法及汉字部首。选项中的"蛇"为形声字，其他各汉字均为象形字，其中"牛""马""鼠"和"虎"在现代汉语中可做部首，如牤、牧；骏、骋；鼣、鼩；彪、虢等。故选 C。

第 40 题 A

本题考查声母的发音方法。根据形成阻碍和解除阻碍的方式不同可以把普通话声母分为塞音、擦音、塞擦音、鼻音、边音五类。A 项两字的声母分别为 j、zh，均为塞擦音，成阻方法一致，发音时气流先把阻塞部位冲开一条窄缝，然后从其间的窄缝挤出，摩擦成声。B 项两字的声母分别为 n（鼻音）、l（边音）；C 项的声母分别为 h（擦音）、g（塞音）；D 项的声母分别为 sh（擦音）、zh（塞擦音）。

第 41 题 C

本题考查语音中的音变现象。"属相"中的音变现象为轻声，其拼音为 shǔxiang。C 项"客气"的读音为 kèqi，也为轻声。A 项中的音变现象为儿化；B 项的音变现象为"不"的音变，实际读音为 búyào；D 项的语音没有音变现象。

第 42 题 D

本题考查古代汉语知识。"属相"中的"属"读音为 shǔ。A 项中的读作"zhǔ"，通"嘱"；B 项中的读作"zhǔ"，表"连接"；C 项中的读作"zhǔ"，表"跟随"；D 项中的读作"shǔ"，表"归属、隶属"。

第43题 B

本题考查课堂活动的组织与实施。材料案例中的“第四环节”属于课堂活动中的“巩固新内容”部分，根据《〈国际汉语教师证书〉考试大纲解析》，该环节在课堂中占时15%—20%为宜，因此选B。

第44题 D

本题考查作业设计。课文材料的主题为“认识十二生肖”，主要学习内容为十二生肖名称及“你属什么？”“我属……”的日常用语，D项与本课主题最贴近，能使用到所学内容，且具有交际性特征。

第45题 B

本题考查教学设计。A项，教学活动要尽量保持相对公平性，但如果每项活动都让全部学生参加，课堂进度可能受到影响，应适当做出调整。C项，课堂活动要为教学服务，并不是多多益善，不能为了活动而活动。D项，重复的课堂活动可能会使学生产生倦怠感。B项正确，用示范的方法展示活动规则，有利于学生理解。

第46题 A

本题考查对比分析假说相关内容。拉多在二十世纪五十年代提出第二语言习得的对比分析假说并建立起对比分析理论系统，《跨文化语言学》为其理论著作。

第47题 B

本题考查对比分析假说的理论基础。对比分析假说是行为主义鼎盛时期提出的假说，心理学理论基础是行为主义心理学，语言学理论基础是结构主义语言学。

第48题 C

本题考查对比分析的步骤：

描写：对目的语和学习者母语进行详细具体的描写，作为对比的基础。

选择：选择进行对比的语言项目或结构。

对比：对选择好的语言项目或结构进行对比，找出相同和不同。

预测：在对比的基础上，预测目的语学习者可能出现的困难和发生的错误。

第49题 B

本题考查对比分析的应用。母语知识对第二语言的习得过程可能产生干扰，即负迁移。这种干扰主要有两种：①阻碍性干扰，即目的语中需要学习而母语中没有的内容，如汉字；②介入性干扰，指母语中存在而目的语中没有的项目，但在学习过程中仍要顽强地介入。汉语和英语中都遵循“主谓宾”结构，因此这类简单句型不需要运用对比分析。

第50题 D

本题考查第二语言教学法相关内容。听说法的语言学基础是结构主义语言学，且其教学特点之一是：对比母语与目的语以及目的语内部的语言结构，找出学习者的难点以确定教学重点。

第二部分　应用能力

第51题 D

本题考查第二语言教学法。在本节课中，老师在学习生词和练习环节大量使用了动作表演，协调了身体动作，符合全身反应法所倡导的把语言和行为联系在一起的教学方法。视听法强调视觉感知和听觉感知相结合；听说法的特点之一是利用现代化的教学技术手段；交际法则主张交际既是学习的目的也是学习的手段。

第 52 题 B

本题考查教学对象的判断。本课教授主题是“动物”简单名词，属于初级阶段早期就会接触到的，且教学形式活泼，教学内容仅限于词汇和单一问答，因此判断该教学方法适合零基础阶段的汉语词汇学习部分。

第 53 题 D

本题考查第二语言教学法流派。教学法流派是指在一定的理论指导下，在教学实践中逐渐形成的包括其理论基础、教学目标、教学原则、教学形式、教学方法和技巧、教学手段等方面的教学法体系。根据体现的主要语言教学特征，教学法可以分为四大派：①强调自觉掌握的认知派（如自觉对比法、认知法）；②强调习惯养成的经验派（如听说法、视听法）；③强调情感因素的人本派（如默教法）；④强调交际运用的功能派（如交际法）。全身反应法属于人本派。

第 54 题 B

本题考查第二语言教学法的特点。A 项先给出了语言结构，然后进行有意义练习的形式属于认知法。B 项在教学中运用到动作，协调了上肢，属于全身反应法。C 项用其他语言直译的方式讲解句子，属于语法翻译法。D 项要求学生根据例句和图片模仿造句，属于句型替换练习，这样通过模仿和重复来掌握语言结构的方法是听说法所提倡的。

第 55 题 C

本题考查第二语言教学法流派。和全身反应法同属人本派的是默教法。

<table>
<tr><td rowspan="3">第二语言教学法流派</td><td>认知派</td><td>经验派</td><td colspan="2">人本派</td><td>功能派</td></tr>
<tr><td>语法翻译法
自觉对比法
认知法</td><td>直接法
阅读法
情景法
听说法
视听法</td><td colspan="2">团体语言学习法
默教法
全身反应法
暗示法</td><td>交际法</td></tr>
<tr><td colspan="2">（自觉实践法）</td><td colspan="3">自然法</td></tr>
<tr><td>语言学理论基础</td><td>转换生成语法</td><td colspan="2">结构主义语言学</td><td colspan="2">功能主义语言学</td></tr>
<tr><td>心理学理论基础</td><td>认知心理学</td><td>联结—行为
主义心理学</td><td colspan="3">人本主义心理学</td></tr>
</table>

第 56 题 C

本题考查对教学内容的选择。根据材料可知，魏老师的教学对象为零基础学生，兴趣、职业、家人等相关内容在汉语学习初级阶段出现的较早，且易于表达；“谈信仰”过于复杂，且这个话题可能涉及“宗教信仰”，考虑到印尼是个多宗教国家，这类话题不宜在课堂上讨论。

第 57 题 A

本题考查教学安排相关内容。根据材料可知，教学对象是零基础的学生，因此学习初期教学目标不宜设定过高，故 A 说法正确。B 项，测试频率过高易引发学生逆反心理，且即使是专业班级，零基础教学阶段可供测试的内容也较少。C 项，两种班级学生的学习目的、学习动机不同，且课时量也不同，因此不能设定同样的教学内容。D 项，语言教学要遵照课程大纲及教学计划合理推进，不能过度教学，揠苗助长。

第 58 题 B

本题考查教学设计流程。在制订有效的教学计划时，应首先了解教学需求，因此要对教学对象进行分析，包括教学对象的学习动机、现有程度等。其次要制订教学目标，做好课程计划。接着是每堂课具体的教案设计。最后还需要诊断测试环节来检测学习效果。

第 59 题 B

本题考查重点语言点分析与教学设计能力。“一……就……”格式中，前后小句主语可以相同，也可以不同。画线句子中前后两个动作的发出者不同，分别是“你”和“我”。由此特点，对比各选项，故选 B。

第 60 题 B

本题考查操练方式的选择。A、C、D 三项的呈现形式都是学生个人独白，可以锻炼学生的成段表达能力。B 项主要锻炼学生综合汉语水平及交际能力，且“自编对话”难度较大，一般在中高阶段进行。

第 61 题 D

本题考查汉字教学方法。汉字教学应遵循从笔画、笔顺、部件到整字的顺序。A 项反复书写可能会造成学生的兴趣减退；B 项介绍“旅”字古义在初级阶段可能加重学生负担，造成理解混乱；C 项拆分字的笔画笔顺不利于学生对汉字整体结构的把握；D 项方法最恰当，能帮助学生记忆汉字结构和书写规则。

第 62 题 C

本题考查提问方式的区分。题干中教师提出的问题，都可以直接从课文中找到答案，而 C 项问题不能够从课文直接找到对应答案，需要学生进行一定的推测。

第 63 题 D

本题考查对口语表达练习类型的判断。“以第三人称口述课文”属于复述。论述是理论性描述，对某一问题进行单一的或归纳性的阐述并提出解决方案；转述指转达别人说的话给第三方；评述指评论、叙述，表达对某一事物的观点；复述指以言语重复刚识记的材料，以巩固记忆的过程。

第 64 题 C

本题考查对课文重点语言点的判断。该段课文中出现了“非常”“比较”“更”“最”“很”等程度副词，因此可判断这项内容为教学重点。

第 65 题 A

本题考查词汇教学过程。词汇的教学要涉及音、形、义基本内容及其使用。根据一般学习规律，要先介绍词语的基本情况，因此步骤②要首先进行；接下来拓展词的搭配和用法，进行步骤③；最后设置语境，操练该词的具体使用。

第 66 题 B

本题考查教学活动设计。案例中教学活动的目的是引导学生理解同一语言形式“少”的不同真实含义，分辨不同的语用功能，因此需要通过具体场景，让其中蕴含的不同语用功能更明确。故选 B。

第 67 题 A

本题考查语用含义理解。第①组例句含有“劝说、劝诫”的提醒功能，其含义是“希望对方少做某事”，语气舒缓，故选 A。

第 68 题 B

本题考查语用功能分辨。第②组例句的真实含义是“不要/禁止做某事”，语气强硬，具有警告的功能。

第 69 题 D

本题考查教学设计相关内容。语用功能的体现主要依靠语境和情景，因此可以结合语境来体现同一表达式在不同情况下的具体的语用含义和语用功能。

第 70 题 D

本题考查教学设计相关内容。视频能够呈现较完整的交际情景和上下语境，且教师可根据需要选取含有对应表达式的视频内容，针对性更强，故选 D。

第 71 题 A

本题考查课堂活动设计。案例中的活动“角色扮演”的主要呈现形式是口头表达，因此最适合口语课。

第 72 题 C

本题考查“把”字句相关内容。从表达的意义区分，“把”字句可分为三类：

①表示某事物因动作而发生位移：她把书放在桌子上。

②表示某事物因动作而发生某种变化、产生某种结果：他把衣服洗完了。

③表示不如意的情况：弟弟把钢笔弄坏了。

根据前三个例句“把灯笼挂到墙上”“把春联贴在门上”“把零食摆到桌子上”可以判断这组练习的是“使事物发生位移”的“把”字句，且谓语动词后的补语成分表示的是位移的“终点”。从结构上来说，C 项最合适。

第 73 题 C

本题考查课堂练习相关内容。C 项练习的结果是“被”字句，故选 C。

第 74 题 A

本题考查“把”字句的语法特点。“泛化”是把学习到的语言规则不恰当地扩大了适用范围。“把”字句中的动词必须是及物动词，且能使宾语产生位置移动、状态改变等，A 项中的动词“振作”不符合这项要求，只是套用了句法形式，属于“把”字句的泛化偏误。

第 75 题 B

本题考查教师对课堂活动的把控。在学生表演过程中随时打断并纠错，可能打击学生的自信心，并不利于活动的推进，故选 B。

第 76 题 D

本题考查教材语料选取相关内容。教学材料的选用要遵循科学性、针对性、实用性、趣味性和系统性。“弄璋之喜”指代家中生了儿子，“百岁宴”也并不真的是“一百岁”，只是指代“出生一百天”，这两个词都是略带文言、语体正式性较强的表达，在汉语母语的日常交际中使用频率不高，且意义不直接，不是一般学习者进行日常交际活动所必需的，实用性较低。

第 77 题 A

本题考查试题测试目的的判断。这段听力材料主要从语气判断两人关系。

第 78 题 D

本题考查语言测试的设计。一套语言测试中的试题应按照由易到难的顺序呈现，因此第③道题在难度上应比前两题难，由此排除难度过小的选项 A、B。选项 C 难度最大，但这道题目需要学生在听力时记下材料中全部的航班信息，还需要进行计算，对于适用该练习题的学习者来说难度过大，因此也不适合作为该题目的练习，故选 D。

第 79 题 B

本题考查听力能力锻炼的策略。学生只能听懂本班教师的话，是因为平时的言语输入来源单一，可以通过对学生输入不同说话人语言材料的方式来锻炼学生听的能力，即多接触不同的语言输入素材。

第 80 题 B

本题考查听力课教学相关内容。听力课的教学应以听为主,A 项“重复学生的错音错调”会使学生混淆正确和错误的读音;C 项完全不理会的做法也不利于学生听力过程的理解;D 项的做法过于偏重纠音,且这样揪着每个错误不放的做法可能会引起学生的抵触心理。B 项最为合适。

第 81 题 C

本题考查对教师角色的理解。在该活动中,教师的主要作用是给学生提供想象的思路,引导学生主动发现、总结规律,主动进行语言实践,属于引导者角色。

第 82 题 C

本题考查汉字知识与教学方法。材料中采取的释义方法是“俗字源”法,不是为了解释汉字的本源,而是利用通俗易懂的方式对汉字字形进行联想介绍,帮助学生记忆汉字、纠正易发生的错误。“灭”可以解释成“在火上用很大的东西一盖,火就灭了”;“刃”可以说成“刀最前边的一小部分,就是锋利的部分”;“泪”可以用“眼睛里流出来的水就是泪”来释义。而“楼”作为形声字,不太适合用这种方法解释。

第 83 题 D

本题考查课堂活动的设计原则。控制课堂活动的时间、程序,是为了确保活动方案切实可行,活动能有效开展,体现了课堂活动设计的可操作性原则。

第 84 题 B

本题考查课堂管理方法。教师和学生之间距离的改变会引起学生的注意并带来一定的压力,对于注意力不集中或交头接耳的学生,教师走到学生身边,缩短与其之间的距离,提醒学生重新把注意力转移回课堂。这样的方式既不打断课堂进度,也不会影响其他学生,且照顾到了学生的自尊心。

第 85 题 A

本题考查教学评估的类型。教学评估可分为:

形成性评估:又叫过程评估,是在教学活动进行中,对学生的学习情况如语言知识的掌握、语言知识的运用等进行监控与评价,通过评价及时了解阶段教学的结果和学生学习进展、存在问题等,以便及时反馈,调整教学,保证教学目标的实现。

安置性评估:又叫分级测试,主要形式是分班考试,指在学习者入学时进行的,用来考查其当时的实际水平,以便安排学生进入不同层次学习班的测试。

诊断性评估:是在教学活动开始前,对学生的学习准备程度做出鉴定,以便采取相应措施使教学计划顺利、有效实施而进行的测定性评价,一般在课程、学期、学年开始或教学过程中有需要的时候开展。

终结性评估:又叫总结性评估、事后评估,一般是在教学活动告一段落后,以预先设定的教学目标为基准,对学生达成目标的程度即教学效果作出评价。

该随堂测验发生在教学活动中,目的在于了解学生对知识的掌握情况,因此属于形成性评估。

第 86 题 D

本题考查汉字教学原则。在进行汉字教学时,要根据学习对象选择有针对性的教学方法,如对于日韩等处于汉字文化圈的学习者来说,在日常生活中就能接触到不少汉字,因此这类学生建立汉字的结构观要快于非汉字文化圈的学生。

第 87 题 C

本题考查试卷的设计。试卷的排序应尽可能把知识类型相同或相近、试题形式相同或相近的排在一起，遵循由易到难的认知规律，让学生发挥出真实水平。材料中的五种题型，“词语搭配”难度最低，与之形式类似，难度较高的是“组词成句”；从“词语”类题目过渡到“篇章”类，“完形填空”题型属于信息输入类，“翻译句子”的考查涉及语言输出能力，难度高于“完形填空”；“看图作文”整体难度最高，应放在试题最后。

第 88 题 C

本题考查测试的类型。

学能测试又称潜能测试、预测性测试，是用来预测学习者是否具有学习某种语言的潜力和天赋的一种测试。

水平测试又叫能力测试，目的在于测量学习者现有的整体的语言实际运用能力，以评定其是否达到胜任某项任务的要求，如我国的汉语水平考试(HSK)、美国的托福考试、英国的剑桥英语水平考试等。

成绩测试又叫课程测试，是一门课程或课型的测试，目的在于检查学习者在某一课程中的学习进展情况，其特点是学了什么考什么，测试内容限制在教学大纲之内。单元测试、期中期末考试，都属于成绩测试。

分级测试又称分班测试或安置测试，指在学习者入学时进行的，用来考查当时的实际水平，以便安排他们进入不同层次学习班的测试。

根据材料可知，本次测试为单元测试，测试结果以分数呈现，因此属于成绩测试。

第 89 题 D

本题考查成绩统计相关内容。A 项“众数”是一组数中出现次数最多的那个数值；B 项“平均数”是用所有数据相加所得的和除以个数所得的商；C 项“中位数”又称“中数”，是指把一组数值从低到高或从高到低排列后，处在中间位置的那个数；D 项“全距”也叫“极差”，是一组数据中最大值和最小值的差距。

本题中②班的成绩无法找出众数，无从比较；两个班成绩的中位数和平均数都相同，均比较不出差异；①班成绩的全距为 22，②班的为 33，故选 D。

第 90 题 C

本题考查语用功能相关内容。感情情况的问题涉及个人隐私，对话人的目的在于转移话题。

第 91 题 C

本题考查古诗与文化积累。文中提到的是西湖。A 句出自唐代诗人李白的《登金陵凤凰台》，描写的是长江的景色；B 句出自王勃《滕王阁序》，描写江西赣江；C 句出自白居易《春题湖上》，描写的是春天西湖的景色；D 句中的“河”指黄河，出自张养浩的《山坡羊・潼关怀古》。

第 92 题 B

本题考查口语练习话题的选择。课文内容以“游西湖”展开，因此描述旅游经历较适合做本篇的扩展练习。

第 93 题 D

本题考查文化教学设计。拓展训练应起到的作用也是提高学生的汉语水平、锻炼汉语表达能力，结合本课课文与西湖有关的情况，故选 D。A 项主题与课文无关；B 项安排集体出游活动不易实施；C 项，根据课文内容来看，辩论的形式对这篇课文的学习者来说存在困难。

第 94 题 A

本题考查历史知识。西周时期，统治者对手工业生产已有了严格的组织与管理，丝绸生产技术比商代有所进步，设立了专门负责丝绸生产的官员。

第 95 题 B

本题考查汉服体制知识。“上衣下裳”就是上穿衣下穿裳，裳即是裙。上衣下裳是中国最早的服装形制之一,为汉服体系的第一个款式。“深衣”属于深衣制,把衣、裳连在一起,分开裁但是上下缝合,因为“被体深邃”而得名。“长衫”和“旗袍”也是上下一体。“襦裙”出现在战国时期,属于汉服的一种,上身穿的短衣叫“襦”,下身束的裙子叫“裙”,二者合称襦裙,是典型的“上衣下裳”。

第 96 题 C

本题考查古丝绸之路。汉代开辟的“陆上丝绸之路”东起西汉都城长安。

第 97 题 D

本题考查中医名家及著作。《千金要方》《千金翼方》的作者是唐代名医孙思邈,被誉为中医百科全书式的巨著。华佗的主要贡献是首创中医外科,发明麻沸散。

第 98 题 A

本题考查中国古代婚嫁习俗。大致从周代起,规定婚嫁时须行“六礼”:纳采(男方聘媒到女方家说亲并送礼)、问名(男方求问女方名字及出生年月)、纳吉(将双方生辰八字进行占卜)、纳征(男方正式下聘礼)、请期(议定嫁娶日子)、亲迎(成亲当天男子到女方家迎娶)。

第 99 题 C

本题考查干支纪年。2021 牛年为辛丑年。

第 100 题 C

本题考查民族祥瑞动物。中华民族的祥瑞动物为龙、凤、麟、龟,《礼记·礼运》说:“麟、凤、龟、龙,谓之四灵”。

说明:第三部分“综合素质”考查考生的个人态度倾向,没有统一的标准答案。

《国际中文教师证书》考试(通用版)必刷试卷三

第一部分　基础知识

第 1—4 题 ACBD

本组题考查造字法

1."车"为象形字。其甲骨文字形有盖、有轮、有车轴等车子部件形状。

2."甘"为指事字。其形体像口含物之形,"口"里一横像口中含的食物,能含在口中的食物往往是甜的、美的,属于象形字加提示符号。

3."光"为会意字。甲骨文字形像一人跽坐,首顶火炬形,《说文解字注》曰:"光,明也。从火,在人上,光明意也。"

4."河"为形声字,从水,可声。本义:黄河。

第 5 题 C

本题考查汉字字形的演变顺序。汉字形体的演变顺序为:甲骨文—金文—篆书—隶书—楷书。"光"字的金文形体为  ,篆文形体为  ,材料中这两项的顺序反了。金文主要特点是笔画丰满粗肥,外形比甲骨文方正、匀称。小篆是秦始皇统一六国后整理、推行的标准字形,字形匀称整齐,笔画圆转、简化。

第 6 题 D

本题考查词语义项。"甘"有两个义项:①甜、甜美;②做动词,表"自愿、乐意"。在各选项中,D 项中的"甘"表示"甜",A、B、C 三项均表示"乐意"。

第 7 题 A

本题考查汉字字形。图中  为"河"字的甲骨文形体。

第 8 题 D

本题考查字形结构。"甘"属于独体字。

第 9 题 B

本题考查成语结构。A、C、D 三个成语的结构都为联合(并列)结构,B 项"吉光片羽"是偏正结构,"吉光"是古代传说中的神兽,"吉光片羽"指神兽的一小块毛皮,比喻残存的珍贵的文物。

第 10 题 B

本题考查现代汉语句式。连动短语充当谓语或由连动短语直接构成的句子叫连动句。数量短语作宾语的叫作数量宾语句。有指人和指事物双层宾语的句子叫双宾句。画线句①为存现句,是"处所 + 动词 + 助词/补语 + 名词"结构的存现句,表示人或事物的存在和出现。因此答案选 B。

第 11 题 A

本题考查关联词蕴含的语义关系。句②中的关联词是"如果……就……",蕴含的是假设关系,"如果……"提出假设,"就……"表示假设实现后所产生的结果。

表示递进关系的常用关联词有"不但(不仅、不只、不光、非但)……,而且……""不但不,反而""尚且……,何况……”等。

表示条件关系的常用关联词有“只要(一旦、只需)……,就(都、便、总)……”“便”“就”“只有……,才(否则)……”“无论……,都……”等。

表示并列关系的常用关联词有“既……,又(也)……”“一方面……,(另、又)一方面……”“同时”“不是……,而是……”等。

第 12 题 B

本题考查固定结构的意义和用法。画线部分③的“越……越……”属于“越 A 越 B”格式,语义关系上 B 随 A 的变化而变化,A、B 为动词或形容词,且 A、B 的主语一致。由此可知,选项 B 与其一致。A、D 项是“越来越……”结构,C 项中“解释”和“怀疑”的主语不一致。

第 13 题 D

本题考查教学拓展话题选择。材料课文内容很多篇幅讨论的是城市面貌的改变,因此选择“城市变化”作为拓展话题较合适。

第 14 题 D

本题考查“就”的用法。句①中的“就”是副词,表示“事情发生得早或结束得早”。D 项意在强调老李参加工作之“早”,故选 D。A 项表示“在某种条件或情况下自然怎么样”;B、C 项均表示“仅仅;只”。

第 15 题 A

本题考查现代汉语词的结构类型。A 项“习惯”“锻炼”都是并列式合成词。B 项“复习”属状中关系的偏正式合成词,即“重复”修饰“学习”;“采访”是并列式合成词,“采”的义项是“搜集”,“访”的义项是“访问”。C 项“体育”是定中关系的偏正式合成词;“游泳”属于离合词。D 项“汉语”是定中关系的偏正式合成词,“运动”是并列式合成词。

第 16 题 B

本题考查“不”的音变。“不”单念或在词句末尾时,念原调 51 调;在去声前,变为 35 调,如“不怕(bú pà)”;在非去声前仍读 51 调,如“不吃(bù chī)、不想(bù xiǎng)、不同(bù tóng)”;在词中间读轻声。“不一定”中的“不”为 51 调,B 项“不习惯”也为 51 调。D 项中“不”念 35 调;A、C 两项中“不”为轻声。

第 17 题 C

本题考查“都”的意义和用法。副词“都”表示总括全部,一般总括它前面的词语。句③中的“都”表“总括全部”,语义指向其前面的“每天”。A、B 选项的句子为疑问句,其中的“都”限制其后的词,即语义指向其后边的成分“哪儿”“谁”。D 项“都”和“是”字合用,说明理由、原因,含责备意。C 项的“都”表总括,且总括成分在“都”前,故选 C。

第 18 题 A

本题考查句型句式的分辨。主谓短语充当谓语的句子叫主谓谓语句。句④中“我都喜欢”这一主谓结构做整个句子的谓语,所以为主谓谓语句。

第 19 题 A

本题考查对课文中重点语法的掌握。材料中出现的“打电话没打通”“找好了”“没听清楚”等均是结果补语,且根据课文难度,判断重点语法是结果补语。

第 20 题 A

本题考查对易混淆词的判断。可以根据排除法进行判断。该课文属于初级阶段,学生掌握的词汇量不多,不大可能学过"缓慢""或许""清晰"等书面词语。

刚才:时间词,指刚过去不久的时间,跟"现在"相对。在句中可以作状语,放在主语前或后;也可作主语。

刚:副词,表示行动或情况发生在不久以前,只能放在动词前,作状语。

第 21 题 B

本题考查离合词。离合词是现代汉语中一种特殊的词,形式上可以离析,意义上具有整体性,有学者将其定性为"介于词和短语之间"。本题材料中包含两个离合词:加班、开会。可以使用为"加个班、开两小时会"。

第 22 题 B

本题考查教学对象的汉语水平。本课文的主要语言点是结果补语,根据《国际汉语教学通用课程大纲》属于三、四级语法项目,且课文中涉及一些离合词,也主要在三、四级阶段出现,而三、四级常用词语为 600、1200 个,故本题选 B。

第 23 题 C

本题考查补语类型。"玩儿得开心"属于情态补语。选项中 A 项为可能补语;B 项为程度补语;C 项为情态补语;D 项为结果补语。

第 24 题 A

本题考查复句的语义关系。关联词"不是……就是……"表示的是未定选择类中的限选关系。

第 25 题 C

本题考查"把"字句中宾语(即"把"的介引成分)和动词的语义关系。A、B、D 三项中的宾语为动作的受事,即可以转换成"忘了这事儿""打扫房间""放钥匙在抽屉里",而 C 项的宾语为动作的施事,即"观众"是"惊讶"这一动作的发出者。故选 C。

第 26 题 B

本题考查句型辨别。材料中句③是兼语句。B 项是兼语句,"你"是"感谢"的宾语,也是"告诉"的主语,故选 B。A、C 项是连动句;D 项为主谓谓语句。

第 27 题 B

本题考查汉字的书写笔顺及笔画名称。"游"字的笔顺为:点、点、提、点、横、横折钩、撇、撇、横、横撇/横钩、竖钩、横。

第 28—32 题 CBFDA

本组题考查短语类型。

主谓短语:由有陈述关系的两部分组成,前边的被陈述部分是"主语",后边的陈述部分是"谓语",如"工作繁忙",后边的"繁忙"陈述说明主语"工作"。

偏正短语:由有修饰关系的两部分组成,修饰语在前,中心语在后,有定中短语和状中短语两种。"野生动物""热烈欢迎"是定中短语,"独立思考"是状中短语。

兼语短语:由前一动语的宾语兼作后一谓语的主语。如"请君入瓮"。

连谓短语:多项谓词性词语连用,且之间没有语音停顿。如"上街买菜"。

中补短语:由有补充关系的两部分构成,前边被补充的是中心语,由谓词充当,后边补充部分是补语,起述说作用。如"高兴极了"。

同位短语:构成短语的两项词语不同但所指事物相同。如"首都北京"。

第 33 题 B

本题考查汉字笔顺的规范书写。

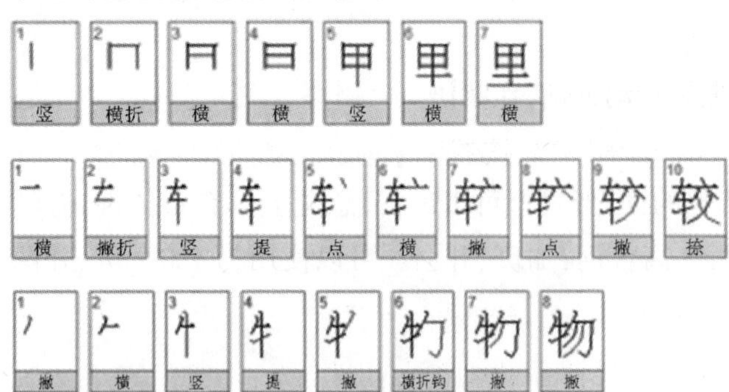

由此可知 B 项正确。

第 34 题 A

本题考查词汇教学重点的选择。根据课文难度，这篇课文适用对象是初级阶段学习者，在这个阶段的教学中应该紧密围绕课文，不做过多延伸，以免给学生造成混乱、增加压力。在这篇课文里，“做”出现三次，用法多种，不适合在初级阶段的一节课上逐一重点讲解。

第 35 题 D

本题考查词的理解和运用。画线句子中的“再”表示“另外有所补充”的意思，D 项表“除了买水外，另外补充两支笔”，故选 D。A 项的“再”表示“再继续，再出现”；B 项是“再”的固定用法，含有“动作重复”的意义；C 项也表示“动作重复”义。

第 36 题 B

本题考查跨文化交际的不同阶段。在跨文化交际过程中，经历从文化不适应到适应的过程，可分为四个阶段：

蜜月阶段：刚刚接触第二文化，对一切都感到新鲜、惊讶、有趣，处于兴奋、激动、满足的状态。根据题干学生对中国习俗的感受描述，判断他们处于蜜月阶段。

挫折阶段：新鲜感过去，开始觉得生活上处处不习惯，产生迷惑、沮丧、孤独、焦虑、思乡的情绪，有些人在这个阶段采取消极回避的态度，甚至对当地文化产生敌意，这些表现叫“文化休克”。

调整阶段：经历挫折期后，开始调整自己和环境的关系，寻找适合新环境的方法。

适应阶段：调整之后渐渐对生活环境感到习惯，对第二文化也在逐步适应。

由此可知，答案选 B。

第 37 题 B

本题考查第二语言习得理论相关研究。

兰道尔夫(Lantolf)是社会文化理论的领军人物，他把维果茨基(Lev Vygotsky)的社会文化理论创造性地引入第二语言习得领域，并致力于用该理论来解决其中的核心问题，促使二语习得研究产生“社会转向”。

答题点拨：如果不熟悉兰道尔夫的成就及观点，可根据题目材料进行选择。“兰道尔夫就将维果茨基的理论应用于第二语言习得的研究中”，选项中的“社会文化理论”是由维果茨基提出的，由此可判断选 B。

A 项提出情感过滤假说的是克拉申；C 项多元发展模型由“ZISA 小组”的几位学者提出；D 项文化适应模式是美国学者舒曼提出的。

第 38 题 C

本题考查兰道尔夫的相关学说。兰道尔夫的“调节论”表示，在语言的调解下，儿童的认知从完全被环境左右的“客观调控”阶段，发展到需要别人协助的“他人调控”阶段，最后发展到能够控制自己的高级认知功能，比如记忆、注意、高级思维等，即“自我调控”阶段。

第 39 题 D

本题考查二语教学法相关理论。最近发展区理论是维果茨基提出的“社会文化理论”中的一部分，“最近发展区”是指儿童在实际发展水平和潜在发展水平之间的距离，按照维果茨基的观点，教学应当走在实际发展水平前面，由此产生的教学法是“支架”式教学法。

第 40 题 D

本题考查活动理论相关内容。社会文化理论中的“活动”包括活动的主体、活动的目标和动机、达到目标的行动以及行动的操作手段四个要素。在其中，活动的目标和动机尤为关键，因为活动之间的区别主要在于目标和动机。

第 41 题 A

本题考查多音字。课文中的“薄”读作 báo，A 项中的读音为薄（báo）饼；B 项中的读音为薄（bó）弱；C 项中的读音为薄（bó）物细故；D 项中的读音为日薄（bó）西山。

第 42 题 C

本题考查词性判断。课文中“多跟中国人聊天”的“跟”是介词，引出关涉对象“中国人”，其前有状语“多”，且不可省去。

第 43 题 D

本题考查词的结构类型。“提高”属于补充型合成词，“高”是“提”的“结构补语”。

第 44 题 B

本题考查对教学语言点的判断。材料课文中多处出现“比去年的薄”“比去年的难得多”“成绩没有上次的好”这些比较句，因此判断该课的重点教授语言点是比较句。

第 45 题 C

本题考查汉语拼音音素。音素是最小的语音单位，是从音色角度划分出来的。“聊天儿”的拼音为 liáotiānr，其中有 l、i、a 等 8 个不同的音素。注意其中字母“r”不是音素，只是表示儿化韵的卷舌动作。

第 46 题 D

本题考查对比分析的步骤。对比分析的四个步骤是：

描写：对目的语和学习者的第一语言进行详细、具体的描写。

选择：选择进行对比的语言项目、规则或结构。

对比：对选择好的语言项目进行对比，找出相同点和不同点。

预测：在对比的基础上，预测学生在目的语学习中可能出现的困难和出现的错误。

第 47 题 C

本题考查“难度等级模式”。“把”字句在英语中没有对应的项目，因此属于四级难度项目。

第 48 题 A

本题考查“难度等级模式”在教学中的应用。根据题干材料，对比英语和中文中的语言项目。A 项“参观、访问、看望”在英语中都对应同一个词 visit，在学习中属于五级难度模式。英语中只有语调没有声调，因此 B 项属于四级难度。“有标记被动句”“时间状语”在英语中有所对应，但形式和使用上存在差异，属于三级难度。

第 49 题 B

本题考查语言学能相关内容。“语言学能”是学习第二语言所需要的特殊认知素质,分为:

编码解码能力:识别语音成分并保持记忆的能力。

语法敏感性:识别母语句法结构和语法功能的能力。

强记能力:在较短时间内迅速记住大量语言材料的能力。

归纳能力:从不熟悉的新语言素材中归纳句型和语言规则的能力。

在学习较难的语法项目时,不需要编码解码能力。

第 50 题 C

本题考查对汉语教学的理解。“听说读写”四项技能在语言教学中要全面要求,但听、读属于领会范畴,以“输入”为主;说、写属于表达和应用,以“输出”为主。输入是输出的基础和前提,输入应先于输出。因此这四项技能,在不同教学阶段应该有所侧重。

第二部分　应用能力

第 51— 56 题 DFCEBA

本组题考查第二语言教学法的基本概念。

第 51 题:语法翻译法是第二语言教学史上**第一个**完整的教学法体系,又称“传统法”“古典法”。该教学法以系统的语法知识为纲,依靠母语,通过**翻译**手段,主要培养第二语言读写能力。

第 52 题:认知法主张在第二语言教学中发挥学习者**智力**的作用,反对动物型的刺激—反应的学习,强调在**理解、掌握**语法规则的基础上进行大量有意义的练习。其心理学基础是**认知心理学**,语言学基础是乔姆斯基的转换生成语法。强调**以学生为中心**,**听说读写**齐头并进,口语和书面语并重。

第 53 题:视听法强调在一定的情景中,**听觉感知**与**视觉感知**相结合,提倡运用声光电等现代科技手段展示语言材料。

第 54 题:听说法又称“句型法”或“结构法”。语言学理论基础是主张对不同语言进行**结构对比**的结构主义语言学。特点是**听说领先**,口语是第一位的,书面语是第二位的;反复操练,用模仿重复的方法形成习惯;主张通过句型练习掌握目的语,即教学内容以**句型**为中心。

第 55 题:情景法强调通过有意义的**情景**进行目的语基本结构操练,以口语能力培养为基础。代表人物是**帕默**和霍恩比。教学特点是从口语开始,教材先于口头训练,然后再教书面形式;先易后难的原则对语法项目进行分级排列;在学生具备一定词汇和语法基础后,再进行阅读和写作教学。

第 56 题:直接法又称“改革法”或“自然法”,主张以**口语**教学为基础,先听说后读写。**与语法翻译法相对立**,教学中排除母语、翻译,主张用目的语直接与客观事物联系;以**句子**为教学的基本单位,以**当代通用的语言**为基本教材。

答题点拨:第二语言教学法流派是高频考点,在掌握它们的教学主张及特点时,可以重点理解记忆描述中的关键词。

第 57 题 B

本题考查教学活动适用对象的判断。本节课的教学内容是“动物”词语,该类词汇是具体词汇,属于基础性、易掌握内容,一般安排在汉语学习初级阶段。而“动物蹲”的活动练习,适用于活泼好动的低年龄层学生;且本课教学目标设置较单一,教学内容没有过多展开,因此综合判断本活动适合 B 项学习者。

第 58 题 C

本题考查第二语言教学法。将语言学习与身体动作的形式结合、营造愉快的学习氛围，这是全身反应法的特点。

听说法的特点是听说领先，以句型为中心，主张反复操练，用模仿重复等方法形成习惯。

暗示法常采用威信和稚化的手段，主张布置舒适幽静的学习环境，创造轻松的氛围来帮助学习者消除心理障碍。

直接法的教学特点是采用直观手段，用目的语学习目的语，以口语教学为基础。

第 59 题 D

本题考查多元智能理论。1983 年，加德纳在《智能的结构：多元智能理论》一书中提出了：语言、逻辑—数学、空间、身体—运动、音乐、人际和内省智能。本题材料中的活动练习是“边学习边做动作”，有利于发展学生的身体—运动智能。

第 60 题 B

本题考查课堂教学的重要性。汉语作为第二语言教学的基本方式和中心环节是课堂教学，教学过程中的感知、理解、巩固、运用阶段主要在课堂教学中完成。

第 61 题 A

本题考查练习方式。

机械性练习：不怎么需要理解的练习项目，如重复练习、替换练习等。本教学活动中学生只要将“动作”与“单词”的发音做对应记忆就可以，不需要过多理解，因此属于机械性练习。

有意义练习：在比较明确理解语法点意义和练习内容之后进行的练习，目的是在有意义的情景中加深对语法点的理解。

流利性活动：例如角色扮演、信息差活动等。

任务型活动：主张“做中学”，通过具体任务进行语言操练。

第 62 题 D

本题考查对外汉语教学中的阅读方式及对学生阅读能力的训练。

通读是从头到尾阅读一遍文章，既能抓住文章的中心思想、明确文章脉络，又能掌握比较重要的细节、理解具体描述，在快速阅读中运用得最广泛。

细读是指以文本为中心，用语义分析方法解读作品。该方法强调作品是一个和谐的有机体，其每个部分影响着整体同时也受到整体的影响。

略读是不阅读文章的全部内容，只浏览大小标题、主题句等，目的是培养学生粗略地了解阅读语料的大致内容。

查阅是细读训练中一种帮助学生理解文章的有效方法，训练目的是培养学生在快速扫描文章过程中，从大量资料里有目的地寻找特定细节信息的能力。适用于查阅训练的材料包括：地图上的地名、菜单、航班或列车时刻表、公交车站牌、商品价目表等。

材料中的语言材料以“站牌”的形式呈现，问题的信息都需要在材料中查找、推算出来，考查的是查阅能力。

第 63 题 C

本题考查生词的处理方式。首先要明确题目设定是“阅读课”，要以训练学生的阅读技能为主。A 项查词典的方式会影响学生阅读速度，不利于阅读能力的培养。B 项的方法只明确了“加”的意义，学生对于不认识的“价”仍无法处理。D 项中“涨”的难度大于“加”，这样的方法不一定能达到帮助学生猜测词义的效果，还会加重学生的理解负担。“加价”的词义是构成它的两个语素意义的相加，因此 C 项方法最合适，且这样的方法有利于学生之后猜词能力的锻炼及词汇量的扩大。

第 64 题 A

本题考查汉语教材的选材原则。汉语教材的编写和选用原则有：实用性、针对性、科学性、趣味性、系统性、知识性。“典雅性”的语言材料是语法翻译法所提倡的。

第 65 题 C

本题考查阅读技能教学相关内容。在阅读过程中查词典不仅费时，还中断了连贯的阅读过程，不利于学生阅读能力的提升，因此 C 项做法不合适。其余三种方法都是阅读技能训练常用的做法。

第 66 题 B

本题考查课文导入方式。根据材料教案展示可知本课的主题是日期的表达，因此在选择话题时要具有关于“日期”的表述，故选 B。

第 67 题 A

本题考查教学目标的判断。确定具体教学目标主要从认知、技能和情感三个领域着手。根据本案例对教学目标的描述，目标①关键词“运用”“询问”，由此可判断该项属于技能目标；目标②关键词“愿望”，因此该目标属于情感目标。

第 68 题 A

本题考查练习的类型。该案例中的活动需要学生利用所学句式互相问答来获取信息，完成任务，因此属于任务性练习。

第 69 题 C

本题考查教具的选用。教具的选用原则有：实用性、合理性、简易性、科学性。

第 70 题 D

本题考查偏误产生的原因。学生说出“昨年”是由于把“昨天”的构成方式过多地引申到别的地方，属于目的语规则泛化。

第 71 题 A

本题考查语音纠错的处理。对于学生出现的语音偏误，根据具体情况应有不同的处理。本课属于汉语综合课，主要教学目标是掌握语言点的表达，因此在学生进行练习过程中，最好不要过多打断学生的表达，因此不建议一发现错误就纠正，这也会挫伤学生表达的积极性。在语言点教学中，要对出现的语音偏误有一定容忍性，对于典型错误可以集中纠正。

第 72 题 D

本题考查课堂活动设计。课堂活动要服务于教学，活动前应首先明确活动目标。活动目标分为两类：一类是语言的发展，一类是其他能力的发展。根据表格中横线后的标注“能正确……”“具有……能力”等，可以判断横线处为“活动目标”。

第 73 题 B

本题考查复习活动的设计。在课堂教学活动中，复习环节应抓住重点，注意与新课的联系，以求达到温故知新的效果。首先明确该课堂活动的主要目标是学生能进行相关“描述”，且活动步骤也侧重锻炼学生的语言表达能力。而选项 B 的活动考查的是汉字辨认,即学生能否建立词汇“音”和“形”之间的关联。但根据本活动的内容可判断,学习者处于初级前期阶段,在这个阶段若要求学生对表格中所有相关词汇都做到能够辨认其“形”,难度较大。与 B 项相比,A、C、D 的活动主要侧重帮助复习词汇的“音”和“义”,有助于之后活动中学生的表达练习。因此在本案例中,活动 B 不适合。

第 74 题 C

本题考查课堂活动设计。交际性对话的关键是在会话双方之间制造信息差,使他们产生想从对方了解有关信息的迫切愿望和需求,产生开口讲话的动机。互动的关键是要建立信息差,激发学生获取新信息的动机和提高学生参与课堂语言实践的积极性。对比两个活动过程,贾老师要求学生互换地图,且首先不告诉目的地,制造了一组学生之间的信息差,指路的学生要表述无误,“走路”的学生要真正理解指令,且过程中两人可以有互动;高老师的活动则是让学生直接知道了目的地,这样的情况下“走路”的学生可根据目的地位置对路线进行猜测,即使最后到达了终点,其过程中的实际表述和信息理解情况无法得到保障。

第 75 题 D

本题考查对活动情况的处理。学生害羞,很可能是出于没有自信,不敢开口,教师应该尽量帮助他克服这种情绪,多给予鼓励。A、B 直接不让学生参与活动,不利于学生的练习;C 项让学生重复老师的话,不利于学生独立思考,没有实际锻炼学生的语言能力。故选 D。

第 76 题 C

本题考查课堂活动的设计。表格中的拼音都是一个音节,且都是第一声,音节数量和声调没有差异,排除 A、B 项;根据活动描述,教师不是直接呈现拼音、让学生认读,而是依靠“编码”将二者联系起来,因此不是简单的“认读”练习,排除 D 项。表格中的拼音两两一组韵母和声调一样,声母发音部位不同,因此可以判断该活动目的在于对比辨音。

第 77 题 A

本题考查对教学内容和教学对象的匹配。根据材料,此活动的练习内容为拼音,特点是形式灵活。B 项,对于幼儿园学生来说,这样的活动形式过于复杂,讲解游戏规则需要较多时间;C 项,中文专业学生大四阶段的汉语水平远高于需要专门练习拼音,教学内容和学生水平不适配;D 项,活动内容和学生年龄、水平都不匹配。A 项最合适,中学生具有一定的理解能力,且选项没有表明学生的汉语水平。

第 78 题 C

本题考查教学活动的安排。从活动步骤可以看出,学生是活动的主体,老师在其中只起引导作用,且活动的形式就是由学生当“小老师”,因此 C 项做法有利于调动学生的参与积极性,且在该活动设定下,不会挫伤学生自尊心。在语音练习课上,A 项不做纠正的做法不可取;B 项也许会打击学生的自信心;D 项做法效果不明确,且较占用课堂时间。

第 79 题 A

本题考查拼音教学活动设计。对比表格中的拼音,在相同韵母、声调的情况下,只控制声母不同,即 z(舌尖前、不送气、塞擦音)和 zh(舌尖后、不送气、塞擦音),这组声母的发音部位前后不同,也就是通常说的平翘舌音。

第 80 题 D

本题考查课堂情况处理。老师在进行课堂活动时要体现公平性,尽量给予每个学生练习机会。A 项回答语气生硬,会打击学生的积极性;B 项虽然向学生道歉了,但并未提出弥补措施;C 项“晚下课一会儿”会耽误其他学生的休息时间;D 项最合适,语气柔和,告诉学生已经下课了,并提出了补偿办法。

第 81 题 D

本题考查语言测试的性质判断。本题所给的两道例题其一来自针对少儿的 YCT 考试,题目利用图片展示,并附有拼音;其二选自 BCT 测试,以"招聘"的形式呈现,符合测试人群以成年人为主且具有商务背景的特点。因此这两道例题体现了语言测试对于不同学习者具有针对性的特点。

第 82 题 C

本题考查测试类别判断。根据测试的目的,可把语言测试分为:

学能测试:用来预测学习者是否具有学习某种语言的潜力和天赋的一种测试。

成绩测试:是一门课程或课型的测试,目的在于检查学习者在某一课程中的学习进展。

水平测试:又叫能力测试,目的在于了解学习者现有的整体的语言实际运用能力,以评定是否达到胜任某项任务的要求。

诊断测试:是为了解学习者在学习中碰到的困难、存在的问题而进行的测试。

HSK 全称"汉语水平考试",属于水平测试。

第 83 题 D

本题考查对外汉语教学测试的步骤。进行第二语言测试,首先应明确考试目的、选择测试范围,之后根据这两项需要设计命题、实施考试、阅卷评分并统计分析。

第 84 题 A

本题考查语言测试的质量指标。

效度:又称有效性,是指一项测试的内容和方法能否有效地测试出预定要测量的东西。

信度:又称可靠性,是指测试结果的可靠程度或稳定性,也就是测试在不同时间、地点以及不同被试者中是否还能稳定地测试出被试者的水平。

难易度:主要取决于其构成试题的难易度。

区分度:是一项测试能否有效地将水平相对较高与水平相对较低的被试者区分开来。

同一学生在短时间内再次进行考试,分数差别不大,说明该测试信度较好。

第 85 题 C

本题考查教学步骤。语言点的教学安排一般要涉及导入、讲解、操练、小结等几个环节。在本案例中,步骤③之前的环节教师利用问答的方式简略复习了学过的词汇,并导入了新的语言点"比"字句,步骤③利用 PPT 将"比"字句的例句展示了出来,并总结了其结构,因此属于"展示讲解"环节。

第 86 题 A

本题考查语言点操练的设计安排。根据材料可判断步骤④属于"练习巩固"环节。在语言点操练中,要遵循由易到难、由机械性练习到交际性练习的原则。步骤④紧跟在语言点讲解之后,其操练目的要以帮助学生进一步熟悉语言点为主,不宜过难,A 项最为合适,"看图造句"的形式简单,可以让学生通过替换练习熟悉该语法点基本结构。C 项练习的难度过大;B、D 项练习不能达到操练语言点的效果。

第 87 题 B

本题考查语言点的教学方法。归纳法是先接触具体的语言材料进行练习,然后在教师的启发下总结出语法规则。演绎法是先讲清语法规则,使学习者对语法结构有清楚的了解后,在语法规则的指导下进行练习。步骤③的讲解环节,先给出了例句,再给出语法结构,因此属于归纳法。

第 88 题 D

本题考查语言点适用阶段判断。根据《国际汉语教学通用课程大纲》,“比”字句属于二级语法项目,适用于初级阶段学习者。

第 89 题 B

本题考查对偏误类型的理解判断。第一句应为“约翰比我胖”,是错误地用“比较”替代了“比”;第二句应为“约翰比我胖一点儿”,前后语序错误。

第 90 题 B

本题考查对偏误的处理方式。偏误不同于偶然产生的失误,它是学习者由于目的语掌握不好而产生的一种规律性错误,如果放任不管,可能会固化下来,之后难以改正,故 A 错误。对于学生普遍出现的典型错误,集中放在课堂上进行讲解,有助于加深学生对知识的理解,B 项合适。如果对于所有偏误都花大量时间纠正,会影响教学进度,C 不合适。D 项,虽然提倡让学生自己发现并改正偏误,但完全让学生自行总结,也会花费大量时间,且学习效果不能得到保障。

第 91 题 C

本题考查教学设计安排。在结束一项课堂活动后,教师应及时对活动过程、活动结果等进行评价。

第 92 题 B

本题考查纠错方式。在汉语教学中,教师常用的对学生的纠错方式主要有:

①明确纠正:直接指出学生错误所在,并给出正确答案。

②重述:教师用正确的语言形式重新表述学生要表达的意思,对学生的话语做全部或部分修正,但不明确指出学生的错误。

③重复:教师重复学生的话语,以重音等方式突出学生的错误,以引起学生注意。

④请求澄清:教师要求学生重新组织话语。

⑤引导:通过特定的语言和技巧引导学生自我修正,如有意停顿让学生填充正确答案,或用提问的形式进行引导。

⑥元语言提示:对学生的语言形式给予评论或提出质疑,提供信息。教师不给学生正确答案,而用元语言提示相对明确地指出学生的错误,让学生自我纠正。

本案例活动的主要目的是使学生进行交际练习,在此过程中教师不宜过分干涉或打断,因此可选择“重述”这样较含蓄、隐晦的纠错方式。

第 93 题 D

本题考查对课堂活动中出现情况的处理。学生能够提前完成任务,可能是因为该任务对他们来说较简单,因此可以布置难度大一些的任务,把学生的注意力重新拉回课堂练习。

第 94 题 D

本题考查教学设计的内容安排。李老师用视频方式导入,介绍中国景点,并用自我介绍这样简单的内容进行活动练习,既能更直观地把中国文化呈现给学生,又能借机了解学生,拉近和学生间的距离。而这节课的教学任务并没有涉及拼音的练习和变调的讲解,故选 D。

第 95 题 D

本题考查中国文化。标准对联一般要求:字数相等,断句一致;平仄相谐,音调和谐;词性相对,句法相同;内容相关,上下衔接。故选 D 项。

第 96 题 B

本题考查对联常识。第一副对联的内容:“琴瑟”寓意婚姻,“千岁乐”指琴瑟相谐长达千载;“芝兰”,即芷和兰,“百年春”形容这些香草茂盛超越百年,表达了对夫妻感情的美好祝愿,因此适用于婚礼。

第 97 题 A

本题考查中国文化常识。“琴棋书画”本义指:弹古琴、弈棋、书法和绘画,故选 A。

第 98 题 C

本题考查修辞手法的运用。“回文”修辞的特点是把前后组织成循环往复的形式,表达不同事物间的有机联系。对联中“雾锁山”和“山锁雾”、“天连水”和“水连天”前后循环,互相呼应,运用的就是回文的手法,故选 C。A 项“顶真”的特点是上一句结尾的词作下一句的起头,使前后的句子头尾蝉联。B 项“双关”的特点是言在此而意在彼。

第 99 题 A

本题考查对“对联对仗”特点的掌握。根据对联词性相对、平仄相谐且句法相同的特点,A 项整体最符合要求。

第 100 题 A

本题考查中国文学常识。对联中的“少陵”指杜甫(号少陵野老),代表诗作有《茅屋为秋风所破歌》《登高》《春夜喜雨》和“三吏三别”等。“右军”指王羲之,书法作品有《兰亭集序》《快雪时晴帖》《丧乱帖》等。《山居秋暝》作者为王维,《子虚赋》作者是司马相如,《自叙帖》是怀素的书法作品,《洛神赋》是赵孟頫的书法作品。

说明:第三部分“综合素质”考查考生的个人态度倾向,没有统一的标准答案。

《国际中文教师证书》考试(通用版)必刷试卷四

第一部分　基础知识

第 1—5 题:EGACD

本组题考查声韵母的发音描述及其对应国际音标。

第 1 题:[tɕ]、[tɕ^{h}]是声母 j、q 的国际音标,从发音部位来看是舌面前音。

第 2 题:[k]、[k^{h}]、[x]对应的是声母 g、k、h,从发音部位来看是舌面后音。

第 3 题:[i]、[u]、[y]对应的是韵母 i、u、ü,都是高元音,可作韵头。

第 4 题:[an]、[ər]、[ei]对应的韵母分别为 an、er、ei,按口形分它们都是开口呼。

第 5 题:[yn]、[uəŋ]、[iŋ]对应的韵母分别为 ün、ueng、ing,按韵尾分都是带鼻音韵母。

第 6—9 题 BAEC

本组题考查汉字造字法。

登:会意字。基本义“升/自下而上”。其甲骨文字形上边两个“止”,中间是装有食品的容器,下面是“手”,双手高高地举起食器,表进献义。

干:象形字。其甲骨文字形,像叉子一类的猎具、武器,本是用于进攻的,后来用于防御。本义“盾牌”。

考:形声字,从“老”省、丂声。形旁“老”省写成了“耂”。用形旁以表示“老人”,其古义同“老”。

血:指事字。其甲骨文字形下部是一个带座的器皿,像个小盘;“皿”形中是有一个小圆圈,表示血滴。《说文解字》:“从皿,一象血形”。

第 10 题 B

本题考查字形的演变。现行汉字的基本演变顺序为:甲骨文—金文—篆书—隶书—楷书。图中问号处为小篆字体。

答题点拨:金文主要指通行于西周的青铜器上的文字,特点是笔画丰满粗肥;小篆是秦始皇统一六国后整理、推行的标准字体,笔画圆转、简化。隶书基本摆脱了古文字的特点,笔画变得方折平直。图中问号处的字形已显规范,形体趋于方正,线条化特征明显,因此判断是小篆字形。

第 11 题 C

本题考查义项的区分。登:①动词,表“(人)由低处到高处(多指步行)”;②(谷物)成熟:如五谷丰登;③动词,刊登或记载。(选自《现代汉语词典》)A、B、D 三项成语中的“登”都属义项①,C 项成语中的“登”属义项②,即“(谷物)成熟”。

第 12 题 D

本题考查多音字的拼音。

gàn xì bāo　wài qiáng – zhōng gān　zhǐ xuè
A 项,干细胞;B 项,外强中干;C 项,止血。

第 13 题 D

本题考查对教学内容的判断。课文材料中出现了多个疑问句,如“你想试试吗?”“那这件红的呢?”“这件多少钱?”等,因此可判断本课的教学重点最可能是疑问句。

第 14 题 D

本题考查词义理解。句①中的“还”具有反问的语气,意义是“没想到如此”,表示“不合理”。A 项的“还”表示程度加深、“更加”义;B 项表示在某范围之外有所补充,数量增加;C 项表示“尚且”,在后一小句做出推论;D 项也含有反问的语气,意义用法和句①相同。

第 15 题 A

本题考查“一……就……”句式分析。句②含有关联词“一……就……”,是一个条件句,表示“一”后面的事件一旦发生,就会导致“就”后面事件的结果。可以替换为“只要……就……”,且句中两件事的主语相同,都是“我”。

第 16 题 C

本题考查教学方法选择。在汉语教学中,首先要明确应尽量少地使用学生母语或其他辅助语言,尽可能多地使用汉语,给学生提供贴近真实的语言环境,帮助学生培养汉语思维。因此 A、B 两项的做法不合适。D 项只给出例句就让学生自由造句,学生还不能准确理解该语言点,这样的方式难度较大,学习效果无法保障。C 项做法最合适,句③中的语言点是“不仅……而且……”这组关联词的使用,提供合适的语境就能让学生体会到其中蕴含的递进关系。

第 17 题 B

本题考查课程拓展话题的设置。课文材料主要围绕的是“买衣服”的话题,因此本课可以以“购物”展开拓展。其余三个话题与课文联系不大。

第 18 题 A

本题考查量词的种类。量词的具体分类如下:

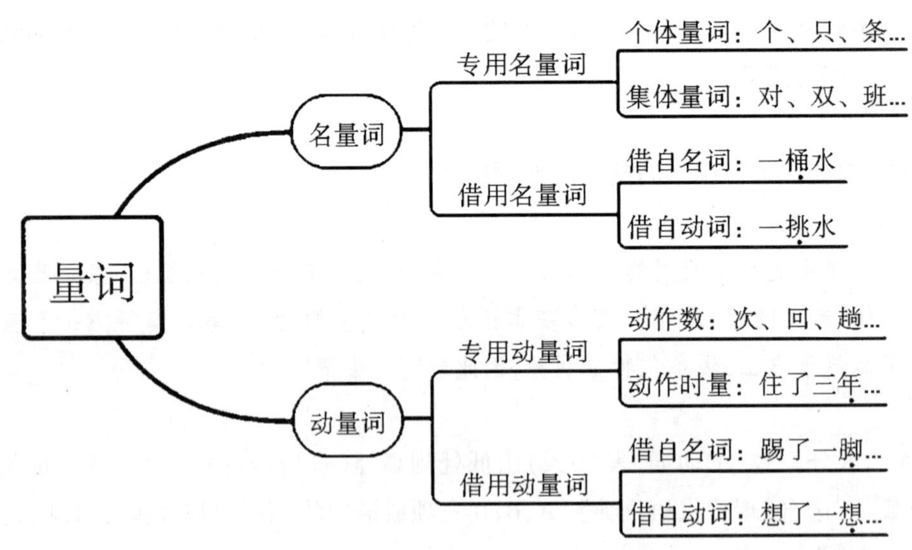

“遍”和“趟”都属于专用动量词中的动作数,故选 A。

第 19 题 A

本题考查“差点儿”的语义理解和用法。句①中的“差点儿忘了”实际结果是“没忘”。A 项实际意义是“没摔倒”,故选 A。其他三项的实际语义分别是“中奖了”“赶上了公交车”“论文通过了”,形式上是否定的,但实际结果都发生了。

第 20 题 D

本题考查多音字。句②中的多音字有:好、的、还、上、了。

第 21 题 C

本题考查句子类型区分。

A 项,陈述句是叙述或说明事实、带有陈述语气的句子。

B 项,要求对方做或者不要做某事、具有祈使语气的句子叫祈使句,包括命令、禁止类和请求、劝阻类。

C 项,反问句是无疑而问,不要求回答,反问的语气相当于否定语气。

D 项,特殊疑问句的特征是用疑问代词或由它组成的短语来表明疑问点,希望对方就疑问点做出答复。

句①"谢什么呀"作为反问句,反问语气相当于否定语气,意为"不用谢"。

第 22 题 C

本题考查主谓谓语句的特征。主谓短语充当谓语的句子叫主谓谓语句。A 项"天气怎么样"这一主谓短语充当整个句子的谓语;B 项"个子高"充当整个句子的谓语;D 项中"游客多不多"充当整个句子的谓语,故这三项均是主谓谓语句。C 项是一般谓语句。

第 23 题 A

本题考查"了"的用法和语义分析。"了"有两个义项:①作为动态助词,放在动词或形容词后,表示动作完成或状态、变化的实现;②作为语气助词,用在句尾或句中停顿的地方,表示变化或出现新情况。若动词后有"了"且句尾还有"了",句子表示动作仍在进行或说话时仍处于该状态;若只动词后有"了",说明的是行为持续的时量,动作可能已经结束。

第 24 题 C

本题考查拼音。"模样"的拼音为 múyàng,注意"模"是多音字。

第 25 题 D

本题考查"的"字结构。句③中的"喝的"属于"的"字短语,由助词"的"附着在实词或短语后面组成,用来指称人/事物,属于名词性短语。A、B 两项的练习内容都不需要用到"的"字短语的表达形式,可排除。C 项"描述物品"的任务需要使用到"的"字短语如"长的、大的、吃的",但该活动中"描述"的动作主体是老师,并不能让学生进行表达训练;D 项活动同样需要用到"的"字短语,且表达主体是学生,最适合作为练习活动。

第 26 题 A

本题考查对课文重点生词的选取能力。在课文中选取需要重点讲练的词汇时,除了要考虑学生的汉语水平外,还要从词语的用法、义项等方面进行考量。一般来看,实词词义具体,所指对象明确,可以略讲;虚词因为没有具体词义,很难理解,要结合课文着重讲。一些不止一种用法、义项或词性较多的词也需要重点讲练。各选项中,B 组词汇"改编""品尝"是简单动词;C 组中"著名""观众"词性和词义均单一,易解释;D 组的"主角""吸引"词性单一,易解释;A 组中"根据"有三种词性,"却"是重点需要掌握的转折关联副词,"好像"也具有动词、副词两种词性,因此这组词需要重点讲练。

第 27 题 B

本题考查多义词词性的判断。"好像"有两个词性:①动词,表示"有些像;像"。②副词,表示不十分确定的判断或感觉。文中的"好像"是动词。

第 28 题 D

本题考查词语的差别。"品尝"和"品"在语体上都带有书面色彩,词性上都是动词,情感色彩上都带有褒义或中性色彩,而搭配对象方面存在差异,"品尝"后主要搭配双音节或多音节词,如"品尝糕点";"品"主要搭配单音节词,如"品茶、品酒"。

第 29 题 B

本题考查交际性练习设计。交际性练习要引导学生运用语言进行有意义的交流，本练习材料的目的是让学生学会介绍一部电影，用上“改编”等重点词，并能从自身或他人角度稍做评论。

第 30 题 A

本题考查句型判断。该句为被动句，介词“让”可替换为“被”，由其引出施事者——“别人”。

第 31 题 B

本题考查疑问代词的非疑问用法。

任指：可以指任何人、任何事物、任何地方、任何情况等，无一例外。如“谁也听不懂他说什么”。

虚指：指代不能肯定的人或事物，包括不知道、说不出或不想说出的。如“我好像在哪儿见过你”。

例指：后面要接例子表明所指对象，如“什么张三李四，我都不认识”。

本句中的“什么”为虚指。

第 32 题 D

本题考查句型特点分析。句③的结构为“主 + 动 + 宾 + 动 + 了 + 时量补语”，与其结构相同的是 D 句。

第 33 题 B

本题考查近义词辨析。二者都不具有明显的书面语或口语倾向，故 A 正确。B 项，表示“各个方面”时只能用“处处”，如“他处处和我作对”，就不可以说“他到处和我作对”。二者都可表总括的范围，且在判断动词“是”前可互换，如“这里处处是好风景”或“这里到处是好风景”。

第 34 题 B

本题考查问句的类型。疑问句根据提问的手段和语义情况，可分为是非问、特指问、选择问和正反问。A、C、D 三句都是特指问句，即用疑问代词（怎么、什么）来提问，希望对方就疑问点作出答复。B 句是用“是不是”提问的正反问句。

第 35 题 C

本题考查“啊”的音变。“啊”的音变规律：

前字末尾音素	读作	写作	举例
i ü ɑ o e ê	yɑ	呀	鸡呀、鱼呀、他呀
u	wɑ	哇	苦哇、好哇
n	nɑ	哪	难哪、新哪
ng	ngɑ	啊	唱啊、香啊
-i[ʅ]、er	rɑ	啊	是啊
-i[ɿ]	[zA]	啊	孩子啊

句①中“票 piào”的韵母读音为“iɑu”，末位音素“u”，因此这里读作“机票哇”，C 项与其相同。

第 36 题 D

本题考查语义关系。由“……，更别说……”引导的是递进关系中的衬托递进，前面分句是后面分句的衬托，后面的意思推进一层。

第 37 题 D

本题考查问句的区分。句③用疑问的形式表达确定的意思，无疑而问，属于反问句，否定句用反问的语气说出来，表达的是肯定的内容“你现在的工作挺好的。”

第 38 题 A

本题考查词语的性质与用法。句④中的“就是”为副词，语义上含有“只、仅仅”含义，具有确定范围的功能。B 项错误，起承接上文作用的“就”一般用在含有条件或假设语义的句子中，如“如果下雨就不去了”。C 项错误，该句的“就是”表强调，起加强肯定作用。D 项错误，该句的“就是”为连词，表示假设的让步，可换为“即使”，常用于口语。

第 39 题 B

本题考查拼音的规范书写。根据《汉语拼音正词法基本规则》，拼写时以词为书写单位，连词与其他词语分写。该短语应写作：gǔlǎo ér yòu niánqīng。

第 40 题 D

本题考查词的构词类型。“古老”为并列型合成词，“年轻”为主谓型合成词。各项词语的结构为：途径（并列），主流（偏正），提高（补充），有限（动宾），房间（补充），日食（主谓），开关（并列），心酸（主谓）。

第 41 题 B

本题考查第二语言学习主要影响因素。语言学习动机可以分为“融入性动机”和“工具性动机”。具有融入性动机的学习者对目的语和目的语人群具有浓厚的兴趣，喜欢并欣赏这种语言以及它所代表的文化，希望自己能成为目的语社团中的一员；具有工具性动机的学习者将目的语看成一种工具，希望掌握目的语之后能给自己带来实际收益。根据对 Andy 的描述，其动机属于融入性动机。

学习风格是指学习者在接受、加工以及存储信息的过程中所采用的自然的和习惯的偏爱方式。根据材料提示，Andy 的课堂表现的关键词有“非常活跃”“喜欢表达”“常有各种各样的错误”，因此判断他的学习风格为冲动型。“审慎型”学习风格的表现与此相反，面对问题时通常经过仔细思考后才会回答，因此答案会更准确全面。

第 42 题 B

本题考查第二语言学习影响因素相关内容。认知策略是直接影响到第二语言学习的一般性策略，用于学习语言的各种活动中，例如求解、重复、推理、记忆、联想等。志秀习惯于记笔记的方式属于认知策略中精细加工策略的一种。

第 43 题 D

本题考查第二语言习得相关内容。语言焦虑（也称外语焦虑）指二语学习环境中（包括说、听和学）的紧张感和忧虑感，属于特定情境焦虑，是语言学习特有的复杂心理现象。

文化休克是指跨文化交际中“挫折阶段”的人因新鲜感过去，开始觉得生活上处处不习惯，产生迷惑、沮丧、孤独、焦虑、思乡的情绪，有些人在这个阶段采取消极回避的态度，甚至对当地文化产生敌意，这些表现叫“文化休克”。

文化过滤是学习者用母语及其文化的角度来看待、理解目的语文化。

语言僵化是指学习者语言中的某一部分出现停滞不前的状态。

第 44 题 C

本题考查教育研究方法。个案研究是教育研究中运用广泛的定性研究方法，也是描述性研究和实地调查的一种具体方法，是针对单个案例所做的研究。

实验研究是根据研究目的，运用一定的人为手段，主动干预或控制研究对象的发生、发展过程，通过观察、测量、比较等方式探索、验证所研究现象因果关系的研究方法。其过程要控制某些条件，在材料中并没有体现。

行动研究是指教师基于解决问题的需要，与专家、学者及本单位的成员共同合作，将实际问题作为研究的主题，进行系统的研究，以解决实际问题的一种研究方法。金老师的做法属于行动研究法。

调查研究是在教育理论指导下，通过运用观察、列表、问卷、访谈、个案研究以及测验等方式，搜集教育问题的资料，从而对教育的现状做出科学分析，并提出具体工作建议的一整套实践活动。

第 45 题 D

本题考查“着”的用法。文中出现的“着”的用法有：

①“客厅里摆着……”“茶几上放着……”“地上铺着……”“墙角摆着……”“墙上挂着……”这五句中的“着”用法相同，用在存现句中，表示“某物在某地以某种状态存在”；

②“盯着鱼缸问……”“笑着说”“躺着晒太阳”中“着”的用法表示某状态伴随动作进行；

③“看着(zháo)鱼”，这里的“着”用在动词后，表示动作达到目的或有了结果；

④“看着看着”，和后半句动作构成连动式，前边的动作“看”正在进行中出现了后边的动作“看到……”。

第 46 题 A

本题考查对句法形式的辨认与判断。句①的形式抽象出来是“主 + V_1着 + 宾$_1$ + V_2 + 宾$_2$”。选项各句中的“着”的用法都表示 V_1的状态伴随 V_2发生，而从形式上看，只有 A 句符合其形式，即两个动词后都带有宾语。

第 47 题 C

本题考查多音字“着”的读音。除“zhe”外，“着”还有①“zháo”(如“睡着了”“着凉”)；②“zhuó”(如“着色”“穿着”“着陆”)；③“zhāo”(如“着数”)。

第 48 题 D

本题考查教学语言点的选择。A、C 两项在课文中都只出现一次，不应属于需要重点讲解的语言点；B 项“丢”的用法在课文中形式单一易掌握，也不适合作为语言点；D 项属于动词的特殊固定用法，应在初级阶段掌握。

第 49 题 C

本题考查教学对象的判断。根据本篇课文的难度可判断该课文适用于初级阶段的学习者；根据课文话题内容“找玩偶”和语言风格可推测更适合低年龄层学习者。

第 50 题 D

本题考查“一”的变调。“一”在单念、序数词、词句末尾时，声调不变，读原调 55 调；在去声前，变为 35 调，如“一个、一样、一定”；在非去声前变为 51 调，如“一般、一年、一晚”；嵌在相同的动词中间时读轻声，如“找一找”。

第二部分　应用能力

第 51 题 D

本题考查教学设计安排。综合课中生词的讲解虽然是教学主要内容之一，但生词教学应该有重点，不同的生词在讲解和操练时应该有不同的要求、采用不同的形式，不需要对每个生词都进行造句练习。

第 52 题 B

本题考查教学重点的选择。在讲解生词时，对于使用频率高的基本词汇、具有多个词性、义项丰富、在学习者母语中不具有对应用法等的词汇要重点讲解。ACD 组生词主要是名词、动词及形容词,含义明确,用法较单一,易于解释。B 组词汇包含“不管”这样的连词,以及“发展”“值得”这类含义用法较多且和外语不完全对应的词语,故选 B。

第 53 题 A

本题考查近义词辨析相关内容。近义词辨析一般从用法、意义的角度进行辨析。

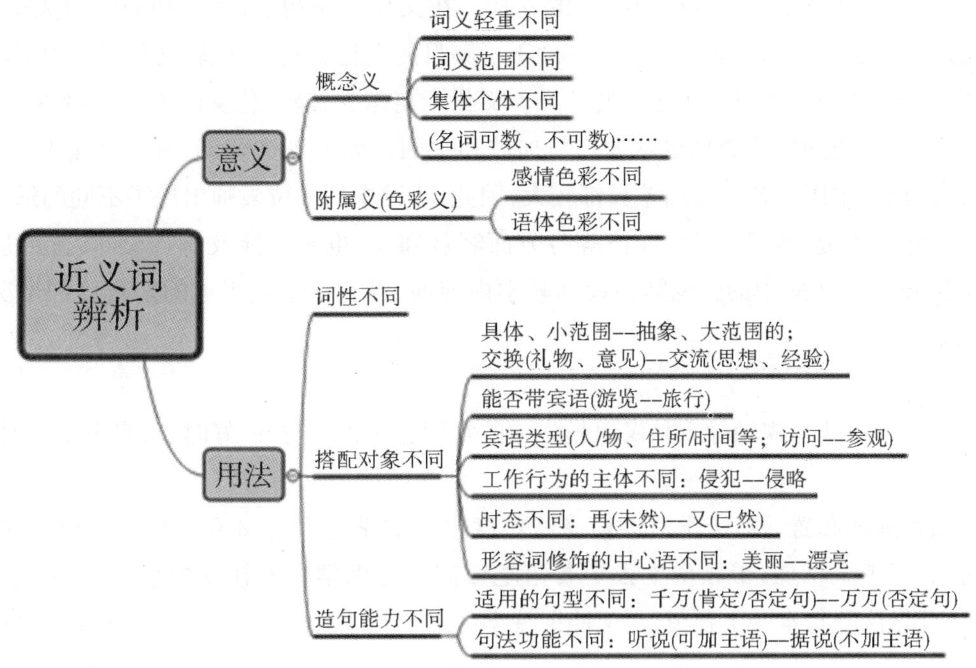

“游览——旅游”的差异在于“游览”是及物动词,可后加宾语,“旅游”不可,如:

游览长城——＊旅游长城(加＊表示该句为病句)

语体色彩上“游览”的书面色彩更浓,在情感色彩和适用句式上两者没有显著差异。

“闻名——有名”的差异主要在于词性不同。“闻名”是动词;“有名”是形容词,如:

二万五千里长征闻名世界。

他是位有名的画家。

第 54 题 D

本题考查教学设计相关内容。词汇教学主要涉及词汇的音、形、义,要通过教学让学生将一个词的这三个方面结合起来。词汇的语法功能主要放在语法教学部分进行。

A 项:双音节词占优势是现代汉语的特点之一。双音节词占现代汉语词汇总量 70% 以上,新产生的词以双音节为主。

B 项:词汇是语言的建筑材料,词汇教学是提高汉语理解和表达能力的基础和关键,故该说法正确。

C 项:词汇反映着社会发展和语言发展的状况。语言具有稳定性,语法规则、语音面貌随社会发展产生的变化很小,而社会中一旦出现某样新事物,出于指代和表达需要,就会产生与其对应的名称词语及描述词语等。因此可以说词汇与社会的联系最为紧密。

第 55—58 题 EADB

本组题考查文化适应的过程和结果的影响因素。

期望值影响一个人在目的语文化中的思维、态度和行为。若一个人对目的语文化有较高的期望,而当现实与期望不符合的时候,就会产生失落沮丧情绪。56 题中的小王作为新手教师,对任教生活抱有很大期待,而实际出现的挫折是他始料不及的。

个人性格特点包括对模糊性的容忍程度、内在动机、灵活性、幽默感、内向与外向等性格特点,比如具有积极内在动机的人会更乐观地面对困难,把适应不同文化看作一种自我锻炼的机会。58 题中的两位老师性格有所差异,因此在同一环境下的文化适应出现了不同情况。

社交支持包括家人、朋友以及其他认识的人的支持。在文化适应初期,家人和朋友的关爱会带来情感上的支持;而一段时间之后,与当地人的交往会有助于了解目的文化的规则,减轻文化适应中的心理不适。

文化距离指自身文化与目的语文化之间的差异。文化距离越大,跨文化交际者要超越这些文化差异所需要的努力就越多,所经历的生活变化也越大。新加坡和中国同属亚洲文化圈,社会环境和生活习惯等方面具有相似性;而巴西与中国则各个方面差异都较大,因此 57 题中的两位教师出现了不同的适应情况。

目的文化知识包括历史、地理、政治、经济等各方面客观知识,也包括涉及语言交际、行为规范、价值观等方面的主观文化知识。55 题中的张老师在设计教学内容前,没有了解到当地的宗教信仰情况,因此出现了这样的课堂问题。

第 59 题 C

本题考查课堂导入方式。视频导入是汉语教学中的常用方法,但应控制好时长,半个小时时间过长。

第 60 题 D

本题考查课后作业的布置。对于学习本篇课文难度水平的学生来说,800 字的作文难度过大;抄写 50 遍生词作业量过大,且形式枯燥;带领学生去中餐馆吃饭需要考虑学生的饮食禁忌、自主意愿及费用等问题,形式复杂。D 项做法既与本课主题契合,又能锻炼学生的口语表达等能力,还可以从作业情况检测学生的掌握程度。

第 61 题 D

本题考查课堂管理。学生在课堂上出现的各种情况教师应理性处理,不能与学生发生正面冲突,也不可视而不见,要以把学生注意力拉回课堂、保持教学进度的推进为主。选项 A、B、C 的做法都较极端,D 项做法最为合适。

第 62 题 D

本题考查教学拓展话题的选择。拓展任务作为教学补充,要与教学内容有一定关联,能使学生运用到所学内容且语言能力得到锻炼。选项 A 的内容在表述上困难较大,且在学生没有这方面了解的情况下不易于引起学生的表达欲望。B、C 的内容与课文内容联系不强,且讨论、辩论的形式一般适用于高级水平学习者。D 项内容与课文结合紧密,且学生有内容可表达。

第 63 题 C

本题考查对课文结构的理解。这篇课文材料首先交代了话题(儿童村)、时间(1986 年 10 月)及地点(天津、烟台),中间部分介绍的是其基本情况,最后表明儿童村建立的目的"是为了……"。

第 64 题 D

本题考查对操练方式的把握。复述课文的目的在于让学生根据已有信息更多地进行表达练习。如果仅"改变时间",那么复述内容和原文内容的主体部分没有改变,学生可以全部"照搬"原文内容,达不到操练效果。改变结构、话题和角色的方式,则都可以适当改变主要内容或表达形式,能起到练习作用。

第 65 题 A

本题考查的是对练习过程的把握。"一段话"与"一张表"相比,其内容的结构更完整,形式上更贴近实际表达，易于转化，因此从练习的角度看，文段比表格更简单，体现了练习的循序渐进。

第 66 题 C

本题考查作业布置形式的选择。案例中这位老师的教学内容是“一篇书面语体的课文”，教学过程中该师先把书面语变成了口语。经过一节课的学习，学生应该达到能够区分、转化两种语体的教学目标。因此，布置的作业要能体现本课学习成果，故选 C。

第 67 题 D

本题考查课型判断。“精读课”也叫综合技能课，案例中这节课教学过程完备，课文讲解详细，既有课文阅读理解环节，又有复述表达操练，不是单一技能的锻炼，因此属于精读课的设置。在案例中该老师虽然把书面语体的课文改成口语体，但本节课的训练不是谈经历、讨论、对话等交际性显著的形式，因此本节课并不属于口语技能课。

第 68 题 C

本题综合考查课堂管理、教学实施等问题。

A 项：不合适之处在于“自行制订”，良好的师生关系是平等的，规则存在的目的不在于约束学生的行为，而是要建立一种师生都认可的良好习惯，因此任何规则都是教师根据本班的特点与学生一起制订的。这样今后实施起来也会更顺畅。

B 项：选取教材时应考虑教材是否符合科学性、针对性、实用性、趣味性和系统性等原则，而不是其知名度。

C 项：正确。第二语言教学要尽量为学习者创设学习环境，因此在教学中要遵循汉语优先原则，外语要适度使用。

D 项：教学目标的制订，从语言技能上分，一般涉及听力、口语、阅读、写作四个方面。个别有特别学习需求的教学可能需要制订翻译技能的教学目标。

第 69 题 B

本题考查教师职业道德。B 项，学生的家庭情况属于个人隐私，不应该在其他学生面前讨论。

第 70 题 C

本题考查教师的教学管理。根据题干描述，面对的情况是“个别学生偶尔不完成作业”，性质上并不恶劣，向班主任和家长反映的做法不利于教师本人和学生的沟通，且把问题复杂化；公开批评学生会挫伤学生的学习积极性。因此最好的办法是私下向学生了解情况，这样的解决办法效率更高。

第 71 题 C

本题考查国际汉语教师的职业发展。

A 项：教学安排要考虑教学需求，教学需求是学生目前水平与期望学生达到水平之间的差距。期望达到的状况是指：①社会及其发展变化对学生能力素质的要求；②学生自身发展的要求；③相关文件（如课程计划、课程标准）、教材对学习者提出的要求等。家长的期望不在其中，教学安排不应受此影响。故 A 不正确。

B 项：国际汉语教师学习学校的相关管理文件，有助于教师在这个阶段进一步了解当地教学环境及教学习惯，有利于教师课堂管理等的实施，对教师反思能力和成长有一定影响。

C 项：教师坚持撰写教学日志，可以将理论学习与实践探索有机结合起来，从而发现自己在教学过程中的不足，对个人成长有很大的帮助；加强同事间的交流，积极学习专业知识，都是汉语教师专业发展的途径和方法。故 C 项最合适。

D 项：询问学生的意见可以帮助教师反思自己的教学，但“随时”根据学生意见做调整的做法有些矫枉过正，教学的实施最主要还是要遵循科学性和实用性。

第 72 题 D

本题考查中介文化偏误分析。“笨鸡蛋”的说法是因为把学过的词汇“鸡蛋”的使用不恰当地扩大了，属于目的语泛化。

第 73—75 题 DAB

本组题考查语言点操练方法的选择。

第 73 题：材料呈现出的关键词大小、颜色、长短、肥瘦等都是对事物性状的描述，且在“换货”的情境中需要指出不足、提出要求，如“有点儿小”“换条长点儿的”，因此适合练习修饰形容词的语言点“一点儿”和“有点儿”。

第 74 题：根据描述，要求学生找出昨天、今天、明天中相同的事，在表达相同行为的重复时，需要用到“再”和“又”。

第 75 题：根据“优秀员工和不合格员工”这一特点，对比二者上班时间、任务完成情况等，推测会出现一个早一个晚、一个多一个少的情况，因此适合对比练习副词“就”和“才”。

第 76 题 B

本题考查课堂活动设置。技能领域的教学具体目标分别是“感知、理解、模仿、熟巧、运用”等。在本案例中，教师发出的指令“走出来”等都是“动词 + 趋向动词”的简单口令，学生只需要根据指令做出相应动作，形式较机械，可以通过多次重复来帮助学生加深记忆、增强理解。因此该活动进行的阶段是学生理解语言点阶段。

第 77 题 C

本题考查课堂活动设置的依据。根据该活动设计，活动需将学生进行分组、每组一次 5 人，那么班级人数就应该在考虑范围内；活动形式活泼，但也需要学生能够理解游戏规则，年龄层过低的学生不太适合；且涉及的动作幅度较大，可能不适合年纪过大的学习者。“汉语水平”是活动实施的基本条件，游戏的进行需要学生已掌握指令中简单的动词，并进行过趋向补语的初步学习。而该活动不涉及跨文化交际、学生间交流等内容，因此学生的文化背景不是此次活动实施的关键因素。

第 78 题 B

本题考查趋向补语的语法特征。

前宾式：宾语在趋向补语之前，如：拿书出来。

中宾式：宾语在趋向补语之间，如：拿出书来。

后宾式：宾语在趋向补语之后，如：拿出来书。

动词后带有复合趋向补语和事物宾语时，如果表示已经发生的情况，有前宾式、中宾氏、后宾式。但如果表示将要发生的情况，一般只用前宾式。

C 项说法正确，趋向补语“回来”后的宾语须是有定的，如“我买回来一斤苹果”，就是限定了所说的“苹果”是“我买回来的”那些。但该解释与题干无关，不能解释这里的错误用法。

D 项也无法解释该错误。

第 79 题 C

本题考查词汇教学内容的选择。在生词讲解时，词义明确、词性单一且不具有特殊用法的一般词汇可以略讲。“时间表”属于简单名词，故选 C。

第 80 题 D

本题考查词汇教学方法选择。“整整”是一个副词，表示“达到一个整数”，暗含“数量之多”之意，理解其中隐含的意义是该词学习使用的关键，用 A、B、C 项的方法都没有办法表示出其中的隐含义，D 项可以通过具体情境帮助学生理解，是最合适的讲练方法。

第 81 题 D

本题考查任务型教学。任务教学法主张教学活动应为真实的语言活动，在“做”中学，通过完成具体的任务活动来学习语言。各选项中，D 项提出“给学生设置一个情境”，让学生在具体情境中完成对话，符合任务型教学。

第 82 题 D

本题考查偏误的类型。根据偏误的严重程度可分为：

整体性偏误：即全局性偏误，涉及句子总体组织与结构，影响到对整个句子的理解和交际。

局部性偏误：句子的某一次要成分的错误，不影响对整个句子的理解。

“前系统偏误”“系统偏误”“后系统偏误”是从中介语的发展过程对偏误进行的分类。

第 83 题 A

本题考查具体偏误产生的原因分析。根据题目提示，这是篇日本学生的习作，日语是 SOV 结构，即主宾谓。根据上下文可以判断该生想表达的是在安静的房间“我们感觉如何呢?”，正确语序应为主谓宾结构。因此判断该偏误的产生是由于母语规则负迁移。

第 84 题 A

本题考查偏误处理方式。针对母语负迁移造成的偏误，有效的处理方式是教师加强对学生母语背景的了解，对比其中的不同，对教学重难点进行预测。

第 85 题 C

本题考查词性辨别。区别词表示人和事物的属性或区别特征，有区分事物的分类作用，能直接修饰名词和名词短语。与形容词的主要区别是：区别词不能单独作主、谓、宾语，只能充当定语；形容词前能加“不”和“很”，区别词不能，否定时前加“非”。因此可判断“日常”为区别词。

第 86 题 B

本题考查病句类型分辨。病句“心理方面的问题很容易对健康影响”应改为“……对健康产生影响”，整个句子缺少谓语动词，属于病句中的成分残缺。

第 87 题 B

本题考查写作教学在不同阶段的训练目标。初级阶段以词语训练、连词成句为主；中级阶段主要训练学生谋句成段、谋段成章的能力；高级阶段主要训练学生熟练写作各种文体的能力，既要注意语言的规范化，又要注意表达效果。

第 88 题 D

本题考查教学安排。本题题干针对的是“远程教学班”，根据该班学生特点，方法①“看电影”的形式会占用大量授课时间，且对于零基础的学生来说该形式起到的辅助作用不大。方法②“中国歌曲作为背景音乐”形式生动，可以采用。方法③“在授课背景加入中国元素”可以引起学生对中国文化等的兴趣，还可为教学提供素材，可以采用。方法④“完全用汉语授课”的形式对于零基础学生来说难度过大，实用性不强。方法⑤“起中文名字”的方式可以隐性地提醒学生“已进入汉语课环境”，有利于教学的实施。综上，选择 D 项。

第 89 题 D

本题考查语法项目等级分辨。根据《国际汉语教学通用课程大纲》，A“比较句”属于二、三级语法项目；B“了”字句属于二、三级语法项目；C“把”字句属于四级语法项目；D“形容词谓语句”属于一级语法项目。根据学生“零起点”的水平，学期过半阶段适合讲解的语言点为一级语法项目，故选 D。

第 90 题 C

本题考查课堂突发情况处理。A、B、D 项的做法都会耽误课堂进度，且考虑到远程视频课学生的特点，协调时间补课难度较大，应尽量保持每次课的有效性，C 项做法最为合适。

第 91 题 D

本题考查国际汉语教师职业心理素质相关内容。国际汉语教师要具有较强的自我调节能力，能够正确地认识自我，认识现实。在教育活动中能够根据实际情况设立目标。张老师焦虑的原因在于“校方要求远程教学班的进度与现实教学班的进度平行，而且要达到相同的教学效果”，但根据两个班实际的教学条件、课时量及学生情况，要达到教学要求和目标，难度极大。在教学目标制订不合理的情况下，教师应与校方做好沟通，及时调整。故 D 的做法最合适。A、B、C 三项虽在一定程度上可以改善情况，但都不能从根本上解决问题。

第 92 题 C

本题考查词义辨析。“闹别扭”中的“闹”为“发生（灾害或不好的事）”，与 C“闹笑话”中的“闹”一致。A“闹革命”的“闹”表“干、弄、搞”；B 项中的“闹”表“扰乱、搅乱”；D 项中的“闹”表“开玩笑、逗”。

第 93 题 C

本题考查文学常识。“夸父逐日”典故出自《山海经》。《山海经》保存了大量远古神话和寓言故事，内容主要是民间传说中的地理知识。《史记》是我国第一部纪传体通史。《搜神记》是一部记录古代民间传说中神奇怪异故事的小说集，所记多为神灵怪异之事，也有一部分属于民间传说。《吕氏春秋》集先秦道家之大成，是战国末期杂家的代表作。

第 94 题 B

本题考查教材内容选取的原则。初级阶段汉语教材在选择词汇方面更倾向于口语化词汇。

第 95 题 D

本题考查教学活动设计。拓展练习要能引导学生多做表达练习，A、B、C 项主要内容都是立足于中国文化，和学生的相关性不大，D 项更能引起学生的表达欲望，达到练习目的。

第 96 题 A

本题考查中国姓名文化。A 项正确。“字”由“名”演化而来，在人际交往中，“名”一般用于谦称、卑称，或上对下、长对少；“字”用于下对上，少对长或对他人尊称。

B 项错误，孔明是诸葛亮的“字”，号卧龙。

C 项错误，母系社会时，“姓”代表母系血统，区别血统；“氏”代表氏族分支，区别子孙。到了先秦时期，“氏”多由统治者赐封而来，即“男子称氏以别贵贱”；夏商周三代严格实行“同姓不婚”制度，因此女子出嫁时要用“姓”标明血统，即“女子称姓以别婚姻”。

D 项错误。司徒、司马、司空等是以官职为姓。

第 97 题 D

本题考查文学常识。“范进中举”的故事出自清代小说家吴敬梓创作的讽刺小说《儒林外史》。

第 98 题 B

本题考查科举考试相关内容。范进考中的为“举人”。明清时期，院试录取者称为“秀才”，乡试录取者称为“举人”,会试的录取者称为“贡士”,殿试录取者称为“进士”。所以,范进得中举人,是因为参加乡试被录取。

第 99 题 D

白鹿洞书院在今江西庐山。位于江苏句容的是茅山书院。

第 100 题 C

国子监的最高领导人为祭酒,习惯上称作“国子祭酒”,一般都由学识渊博、声望较高的儒家学者担任。入国子监学习的人叫“监生”。国子监的副职是“司业”,协助祭酒管理全监事务。“博士”负责讲解经义,相当于今天的大学教授。

说明:第三部分“综合素质”考查考生的个人态度倾向,没有统一的标准答案。

《国际中文教师证书》考试(通用版)必刷试卷五

第一部分　基础知识

第 1 题 B

本题考查汉字字形的辨析。金文旧称“钟鼎文”,是商周青铜器上刻铸的款识文字。金文结体错综变化,笔画圆匀厚重。小篆笔画横平竖直,圆劲均匀,粗细基本一致,所有横画和竖画等距平行,所有笔画以圆为主。隶书是从篆书发展而来的,化繁为简,化圆为方,化弧为直。楷书形体方正,笔画平直。根据四个选项的字体特征判断可知第二个汉字属于小篆。

第 2 题 D

本题考查中国古代文学积累。这句话出自《孟子·离娄章句下》。

第 3 题 D

本题考查易错汉字。A 项“黯然失色”;B 项“按部就班”;C 项“暴殄天物”。

第 4 题 B

本题考查诗词积累。第一句出自唐代王湾的《次北固山下》“乡书何处达,归雁洛阳边”,第二句出自汉乐府诗歌《悲歌》“欲归家无人,欲渡河无船”,第三句出自唐代王维的《使至塞上》“大漠孤烟直,长河落日圆”。

第 5 题 A

本题考查汉字结构。“爱”字是上下结构,“是”同属上下结构。“须”是左右结构;“秉”是独体字;“房”是半包围结构。

第 6 题 D

本题考查造字法。“明”属于会意字,表日月并出;“时”属于形声字,从日,寺声,本义“季度、季节”。

A 项“行”本义“道路”,属象形字;“腾”是形声字,从马,朕声,本义“马奔腾”。

B 项“衣”本义“上衣”,属象形字;“切”从刀,七声,是形声字。

C 项“肌”从肉,几声,属形声字;“洒”从水,西声,属形声字。

D 项“取”从又从耳,为会意字;“背”从肉,北声,属形声字。故选 D。

第 7 题 B

本题考查词的结构类型。“青天”为偏正式合成词,“宫阙”为并列式合成词。

A 项“车辆”属“事物 + 单位”的补充型合成词,“云海”是偏正式合成词。

B 项“雪亮”是内部为状中关系的偏正式合成词,“本末”为并列式合成词。

C 项“胭脂”为并列式合成词,“马虎”是单纯词。

D 项“黑手”“游子”都为偏正式合成词。故选 B。

第 8 题 C

本题考查词性判断。“把酒问青天”中的“把”是动词,表示“用手握住”。A 项的“把”是量词,用于手的动作;B 项的“把”是介词;C 项的“把”表示“看守;把守”,也是动词;D 项表示朋友结为兄弟姐妹。

第 9 题 A

本题考查文学常识。A 项出自杜甫《八月十五夜月二首·其一》;B 项出自李清照《醉花阴》,后句为“佳节又重阳”，写的是重阳节；C 项出自王安石《元日》，描写的是春节的景象；D 项出自崔液《上元夜六首 · 其一》，描写的是正月十五元宵节的情景。

第 10 题 D

本题考查问句的类型。A、B、C 都是特指问，用疑问代词“什么”“怎么”来表明疑问，希望对方就疑问点做出答复。D 项为是非问句，带有语气词“吗”，可用“是”“不”或点头、摇头答复。

第 11 题 C

本题考查句型辨认。句①为双宾语句，“他”是间接宾语，消息的内容是直接宾语。

兼语句：由兼语短语充当谓语或独立成句。

连动句：由连谓短语充当谓语或独立成句，谓语动词有先后排列顺序，与同一主语发生关系。

主谓谓语句：主谓短语充当谓语。

第 12 题 B

本题考查趋向补语。句②为实指的趋向补语，在语义上“消息”随动作“发”而移动，方向为“出去”，这里用到的是“出去”的基本义。B 项“树叶落下来了”，事物“树叶”随动作“落”产生实际位移，也是趋向补语“下来”的基本义。A、C、D 三项也为趋向补语，但为非实指的趋向补语，其中的趋向动词在句中使用的是虚化后的引申义，A 句中的“过去”表“从正常状态到非正常状态”，C 句中的“起来”表“从分散到集中”，D 句中的“下去”表“现在到未来一直要持续”，事物并没有发生实际位移。

第 13 题 B

本题考查疑问代词的意义和用法。句③中代词“什么”是特指问句的用法，表明疑问点，希望对方作出相应回答。A、C 项是疑问代词的否定用法，且含有不满、责难意味，即实际表示“不该看”，“不要急”。D 项“什么”是虚指用法，指代不能确定的事物。B 项中的“什么”表疑问，希望对方就疑问点做出回答。

第 14 题 A

本题考查补语类型的辨别。材料中的“吃不下”为可能补语；“聊一会儿”为时量补语；“消息发出去以后”为趋向补语。结果补语在材料中没有出现。

第 15 题 C

本题考查教材适用对象判断。首先根据课文内容可判断本课的重点语言点是“把”字句，根据《国际汉语教学通用课程大纲》，“把”字句属于四级语法项目，因此判断学习该语法项目的学生拥有四级阶段词汇量，即 600 个左右。根据上述课程大纲，一级目标是掌握常用词约 150 个，二级目标约 300 个，三级约 600 个，四级约 1200 个，五级约 2500 个，六级约 5000 个。

第 16 题 D

本题考查对不同阶段学习者的教学目标。根据《国际汉语教学通用课程大纲》，A、B 两项属于四级阶段阅读技能目标；C 项属于三级阶段阅读技能目标；D 项是五级阶段阅读技能目标。对于本课学习者——处于四级阶段的学生来说，D 项目标是现阶段暂时不需达到的。

第 17 题 A

本题考查语义关系判断。画线句子中前一小句暗含的关联词是“如果”，“如果……就……”是假设复句常用的一组关联词，偏句提出假设，正句表示假设实现后所产生的结果。

第 18 题 B

本题考查词性判断。“忘不了”中的“了”读作 liǎo，为动词，放在动词、形容词后，跟“得、不”连用，表示可能或不可能。

第 19 题 B

本题考查声韵母拼合规则。声母 q 不能和开口呼、合口呼相拼，只能和齐齿呼（如 qín）、撮口呼（如 qù）相拼。

第 20 题 C

本题考查标调法。根据《汉语拼音方案》，声调符号一般标在音节的主要元音，即韵腹上。而 iou、uei 两个韵母省写为 iu、ui 时，声调符号标在后面的 u 或 i 上，因为在读音中，其韵腹与韵尾 u、i 结合更紧密。

第 21 题 A

本题考查语义角色分析。“与事”是在“把”字句中与谓语所表示的动作或行为没有明显施受关系的成分。A 项中的施事是“我”，动作的受事是“墨水”，“钢笔”是与事。

第 22 题 D

本题考查同形异义词的读音与词义。句①中的“地道”意思是“正宗”，读作 dìdao。“地道”还可念作 dìdào，表地下的道路或坑道（多用于军事）。

第 23 题 C

本题考查“是”的用法。句②中的“是”为副词，需要重读，表示肯定。选项 A、B、D 三句中的“是”为判断动词，C 项中的“是”为副词，表示肯定、强调。

第 24 题 D

本题考查比较句的格式。句③的具体格式为“A 比 B + 形容词 + 补语”，选项 D 也为此格式。选项 A 的格式为“A 比 B + 形容词”；B 项格式为“A 比 B + 形容词/副词 + 动词 + 补语”；C 项格式为“A 比 B + 动词 + 得 + 形容词/副词 + 补语”。

第 25 题 D

本题考查教学方法选择。在汉语教学中，要尽量不使用或少用学生母语或其他辅助语言，以求为学生在课堂上建立汉语环境，锻炼学生用汉语进行思考的能力，所以排除 A、B。句④中需要讲解的句式是“这就要……”，如果只给出例句，学生仍无法正确体会其准确含义，因此 C 做法也不合适。提供语境能够帮助学生理解该用法的实际使用情况及含义，是合适的教学方法。

第 26 题 D

本题考查动词重叠形式的表达功能。课文中出现的动词重叠形式用于尚未完成的动作，表示“建议尝试”，起缓和语气作用。D 项动词“考虑”重叠（虽然从形式上看不是 AA 形式），表达功能与文中的一致。A 项的“点点头”是已完成的动作，重叠形式表示动作轻微、短暂，不具有“建议”意。B、C 项的重叠形式表示该行为经常发生，含有“轻松”的口气。

第 27 题 A

本题考查词语辨析。

据说：根据别人说、根据传说。本身不能有主语，在句中多用作插入语。①用于句首：据说最近要举行篮球赛。②用于句中：这个人据说很有学问。

听说：听别人说。可带“过、了”。可带名词、小句作宾语。①作谓语：我听说这件事了。②作插入语：听说他去北京了。③用在句中：这道菜听说很好吃。

对于选项 C、D，二者中间都能插入名词性成分，如“据专家说……”“听老师说……”。

第 28 题 C

本题考查“都”的意义与用法。句④中的“都”为副词，表“甚至”。选项 C 中的“都”也表“甚至”义。A、

D 两项的“都”均表示“总括、全部”。B 项的“都”表示“已经”。

第 29 题 C

本题考查多音字。划线句子中有以下多音字：打（dǎ/dá）、着（zhe/zháo/zhāo/zhuó）、参（cān/shēn/cēn）、的（de/dī/dí/dì），这（zhè/zhèi）。

第 30 题 C

本题考查成语讲解设计。成语是现代汉语词汇的组成部分之一，“忐忑不安”形容“心神不定的样子”，十分形象生动，用动作和神态展示就可以达到很好的表义效果，故 C 项的做法合适。另外，短文中已经给出了情境，教学中不需要再另设情境解释，故排除 A 项。该词出自清代吴趼人的《糊涂世界》，其来源不是经典故事，B 项做法对解释其用法意义作用不大。D 项，用近义成语对比成语间的异同需要学习者有较好的汉语基础，难度较大，不适合作为教授成语的方法。

第 31 题 C

本题考查修辞手法。

A 项明喻，是本体、喻体都出现，中间常用“像、如、似、仿佛”等喻词。

B 项暗喻，本体喻体也都出现，其中用“是、变成、成为”等喻词。

C 项借喻，特征是不出现本体，借用喻体直接代替本体。本句中就是用“牢笼”代替了“不自信”。

D 项博喻，是用几个喻体从不同角度反复设喻去说明一个本体。

第 32 题 C

本题考查构词法。现代汉语词汇可分为两大类：

（1）单纯词：由一个语素构成的词。具体可分为联绵词、叠音词、音译词。

（2）合成词：由两个或两个以上语素构成的词。

①复合式合成词：由词根和词根组合成的词，按构成方式可分为：

联合型：途径、价值、关闭

偏正型：主流、小说、火红

动宾型：司机、站岗、失业

主谓型：地震、日食、心酸

补充型：提高、压缩、书本

②附加式合成词：由词根和词缀构成。

③重叠式合成词：由相同的词根语素重叠构成。

“记住”为补充结构，“住”是“记”的结果。

第 33 题 A

本题考查成语的结构类型。“毛遂自荐”整体为主谓结构，即“毛遂（主）|自荐（谓）”。A 项整体结构为“草船（状）|借箭（中）”；B、C、D 三项均为主谓结构，故选 A。

第 34 题 C

本题考查现代汉语音节。没有辅音声母的音节叫“零声母”。句①中的零声母音节有：一（yī）、乌（wū）、鸦（yā）。

第 35 题 A

本题考查汉字结构。根据部件的组合方式，可把汉字分为：

左（中）右结构：明、把、粥、班。

上(中)下结构:岩、类、器、曼。

包围组合:

两面包围:厅、病;旬、可;远、赶。

三面包围:问、凰;凶、凼;区、巨。

四面包围:国、围、回。

框架组合:巫、坐、噩、乖。

品字组合:晶、森、磊。

第 36 题 D

本题考查近义词辨析。“发现”和“发觉”后都可以加句子,所以 A、B 两项不对。区别在于,“发现”重在视觉上的变化,“发觉”则侧重心理。

第 37 题 C

本题考查汉字的规范书写。本题中各字的笔顺为:

盘:撇、撇、横折钩、点、横、点、竖、横折、竖、竖、横。

瓶:点、撇、横、横、撇、竖、横、竖提、横折弯钩/横斜钩、点。

砸:横、撇、竖、横折、横、横、竖、横折钩、竖、竖折/竖弯。

里:竖、横折、横、横、竖、横、横。

畅:竖、横折、横、横、竖、横折折折钩/横撇弯钩、撇、撇。

第 38 题 B

本题考查复句的语义类型。画线的句③中,后一分句是对前半句“有办法了”的具体解释,因此属于解说复句。

第 39 题 A

本题考查“石化现象”的成因。题干中的观点是语言学家 Klein 从学习者的心理角度对石化现象进行的解释。

第 40 题 C

本题考查二语习得过程中石化现象的形成因素。“个性”“认知特点”及“对目的语的认同”都属于学习者主观内在因素,“交际压力”属于外在因素。

第 41 题 D

本题考查对石化现象的认识。A 项,临界期假说提出在二语习得过程中,年龄是影响二语习得的决定性因素之一。B 项,文化迁移模式认为学习者在学习过程中受社会和心理上同本族语者之间距离的影响。C 项,社会认同理论:个体认识到他属于特定的社会群体,同时也认识到作为群体成员带给他的情感和价值意义。D 项,洋泾浜化假说是指在社会与心理距离太大的情况下,学习者的语言就会停留在初级阶段形成洋泾浜化,即使在自然的语言环境中也不一定能习得目的语,这是舒曼提出的。

第 42 题 C

本题考查对中介语的认识。中介语的偏误具有反复性,向目的语靠拢的过程是曲折的,已纠正的偏误还有可能有规律地重现。

第 43 题 C

本题考查教育学理论相关内容。图一的内容是“需求层次理论”,提出者是马斯洛;图二的内容是加涅所归纳的学习应达到的五种学习结果。

第 44 题 A

本题考查“需求层次理论”。马斯洛根据需求出现的先后及强弱顺序,把需要分成了七个层次:生理需要、安全需要、归属与爱的需要、尊重需要、求知需要、审美需要、自我实现的需要。

第 45 题 B

本题考查“认知策略”的定义。认知策略是使学生在应付环境事件过程中控制自己“内部的”行为的能力,即指导自己注意、学习、记忆和思维的能力。选项 A 属于学习结果中的“态度”;选项 C 属于“智慧技能”;选项 D 属于“言语信息”类。

第 46 题 A

本题考查加涅提出的八种学习类别。这八种学习是:

①信号学习:建立在巴甫洛夫经典性条件反射基础上,如人看到红灯就止步。

②刺激—反应学习:建立在斯金纳操作条件反射基础上的学习。如做作业得到老师表扬。

③连锁学习:建立在两个及以上刺激反应动作联结序列基础上的学习。如体操动作的学习。

④言语联想学习:一系列连续性的言语的刺激反应。如将单音节联成复合音节、组词成句。

⑤多种辨别学习:对多种能够刺激的异同进行辨别的学习。如小学生对图画和符号的辨别,语言学习中对近义词的辨别等。

⑥概念学习:对同类事物的特征进行抽象。

⑦原理学习:对各种定理、定律或规则的学习。

⑧解决问题学习:利用已掌握的原理解决问题,从而达到最终目的的学习。

第 47 题 D

本题考查“需求层次理论”与教学观念。根据马斯洛的该理论,经常鼓励学生可以满足学生的“尊重需要”,从而激励学生努力学习。

第 48 题 B

本题考查“需求层次理论”的应用。图一中从下往上的第二项为“安全需要”,是指希望受到保护与免遭威胁从而获得安全感的需要。选项 B 中该老师由于身处不安全的环境,安全需要尤为强烈。选项 A“睡眠严重不足”属于生理需求;选项 C 属于“尊重需要”,是在前列需要得到基本满足后对自己社会价值追求的需要。选项 D 属于自我实现的需要,即追求自我理想的实现、创造和自我价值得到体现的需要。

第 49 题 B

本题考查跨文化交际的不同阶段。在跨文化交际中,经历从文化不适应到文化适应的过程,大体上分为四个阶段:

蜜月阶段:刚刚接触第二文化,对一切都感到新鲜、惊讶、有趣,处于兴奋、激动、满足的状态。根据题干学生对中国习俗的感受描述,判断他们处于蜜月阶段。

挫折阶段:新鲜感过去,开始觉得生活上处处不习惯,产生迷惑、沮丧、孤独、焦虑、思乡的情绪,有些人在这个阶段采取消极回避的态度,甚至对当地文化产生敌意,这些表现叫“文化休克”。

调整阶段:经历挫折期后,开始调整自己和环境的关系,寻找适合新环境的方法。

适应阶段:调整之后,渐渐对生活环境感到习惯,对第二文化也逐步适应。

第 50 题 C

本题考查加涅的学习分类和学习任务匹配。“智慧技能”是使学生运用概念符号和规则对外办事的能力。理解性阅读报刊上报道属于这类学习。A 项属于“态度”;B 项属于“言语信息”;D 项属于“动作技能”。

第二部分　应用能力

第 51—53 题 BDA

本组题考查“文化尺度理论”。

权力距离是指社会地位低的人对社会上权利不平等分布的接受程度。权力距离大的文化中，人们对于等级非常敏感，下级对上级、晚辈对长辈要显示出尊敬。因此亚洲学生对老师的称呼都会加上“老师”二字，即第 53 题描述的现象。权力距离小的文化中这些不平等被尽量淡化。

不确定性回避是指一种文化中人们对不可预测的情况感到紧张的程度。不确定性回避程度高的文化倾向于建立更多的规章制度，寻求群体的共识。第 51 题描述的是这种现象在教育领域中的体现。高回避程度文化的学生更喜欢按部就班地按照老师的计划学习，低回避程度文化的学生喜欢自由开放的学习。

长期导向与短期导向：具有长期导向文化的主要是亚洲新兴工业化国家，如中国、日本、韩国等。具有短期导向文化的有菲律宾、加拿大、美国等。

个体主义与集体主义：描述在一个特定社会里个人与集体的关系。个体主义把个人看作独立的存在，强调个人的权利、独立性、自我实现、首创性和隐私。集体主义把个人看作集体的成员，强调个人对集体的归属、融合和忠诚。根据第 52 题的描述，不同国家的留学生的待人相处方式有差别，这种对内团体和外团体的态度差异也是个体主义与集体主义价值观的体现之一。集体主义文化会较严格地区分内团体和外团体，对内、外团体的人采取不同的交往方式。个体主义文化倾向于对所有人采取一致的原则。

男性文化与女性文化：用来衡量一种文化中男性特征和女性特质的表现和受重视程度。男性特征明显的文化中大多是“男主外，女主内”的传统模式，女性在社会上担任高级职位的比例低。

第 54 题 B

本题考查语言测试相关内容。根据案例中例题的询问方式，可看出该例题考查的是学生对语段的理解与概括，故选 B。

第 55 题 D

本题考查语言测试试卷设计。在测试内容的安排顺序上，要遵循由易到难的认知规律，让学生发挥出真实水平。故 D 项“自高到低”错误。

第 56 题 C

本题考查教育目标分类相关知识。布鲁姆将教育目标划分为认知领域、情感领域和操作领域三个领域，共同构成教育目标体系。认知领域教学目标分为识记、理解、应用、分析、综合和评价等六个层次。

第 57 题 C

本题考查语言测试试题设计及对题目细节的观察。根据表格，“书面简答”类题目所考查的是“综合/评价”的能力，题目数量为 16 题，时间为 20 分钟。

A 项：考查的是汉字书写能力，形式上不属于“书面简答”，且不涉及“综合”“评价”能力。

B 项：考查的是语义理解和语段逻辑，形式上不属于“书面简答”。

C 项：看图造句，符合“书面表达”的形式，且可以综合考查学生的语言能力，适合在该题型中出现。

D 项：短文写作，也属于“书面表达”形式，且能考查学生的“综合”“评价”能力，但在题目数量上不符合“16 题”的要求，故排除。

第 58 题 B

本题考查语言偏误类型辨认。作文中出现介词冗余的病句是“我对自己问。”

A 项:可改为“我父亲很热爱事业”,这时原句属于副词冗余;还可改为“我父亲是很热爱事业的”,这时原句属于成分残缺,缺少结构助词“的”;原句还可理解为强调句,句中的“是”要重读,表示“的确、确实”的意思。

B 项:病句错误在于介词“在”多余,可改为“听说学校附近有银行”。

C 项:趋向动词“起”用法冗余,可删去。

D 项:程度副词“十分”使用不当。“十分”与“很”意义相同,表示程度高,而句中谓语动词“满足”的语义是“完全足够”,两者在程度上还有差距,如“我很满意”与“我完全满意(没有不满意的地方)”。因此“十分”在这里使用不当。

答题点拨:题干部分已告诉我们错误类型是“介词冗余”,因此即使判断不出是材料作文中的哪句话也不影响做题。

第 59 题 C

本题考查各阶段写作教学的目标。初级阶段写作训练主要是使学生写出简单、连贯的句子,解决“对不对”“通顺不通顺”的问题。故 A 项是初级阶段的目标。中级阶段主要训练学生谋句成段、谋段成章的能力,关注书面表达“好不好”的问题,故本题选 C。高级阶段写作课主要训练学生熟练写作各种文体的能力,过渡到“用好”“得体”的较高要求,选项 B、D 为该阶段目标。

第 60 题 A

本题考查写作练习设计。根据题干可知该写作练习的目标是“掌握句子间的承接关系”,因此宜采用记叙文的方式,A 项记事类写作需要描述事情的起承转合,最为合适。

第 61 题 A

本题考查写作训练方法。限制模仿型写作训练学生根据所给的情景、条件甚至内容组织一篇文章的能力。A 项方法可以使学生根据范文,对内容、文章结构等进行模仿。

第 62 题 D

本题考查语言点与练习的搭配。A、B、C 项各词语中分别只有“周末”“三月”“上周”一个时间名词,无法针对“时点”“时段”不同时间范畴的区分做出训练。D 项包含时点名词“昨天”“晚上”,时段词“小时”,更适合做区分练习。

第 63 题 C

本题考查教学对象的判断。根据材料中给出的生词可判断该课文适用于初级阶段学习者。而以成段形式出现的课文更适合成人学习者。

第 64 题 D

本题考查重点教学词汇的选择。词汇教学应有详有略,对于词性、词义单一,用法简单的词可以简单讲解,如餐厅、纸袋、互联网、错误这些基础名词。对于较难直接解释,且具有特殊用法的词需要重点讲练,如大约、进行。

第 65 题 C

本题考查词汇练习的方式。词汇练习方式主要有:

感知类练习:对词的感知,包括听音、读音和认字。主要方法有:听教师读、听录音、朗读、领读、认读等。

理解类练习:考查学生对词义的理解是否正确。主要方法有:说出近义词、反义词,听义说词、听词说义,给多义词选择合适的义项,选择合适的词语填空等。

记忆类练习:主要帮助学生记住词的发音、意义及用法,主要的方法有听写词语、听音填词、听义说词等。

应用类练习：即通过词的实际运用来帮助学生掌握词的用法。主要方法有：搭配词语、选词填空、辨别和纠正句子中用错的词语、用指定的词回答问题、用指定的词语完成句子、造句等。

第 66 题 B

本题考查词汇教学的方法。词汇教学中也需要适时进行跨文化对比。例如“狗（dog）”和“龙（dragon）”在东西方文化中就代表着不同的善恶含义，国际汉语教师要有对比意识，培养对词语偏误现象的敏感度。故 B 错误。

第 67 题 B

本题考查教学对象的判断。根据材料，设计的教学目标有三类，对于 3—5 岁的学习者来说不易达到这些教学目标；具体目标中绘画、动作展示等内容，意在丰富课堂内容，调动学生积极性，这些活动对于 13—15、18 岁以上学习者来说略显幼稚，因此判断这部分教学设计较适合 8—10 岁的学习者。

第 68 题 A

本题考查教学目标的制定。根据材料，李老师在判定教学目标时出现“好恶”“最喜欢”的关键词，因此判断培养的是学生的情感策略。

第 69 题 B

本题考查多元智能理论。加德纳 1983 年在《智力的结构：多元智能理论》一书中提出了：语言、逻辑—数学、空间、身体—运动、音乐、人际和内省智能。

A 项，内省智能：又叫自我认识智能，是指自我认识并据此做出适当行为的能力。这项智能能够认识自己的长处和短处、知道自己的强项和弱项，知道自己的需要和才能。哲学家、政治家、思想家、心理学家等是拥有高度自我认识智能的典型例证。

B 项，身体—运动智能：指人的身体的协调、平衡能力和运动的力量、速度、灵活性等，突出特征为利用身体交流和解决问题，熟练地进行物体操作以及需要良好动作技能的活动。

C 项，逻辑数学智能：是涉及对问题进行逻辑分析、进行数学运算和用科学方法调查问题的能力。科学家、会计、电脑程序员等都在这方面显示出较强的能力。

D 项，人际关系智能：是指一个人能有效理解他人并与人交往的能力。教师、演员、政治家等是较好的例证。

本题案例的主题单元为“快乐运动，快乐生活”，教学目标涉及“运动展示”等，能够锻炼学生的身体—运动智能，故选 B。

第 70 题 D

本题考查写作练习相关内容。评价“看图写作”作文应考虑语言、内容和语段衔接等内容。A 项的修辞不是这个阶段的写作练习中要考查的内容；B 项，虽然汉字和句长也是写作评价的内容，但不是主要标准；C 项的人物、文体不是评价写作的标准。

第 71 题 A

本题考查写作教学的方法和技巧。汉语写作教学中常用到的方法有：模仿写作、任务写作、过程写作和自由写作。

模仿写作：一般从语言形式入手，学生根据提供的语言框架，做段落练习，然后进行模仿写作。模仿写作还很重视范文的作用，常用范文来分析文章结构，学习篇章的组织方式。B 选项的方法属于模仿写作的方法。

任务写作：是任务型教学法在写作领域的运用，具有交际性、实用性、灵活性的特点，设定真实的语境，让学生设身处地来构思文章内容,想方设法来表达自我意识。一般分为写作准备、进行写作、写作汇报三个阶段。选项 A 将写作练习设定为"读后感"的形式,让学生根据自己的真实感受进行写作,实用性强,属于任务写作的方式。

过程写作:受交际语言教学理论的影响,注重过程的引导,鼓励学生对语言运用和文章结构进行反复思考、修改。大致分为准备、起草和修改三个阶段。在准备阶段,要提出写作构想,列出提纲,收集资料;起草阶段,在教师带领下观摩借鉴范文,反复修改文章;修改阶段,教师要对语法、用词进行批改。选项 C 提到"撰写写作提纲",属于过程写作范畴。

自由写作:特点是强调写作的启动、写作的量,关注内容的表达。常用方法是"头脑风暴",帮助写作者打开思路、激发联想。

第 72 题 C

本题考查写作训练相关内容。首先要明确题干的要求是"既能限定内容的逻辑性,又能训练写作技能"。选项 A 的练习形式只能控制所给词语在写作中出现的顺序,而行文的逻辑则完全由学生自由发挥。B 项对逻辑性的限定比较强,但只考查了学生对关联词语的理解与使用,不能达到写作训练的目的。C 项的续写练习给出了具体情境"在新年联欢会上",以及要求选用的词语,能较好地限定续写内容的逻辑性,因此 C 项较合适。D 项连句成段只训练了"逻辑",没有训练"写作"能力。

第 73—75 题 CAB

本组题考查课堂偶发情况的处理策略。

第 73 题:孙老师将错误巧妙地转化为教学服务的内容,且利用提问的形式吸引了学生的注意力,做到了化被动为主动。

第 74 题:李老师在提醒了聊天学生而没有得到期望结果后,转变策略,引导其他学生关注他们,既为学生的口语练习提供了新的素材,又有效制止了聊天行为。

第 75 题:对于课堂中的矛盾,钱老师利用幽默调侃的方式来回应,在解决问题的同时也活跃了课堂气氛。

第 76 题 B

本题考查国际汉语教师基本素质。作为一名汉语教师,除了要具备基础的汉语知识、汉语教学知识、语用学知识、第二语言习得研究相关知识外,还应具备一定的心理学和教育学知识。

第 77 题 B

本题考查教学活动适用对象判断。根据活动主题"自我介绍"可判断学生处于汉语学习零基础或初级前期的阶段。活动呈现的形式需要学生说出成语段的自我介绍,且需要识记汉字,对于幼儿阶段的学生来说难度较大,故 B 最合适。

第 78 题 A

本题考查课程内容设计安排。一般的课堂活动设置要包含前期准备、主题活动及成果评估。还可根据表格"3"处的内容描述进行判断:这部分内容描述的是通过该活动学生要达到的各个目标,教师通过这些内容判断学生本节课的学习效果。

第 79 题 D

本题考查教学前应做的准备。教师在开展教学工作前的备课工作除了要熟悉教材等内容外,还要"备学生",即了解教学对象的情况,尤其要重点了解学生的学习风格,根据学生情况采取相应的教学方式方法。

第 80—85 题 CEBDAF

本组题考查纠错方式。教师常用的对学生的纠错方式主要有六种：

①明确纠正：直接指出学生错误所在，并给学生正确答案。

②重述：教师用正确的语言形式重新表述学生要表达的意思，对学生的话语做全部或部分修正，但不明确指出学生的错误，是一种较含蓄、隐晦的纠错方式。

③重复：教师重复学生的话语，以重音等方式突出学生的错误，以引起学生注意。

④请求澄清：教师要求学生重新组织话语。

⑤引导：通过特定的语言和技巧引导学生自我修正，如有意停顿让学生填充正确答案，或用提问的形式进行引导。

⑥元语言提示：教师不给学生正确答案，而用元语言提示相对明确地指出学生的错误，让学生自我纠正。

第 86 题 C

本题考查中国历史文化。张骞是西汉人，奉汉武帝之命出使西域；班超是东汉外交家、军事家，官至“西域都护”；甘英是班超属吏，曾奉命出使大秦（罗马帝国，但只到波斯湾一带）。C 项郑和是明代人，其七下西洋在一定程度上可以说是“海上丝绸之路”的延伸。

第 87 题 A

本题考查方言区相关内容。景德镇位于江西北部，因此最有可能说的是赣方言。B 项闽方言主要分布在福建和海南大部分地区、广东潮汕地区等。C 项吴方言分布在上海、江苏省长江以南镇江以东地区、浙江大部分地区等。D 项客家方言分布较广，以广东梅县话为代表。

第 88 题 B

本题考查文化积累。A 项错误，中国人去津巴布韦是落地签。C 项错误，苏联是第一个承认并与新中国建交的国家。D 项错误，塞尔维亚官方语言是塞尔维亚语。

第 89 题 C

本题考查时政热点。肯尼亚地理位置优越，是非洲的门户和运输枢纽，也是“一带一路”在非洲的唯一支点，是获得中国投资最多的国家之一。

第 90 题 D

本题考查写作相关内容。对比范文和作业，作业中频繁出现“我”，在汉语表达中不自然不简洁，因此该生应进一步掌握篇章中代词的省略。

第 91 题 B

本题考查写作教学方法。B 项，对于学生写作中出现的语法偏误，也应该予以明确纠正，这样的写作训练才能有效。

第 92 题 B

本题考查“了”的用法。例句中句尾的“了”是“了$_2$”，即语气词“了”，在该句中表示到说话时间为止所达到的时间量。A、C 句的“了”是“了$_{1+2}$”，兼有语气词和动态助词两种作用；D 句的“了”是助动词；B 句的“了”是语气词，也表示所达到的时间量。

第 93 题 A

本题考查写作类型。任务写作是任务型教学在写作领域的运用，一般设定真实的语境，让学生设身处地来构思文章内容，想方设法来表达自我意识。为了达到交际目的，任务写作从实用性的角度精选写作项目，与学习者生活、工作、求职等关系密切的问题多收录其中。A 项限定作文题目，要求学生“介绍我自己”

属于任务型写作。B项“准备、起草、修改”是过程写作的三个阶段。C项的做法属于模仿写作，从语言形式入手，教师为学生提供语言框架以做段落练习，规范写作的内容和形式，且重视范文的作用。D项属于自由写作，学生讨论的过程也是“头脑风暴”的过程，帮助学生打开思路。

第94—97题 DEFA

本组题考查文化常识。

第94题：图片为北宋风俗画《清明上河图》部分内容，作者为张择端。

第95题：图片是《富春山居图》局部，作者黄公望。

第96题：作品是后人临摹的《送子天王图》，原作者吴道子。

第97题：选自《多宝塔碑》，是颜真卿的作品。

第98题 B

本题考查传统文化常识。中秋节与春节、端午节合称三大传统节日。

第99题 A

本题考查古代农业文化常识。《农政全书》由明代徐光启所著。元代王祯的著作为《农书》。

第100题 C

本题考查文化知识。

A项：瑟是我国最早的弹弦乐器之一，先秦便极为盛行，汉代亦流行很广，魏晋南北朝时常用于相和歌伴奏。

B项：笛子是迄今为止发现的最古老的汉族乐器，也是汉族乐器中最具代表性、最有民族特色的吹奏乐器。

C项：筚篥是南北朝时从波斯经“丝绸之路”传入中国。

D项：古筝又名汉筝、秦筝、瑶筝、鸾筝，是中华民族传统乐器，属于弹拨乐器。

说明：第三部分“综合素质”考查考生的个人态度倾向，没有统一的标准答案。

《国际中文教师证书》考试(通用版)必刷试卷六

第一部分 基础知识

第 1 题 C

本题考查汉字的形体。汉字在历史上出现过甲骨文、金文、篆书、隶书、楷书五种正式字体。“家”字各时期主要字形为:

题干中的汉字分别为“家”的甲骨文和小篆形体。

答题点拨:甲骨文的笔形是细瘦的线条,拐弯多是方笔,外形参差不齐、大小不一。金文主要特点是笔画丰满粗肥,外形比甲骨文方正、匀称。篆书有大篆、小篆的区别。小篆是秦始皇统一六国后整理、推行的标准字体,字形更匀称整齐,笔画圆转、简化。隶书有秦隶、汉隶两种。秦隶把小篆圆转弧形的笔画变成方折平直的笔画,基本摆脱了古文字象形的特点。

第 2 题 D

本题考查古代文学常识。“身修而后家齐,家齐而后国治,国治而后天下平”出自《大学》。

第 3 题 A

本题考查错别字。A 项“家徒四壁”,选项将“徒”错写为“迁徙”的“徙”。

第 4 题 B

本题考查诗词积累。句①出自宋代李觏的《乡思》:

人言落日是天涯,望极天涯不见家。
已恨碧山相阻隔,碧山还被暮云遮。

句②出自唐代贺知章的《回乡偶书二首 · 其一》:

少小离家老大回,乡音无改鬓毛衰。
儿童相见不相识,笑问客从何处来。

句③出自明代袁凯的《京师得家书》:

江水三千里,家书十五行。
行行无别语,只道早还乡。

答题点拨:古诗词类题目,如果没有积累过所考查的诗词,可以从对仗、平仄的角度进行判断。如句③,根据上下联词性相对的规律,与“家书”相对应的也应该是名词性词语,可排除“疾行”。

第 5 题 A

本题考查造字法。“看”篆文字形 ，上有“手”字的变形 ，下为“目” ，即以手遮住眼睛以远望的样子，属会意字。“白”甲骨文作 ，象日光上下射之形，属象形字。毛，金文 ，像毛发分散的样子，六书中属象形。

第 6 题 D

本题考查词汇教学方法。“毛衣”是有具体、实际意义的简单名词，因此用实物/图片展示的方式教学最合适，能帮助学生将汉语“毛衣”的发音、字形直接与其脑海中已有的“毛衣”（这一事物）概念建立联结。语素释义、近义词释义反而会增加学生理解的难度；直接对译也不合适，根据“汉语为主”的原则，教学中应尽量避免借助学生母语或其他语言。

第 7 题 C

本题考查偏误成因分析。

A 项，母语负迁移：学习者在不熟悉目的语规则的情况下，依赖母语知识，把母语规则、习惯用法等带入到目的语中。如母语为英语的学习者说出“我吃饭在餐厅”。

B 项，元认知策略：对自己认知过程的了解和控制策略。如制定汉语学习目标、规划学习时间，能进行自我评估、自我总结等。

C 项，目的语规则泛化：学习者把他所学习到的有限的、不充分的目的语知识用类推的办法不恰当地运用到其他内容中，造成偏误。在本题中，学生根据例句“颜色有点儿深”概括出了“有点儿 + 形容词”的用法，但还未掌握“出现在该结构中的形容词一般具有消极意义”（即“有点儿 + 形容词”一般只用于表达说话人感到不满意的情况）这样更完善的规则，扩大了该用法的使用范围，因此说出了“有点儿好看”这样的句子。故该偏误的成因是目的语规则泛化。

D 项，交际策略的影响：造成偏误的交际策略常见的有回避（如回避使用“把”字句而造成偏误）、语言转换等。

第 8 题 C

本题考查语气词“呢”的用法。画线句子中的“呢”表疑问语气。A 项中的“呢”含夸张语气，表确认事实，使对方信服。B 项中的“呢”用于在反问句中，表否定含义。C 项中的“呢”也表疑问。D 项中的“呢”用在特殊疑问句里，起舒缓语气作用。

第 9—13 题 BAFED

本组题考查词汇的分类与构成。

第 9 题：双声词。即两个音节声母相同的联绵词。

第 10 题：叠音词。由不成语素的音节重叠构成，重叠后仍只是一个双音语素，是单语素词。

第 11 题：主谓型合成词。

第 12 题：状中型合成词。

第 13 题：中补型合成词。“纸张”类前一词根表示事物，后一词根表示事物单位的也是中补型合成词。

词的结构类型简表

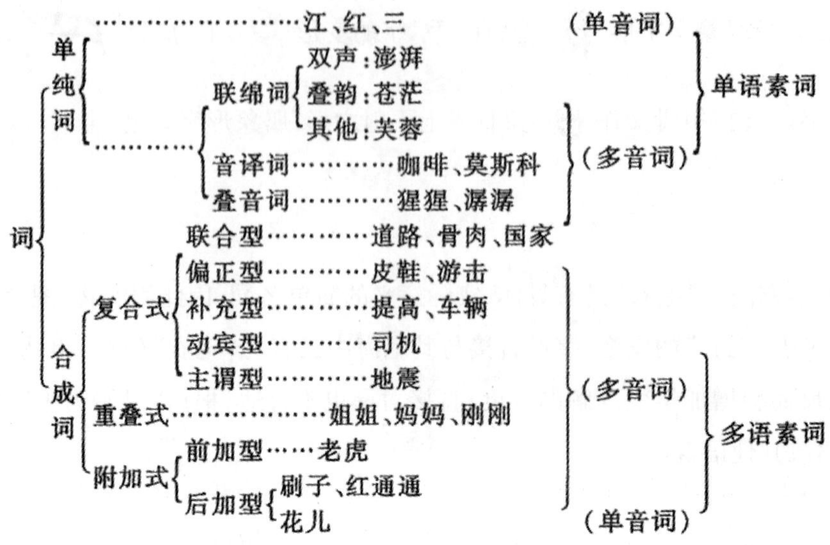

第 14 题 B

本题考查句型句式的分辨。句①中“我”是“邀请”这一动作的宾语，也是“到他家去玩儿”这一动作的发出者、主语，所以该句为兼语句，故选 B。

A 项由主语、谓语两个成分构成的单句叫主谓句，根据谓语核心可具体再分为动词谓语句、形容词谓语句和名词谓语句。

C 项连谓短语充当谓语或独立成句的句子叫连动句，如“他低着头思考”。

D 项存在句是表示何处存在何人或何物的句式，如“门口有辆自行车”。

第 15 题 C

本题考查趋向动词的意义和用法。句②中的“起来”为趋向动词，表示“高兴”这一状态开始并继续。C 项中的“起来”用在形容词“暖和”后，也表示这一情况开始并继续。A 项表示升起；B 项用在动词后，表示估计或着眼于某一方面；D 项用在动词后，表示动作完成或达到目的。

第 16 题 B

汉语语境具有含蓄和委婉的表达风格。“回头再说”属托词法，即借用别的事情做托词，委婉地谢绝对方。A 项“谦言”即自谦客气的说法；C 项“曲言”的特征是避免刺激对方或有意加强语言的情趣，有意把话说得缓和含蓄；D 项“借说”是用其他事物的特征来代替实质性直接陈述或回答。

第 17 题 A

本题考查“了（liǎo）”的意义。“临了”的“了”表“完毕，结束”，A 项的“了”与其同义。B、C 两项中的“了”是其语素义“明白、懂得”；D 项中的“了”为副词，表“完全（不），一点儿（也没有）”。

第 18 题 C

本题考查“是……的”结构的意义和用法。句⑤为“是”字句，其中的“是”为判断动词，其后是由结构助词“的”构成的“的”字短语，句子的意义在于说明句子主语“这些书”的类别。C 项“他爸爸是做生意的”中的“的”也是结构助词，构成“的”字短语，判断动词“是”说明主语的类别“做生意的”，故选 C。A、B、D 三项中虽然形式上也是“是……的”结构，但其中的“是”可省略，表一般的肯定，“的”为语气词。

答题点拨:判断"是……的"格式

①是……的:属于"是"字句,"的"为结构助词,"的"字短语说明主语的类别。 例:他爸爸是做生意的。(结构助词"的"后可添加相应的名词"人") 这本书是新出版的。(结构助词"的"后可添加相应的名词"书") ②是……的:"是"可省略,表一般的肯定、确认,"的"为语气词。 例:麦克是不会来的。(其后不可添加相应的名词) 他是从美国来的。(其后不可添加相应的名词)

第 19 题 A

本题考查轻声。各选项的读音为:相声(xiàngsheng),口头(kǒutóu),名片(míngpiàn),至于(zhìyú)。

第 20 题 D

本题考查教学方法。根据分析,可看出片段一中的课堂活动具有以下特点:①真实自然的情景;②做中学(要求学生互相询问个人信息);③任务有明确结果(要求学生汇报)。综合来看,属于任务教学法。

答题点拨:任务教学法并非传统意义上的"教学法流派",它不像听说法或者全身反应法等有明确的教学步骤和教学技巧,而是强调在坚持交际性原则的基础上,以任务为单位来开展教学。

第 21 题 D

本题考查二语习得假说。要求学生"不怕丢脸",是为了帮助学生克服语言学习中的焦虑、担心暴露弱点等情绪,依据的是情感过滤假说。情感过滤假说认为动机、信心、焦虑等情感因素起着过滤输入的作用,会阻碍或加速语言的习得。

A 项互动假说强调语言习得中的互动,即意义的协商在二语习得中的决定性作用。意义协商就是在交流双方遇到交际困难或障碍时,依据对方理解与否的反馈,进行语言形式和话语结构的调整,诸如"自我重复""确认""请求澄清"等。

B 项输出假说认为输出不只是语言学习的结果,更是语言学习过程的一部分。只有强迫学习者进行语言输出,表达能力才能提高。小组讨论、口头报告、口头总结、写作等都是语言输出的有效手段。

C 项可教性假说是 Pienemann 提出的,是指只有当学习者的中介语系统接近目标语言在自然环境中的习得顺序时,课堂教学才能促进语言习得。

第 22 题 C

本题考查第二语言教学法。片段二中吕老师"多做一些生词、课文的重复练习和结构替换练习"这样的想法符合听说法的理念。听说法又被称为"结构法",认为学习一门语言关键是学习这种语言的句型,强调借助句型替换或其他操练方式,通过模仿和重复来掌握语言结构。

A 项直接法特别强调口语能力,主张采用口语材料作为教学内容。在教学中,它具有两个显著特点:一是直接学习目的语,不用母语为中介,不用翻译;二是像儿童学习母语那样直接学习目的语,要求学生模仿教师的语言,或者与教师用目的语进行问答。其主要的实践原则是:①直观性;②强调口语学习;③强调通过练习掌握语言,以模仿、操练、记忆为主形成自觉的习惯。

B 项情景法是强调通过有意义的情景进行目的语基本结构操练的教学法,情景法的特点有:①教学目的是对听、说、读、写四种言语技能的实际掌握,而言语技能又是通过掌握语言结构获得的。②语言教学从口语开始,教材先用于口头训练,然后再教书面形式。③课堂用语是目的语。④新的语言点要在情景中介绍并操练。⑤运用词汇选择程序,以确保基本词汇教学。⑥按先易后难的原则对语法项目进行分级排列。⑦在学生具备一定的词汇语法基础后,再进行阅读和写作教学。情景法的教学过程一般是:教师多次示范新的词语或结构,让学生集体模仿;对学生进行个别语言操练;运用已知句型进行回答以引进新句型;通过回答、造句、用提示语等练习新句型;让学生自己纠正错误。

D 项暗示法是一种强调通过暗示,开发人的身心两方面的潜力,激发高度学习动机的教学方法。正确的暗示主要有两种手段:威信和稚化。暗示法的特点是在教学中布置舒适的环境,帮助学习者消除心理障碍。

第 23 题 D

本题考查教学法的理论基础。首先判断出片段二画线部分的做法符合听说法,而听说法的心理学理论基础是斯金纳的新行为主义心理学,这一理论认为语言学习也是一种行为,它通过严格的句型操练,用模仿、记忆、重复的方式养成语言习惯,在短时间内习得语言。

第 24 题 C

本题考查动词的分类。

A 项,体宾动词:是只能带体词性的宾语,不能带谓词性的宾语的动词,例如:骑(马)、买(票)。

B 项,双宾动词:是后边可以加两个宾语的动词,如给(你|一本书)。

C 项,谓宾动词:只能带谓词性宾语的动词,如能(去)、会(写)、打算(参加)。

D 项,粘宾动词:成句时必须带宾语的动词叫粘宾动词,如加以、企图、姓。

由此可判断,"后悔"是一个谓宾动词。

第 25 D

本题考查教学情况分析。该生的这段写作训练几乎全由短句构成,缺少关联词等衔接成分,各句子之间连贯性不强,因此需要加强连接成分运用方面的训练,故选 D。

第 26 题 C

"5C"标准包括:交际(Communication)、文化(Cultures)、贯连(Connections)、比较(Comparisons)、社区(Communities)。

第 27 题 A

本题考查写作测试相关内容。材料文段显示出的该生在写作上出现的主要问题有:文段的衔接连贯性不强,以及由此造成的多用短句、重复使用主语人称等问题,因此需要在其写作过程中控制短句和主语人称的重复使用,并加强文段连贯性练习。故选 A。

第 28—29 题 DB

这两题考查对声调特征的观察。观察图一中第三声的声调曲线走向,有两次转折,但中间主体部分主要是又低又平的走向,故第 28 题选 D 较合适。在图二中,第三声的走向为先下降再上升,因此第 29 题选 B。

答题技巧:根据赵元任创制的"五度标记法"中的调值走向,可将"声调"的各项描述名称对应如下表:

调名	一声	二声	三声	四声
调值	55	35	214	51
调型	高平	中升	降升	全降
调号	ˉ	ˊ	ˇ	ˋ
调类	阴平	阳平	上声	去声

第 30 题 B

本题考查对两个调型图的观察。图一的横坐标标示了“短”“次短”等,而各个声调结束的对应位置均不相同,这表明在该图中显示出的每个声调音长的不同。

第 31 题 C

本题考查轻声的定义。轻声是每个声调因语流音变而形成的又轻又短的调子,是声调变体,不独立存在,故选 C。

第 32—35 题 CADB

本组题考查二语习得相关假说。

A 项,互动假说:是朗(Michael Long)在克拉申输入假说基础上提出的,更强调语言习得中的互动,即意义的协商在二语习得中的决定性作用。意义协商即在互动的过程中,交流双方遇到交际困难或障碍时,依据对方理解与否的反馈,进行语言形式和话语结构的调整,从而有助于学习者对目的语的理解。

B 项,情感过滤假说:是克拉申“监控模型”中的一部分,他认为情感因素在语言输入中起过滤作用。当学习者缺乏动机和自信心,感到焦虑时,进入语言习得机制的语言输入便会受到阻碍。

C 项,习得顺序假说:克拉申认为语言学习都是按照一种可预测的顺序习得语法结构的,即有些语法结构习得较早,有些语法结构习得较晚。

D 项,对比分析假说:即把两种语言进行对比,从而确定其中的相同点和不同点,其最终目的是预测母语对第二语言学习所造成的影响,从而确定教学重难点。

E 项,可理解输入假说:即“i+1”公式,克拉申认为只有当习得者接触到“可理解的语言输入”,且又把注意力集中于对意义或对信息的理解时,才能产生习得。

第 32 题:题干关键词“先”“后”说明不同的语言点在教材中的出现时间不同,体现了习得顺序假说。

第 33 题:给学生留出小组活动、自由表达时间,能帮助学生在互动交际中锻炼表达能力,契合互动假说。

第 34 题:强调教材编写要考虑母语和目的语的差异,体现对比分析假说。

第 35 题:老师的做法有利于学生树立信心、克服焦虑情绪,体现了情感过滤假说。

第 36—40 题 BFADE

本组题考查教案设计相关内容。

第 36 题:关键词“使学生能够……”表述的是教学目标;具体要求“描述”“介绍”是语言表达能力方面的目标,属于技能领域。

第 37 题:利用视频等来引导学生进行表达,帮助学生建立图式,是教师用这样的方法给学生以启发,属于教学方法中的启发式教学法。

第 38 题:关键词“使学生……”对应教学目标;“愿望”则表明这一项属于情感领域的目标。

第 39 题:师生问候、吸引学生注意力一般在上课之初进行,目的在于为之后的正式教学做准备,属于教学步骤中的组织教学。

第 40 题:“讨论”的形式是任务型教学常用的教学方法。

第 41 题 C

本题考查遗忘规律的特点。根据对“艾宾浩斯遗忘曲线”的观察可知,遗忘变化的特点是先快后慢。

第 42 题 A

本题考查记忆的分类。记忆按保持的状态和时间可分为感觉记忆(瞬时记忆)、短时记忆(操作记忆)和长时记忆。

第 43 题 A

本题考查记忆类别的分辨。人在打完电话后就把号码忘了属于短时记忆。

第 44 题 B

本题考查“遗忘”相关内容。“干扰说”主张遗忘是由于受到其他刺激而产生的。干扰的因素有两种:前摄抑制和后摄抑制。前摄抑制就是前边的学习活动对现在的记忆保持产生影响;后摄抑制是后边的新记忆干扰旧记忆。

第 45 题 C

本题考查言语活动在大脑皮层上的机能定位。大脑右半球主管形象、知觉、空间等形象思维活动;左半球主管抽象思维,主要是语言、概念和计算能力。

第 46 题 B

本题考查第二语言习得研究相关内容。该观点强调语言输入对二语学习的重要性,提出者是克拉申。

第 47 题 C

本题考查记忆的保持。瞬时记忆的信息贮存时间极短,大约 0.25 ~2 秒;短时记忆的容量有限,一般是 7 ±2 个信息单位;长时记忆是信息在头脑中储存时间在 1 分钟以上直至保持终生的记忆。

第 48 题 C

本题考查语言学习的心理学相关内容。伦尼伯格提出语言学习“关键期”假说,认为在青春期(12 岁之前)由于大脑语言功能侧化尚未完成,左右脑都能参与语言习得,这是语言习得的最佳时期。

第 49 题 D

本题考查第二语言习得研究。强调输出的重要性,认为只有强迫学习者进行语言输出,表达能力才能提高的是斯韦恩所提出的输出假说的观点。

第 50 题 A

本题考查对第二语言教学的认识。与第一语言的习得相比,学习者在进行第二语言学习时一般仍处于本国的母语环境中,且课堂教学要受到多种条件限制,因此这类教学的最大缺陷在于不能给学习者提供完全真实的第二语言交际环境。

第二部分　应用能力

第 51 题 A

本题考查汉语水平测试的类型。根据材料提示,该活动参与人员为社区大学学生,因此应选择面向成人的汉语能力标准化考试 HSK。BCT 是商务汉语考试,YCT 是面向中小学生的汉语能力标准化考试,MCT 是医学汉语水平考试。

第 52 题 B

本题考查多元智能下的教学设计。选项 A、C、D 中的“数字”“计算”“计数”都与数学学习有一定关联,但 B 中的“图形”与数学无关。

第 53 题 B

本题考查文化常识。A 项,《嘎达梅林》是蒙古族民歌,不应搭配藏族舞;B 项,《月光下的凤尾竹》是傣族音乐,可以搭配傣族舞;C 项,《在那遥远的地方》是青海民歌,不应搭配蒙古族舞;D 项,《跑马溜溜的山上》又名《康定情歌》，是四川民歌，不应搭配维吾尔族舞。

第 54—59 题 EDCBAF

本组题考查词汇教学方法。

第 54 题：给出典型例句，在句子中讲解词语的作用属于例句释义法，多适用于讲解较抽象的词汇。

第 55 题：用学生已学习过的“妈妈”“哥哥”“弟弟”组合构成新词“舅舅”的词义，属于以旧带新法，既能帮助学生复习旧词、组建词汇网络，又可以帮助学生形成用汉语进行思维的习惯。

第 56 题：运用已学习过的词来解释其相反的意思，属于以反释正法，一般用于讲解反义词。

第 57 题：情景释义法，通过给出具体情景，让学生猜测、体会词义。

第 58 题：直接用学习者母语翻译出汉语词汇，适用于词义明确、单一或较难下定义的基础词汇。

第 59 题：提示已学过的词汇，引导学生由这些词的词义去联想猜测含有相同语素的新词词义，属于语素释义法。

第 60 题 A

本题考查课堂环节设置。在本案例中，展示讲解、练习巩固环节都在后半部分呈现，步骤①属于复习旧知，其中的“洗干净”“看见”“记住”在 PPT 上直接呈现出来了，说明这些内容学生在之前已经掌握，不需要再展开讲解。又因为这些内容与本节课所要讲解的语言点有联系，所以要先复习这部分内容，学生在之后的学习中才能有正确的理解。

第 61 题 B

本题考查教学步骤的安排。根据前几个步骤可以看出，已完成了语言点导入、展示讲解，接下来需要进行语言点的操练，且操练过程要注意循序渐进。C、D 项没有结合语言点，只锻炼了学生的汉字书写能力，对本节课来说不是合理操练。A 项和 B 项相比，B 的练习方式更合适，因为在形式上给出了图片，可以给学生一定的提示和辅助；A 的操练开放性更高，难度更大，比较适合在练习 B 之后，学生能较好掌握可能补语的结构后来练习。故选 B。

第 62 题 C

本题考查补语类型判断。根据案例中步骤②、④呈现的语言点，可以看出本课教学重点是可能补语，如步骤②句 A 所蕴含的意思是“……你洗得干净吗？”

第 63 题 C

本题考查对教学中常见语言点的辨别能力。本课的教学重点是可能补语，A 项偏误出现的原因是离合词“睡觉”的掌握；B 项偏误在于结果补语；D 项偏误出现是由于程度补语没掌握好；C 项偏误出现的原因是可能补语的否定形式未掌握好。

第 64 题 B

本题考查对教学步骤的判断与把握。在此案例的教学安排中，步骤②以步骤①的复习为过渡，用板书展示出可能补语的主要结构；步骤③展示其否定形式，由此判断这两个步骤是对语言点进行了解释与讲解；步骤④的板书概括总结出了语言点的“应用公式”，归纳出语言点结构；且综合判断最后步骤⑤进行练习。

第 65 题 B

本题考查“任务法”教学理念。“任务法”理念强调语言教学以任务为中心，语言情景和语言形式要符合实际的功能和规律，在“做”中学，且要有趣味性。从这几个标准来看，B 项最合适。A、C 项练习属于半机械性操练，“情景性”不强；D 项任务欠缺交际性。

第 66—68 题 DBA

本组题考查技能课教学组织相关内容。

第 66 题:即使是口语课,也要有适当的输入。根据描述中的关键信息“尽量不讲生词、语法和课文”“学生还是什么也说不出来”可以看出,学生没有相关话题的词语和语法点的积累与激活,输出就会出问题。

第 67 题:不同课型的词汇教学有所差异。听力课属于输入、理解为主的技能课,因此对于生词,帮助学生知晓词义、简单理解即可,不必过多讲解用法,占用课堂时间,否则就丧失了听力课的主要作用,故选 B。

第 68 题:口语课上的词汇是以运用为目的的。教师只用新词造了个句子,学生还是不理解词义,因为只造句不能体现心理活动类词的内涵,应创设一个具体情境帮助学生理解,故选 A。

第 69 题 D

本题考查试题编写。材料中该题要求找出对应反义词,但其中的“偶尔”与“特殊”不是反义词,这两项无法连线,与题干要求不符。

第 70 题 B

本题考查语言测试设计。根据观察可发现,该完形填空中空格部分过于集中,如第 6、7、8 题和 9、10 题的位置,分别集中在一个段落的开头和结尾,因此应适当分散考点位置。

第 71 题 C

本题考查行动研究。行动研究是指实际工作者(如教师)基于解决实际问题的需要,与专家、学者或同事等共同合作,将实际问题作为研究的主题,进行系统研究,以解决实际问题的一种研究方法。根据“行动研究”的定义,首先应明确需要解决的问题,选项中首先提出“明确问题”的是选项 C。

第 72 题 D

本题考查教师面对突发事件的处理。试卷和成绩应根据学校要求统一进行管理,教师不宜自己做决定,故 D 做法较合适。

第 73—77 题 BCDAE

本组题考查语言测试与教学评估

效度:又称有效性,是指一项测试的内容和方法能否有效地测试出预定要测量的东西。故第 76 题选 A。

信度:又称可靠性,是指测试结果的可靠程度或稳定性,也就是测试在不同时间、地点以及不同被试者中是否还能稳定地测试出被试者的水平。如考查被试者一周后使用相同的测试,其测试结果是否与一周前有较大差异。一般差异越小,信度就越高。故 73 题选 B。

难易度:测试的难易度主要取决于其构成试题的难易度,试题的难易度则通过回答正确率或得分高低等指标来判断,一道试题回答正确率越高表明其难度越低,反之越高。第 74 题的描述即为“难度”,故选 C。

区分度:即一项测试能否有效地将水平相对较高与水平相对较低的被试者区分开来。如果一道试题水平较高的学生一般都能答对,而水平较差的学生大多没有答对,就表明该题目具有良好的区分度。故第 75 题选 D。

形成性评价:又叫过程评估,是在教学活动进行中,对学生的学习情况进行监控和评价,通过评价及时了解阶段教学的结果和学生学习进展、存在问题等,以便及时反馈,调整教学,保证教学目标的实现。根据第 77 题的描述,是在每堂课后对学生进行评估记录,这样的记录会持续一段时间,因此属于形成性评价。

诊断性评价:是在教学活动开始前,对学生的学习准备程度做出鉴定,以便采取相应措施使教学计划顺利、有效实施而进行的测定性评价,一般在课程、学期、学年开始或教学过程中需要的时候开展,常通过诊断性测试来进行。

第 78 题 B

本题考查 HSK 考试等级判断。HSK 考试针对不同等级考生设定了不同难度、不同题型。此类阅读一段文字材料然后根据材料内容进行选择的题型出现在 HSK4 级考试中。HSK2 级考试的“阅读”部分未涉及成段阅读内容;HSK5 级该类型考题文段更长,一组题目在 3 至 5 个左右;HSK6 级这部分题目文章更长,词汇难度更大。

第 79 题 D

本题考查阅读能力分析相关内容。考查阅读能力的题目中,问材料的主要内容、作者态度类的题目答案都可以从材料中找到,这类题目都是考查学生对文段主要信息的把握理解。“查找细节”类题目主要考查对文段中时间、地点、数字等细节信息的捕捉能力。

第 80 题 A

本题考查教材的分类。

语言技能教材即通用语言技能教材,包括综合技能训练和专项技能训练教材。

语言知识教材有汉语语音、语汇、语法、汉字以及汉语概论、古代汉语、成语与惯用语、汉语书面语、汉外语言对比等方面的教材。

文化知识教材包括中国文化、中国各地习俗、中国古代文明、中国概况、当代中国社会、传统节日与习俗,中国历史、哲学、文学、艺术,以及国情介绍、中外文化对比之类的教材。

专门用途语言教材即专用技能、特殊技能语言教材,如商务汉语、医用汉语、旅游汉语、外交汉语、工程汉语等教材。

第 81 题 C

本题考查听力课的教学设计相关内容。听力课的目的在于锻炼学生的听力技能。听前活动要扫除障碍,但只需要对材料中的困难内容做简要讲解即可,A、B 项的做法会占用较多课堂时间,偏移了听力课的重点。D 项做法同样加大了学生的学习负担。C 项做法能够帮助学生激活背景知识,引起学生兴趣和注意力。

第 82 题 C

本题考查古诗词积累。王维号摩诘居士,陆游号放翁,李白号青莲居士。句①选自李白《黄鹤楼送孟浩然之广陵》;句②选自杜甫《登高》;句③选自王维《竹里馆》;句④选自李白《行路难》;句⑤选自陆游《示儿》;句⑥选自王维《山居秋暝》。

第 83 题 A

本题考查古代文学常识。《红楼梦》成书于清朝。《儒林外史》是清朝吴敬梓创作的长篇小说;《牡丹亭》是明朝剧作家汤显祖创作的传奇(剧本);“三言二拍”指明朝冯梦龙纂辑的《喻世明言》《警世通言》《醒世恒言》和明朝凌濛初编著的《初刻拍案惊奇》《二刻拍案惊奇》;《水浒传》作者是明朝施耐庵。

第 84 题 C

本题考查古代文学及典故。陶渊明好酒,以至用头巾滤酒,滤后又照旧戴上,后用葛巾漉酒形容他爱酒成癖,嗜酒为荣,赞其真率超脱。“白衣送酒”的故事出自一年重阳节陶渊明家里无酒,凝思远望时看到江州刺史王弘遣白衣使给他送酒的故事,后以此指代雪中送炭、心想事成。“北窗高卧”比喻悠闲自得。陶渊明《与子俨等疏》中写到“常言五六月中,北窗下卧,遇凉风暂至,自谓是羲皇上人”。宋代辛弃疾在词中用“问北窗高卧，东篱自醉”来表达对陶渊明的颂扬。

“才高八斗”说的是曹植。谢灵运曾曰：“天下才共一石，曹子建独得八斗，我得一斗，自古及今共用一斗。”

第 85 题 A

本题考查诗词及背景知识积累。该句出自唐代杜甫的《咏怀古迹五首·其三》，诗意是“糊涂的君王只凭画图识别昭君的容颜，月夜里环佩叮当是昭君归魂”，诗人借咏昭君村、怀念王昭君来抒写自己的抱负。

第 86 题 A

本题考查课堂准备的设计。案例一与案例二的训练目的都是通过问答的形式让学生做简单回答。两者相比，案例二教师一直重复相同的问题语句，形式单调，学生会觉得无聊，注意力无法集中；案例一则改变了提问方式，增加了手势语等，并由老师提问逐渐转向学生间互动，能达到较好的练习效果。

第 87 题 D

本题考查语言点教学设计。“时间”作为生词出现一般是在初级前期阶段，而“一时间”的语义和用法与“时间”差别较大，在这个阶段补充该用法偏难。

第 88 题 B

本题考查词语辨析。“一时间”表示短时间内的一种情况，“一时间想不明白”是说“短时间内想不明白”，过一段时间情况也许就有变化。“一下子”用在动词前，表示动作或状态的变化非常快，如“一下子就明白了”说明从接触或听到某事到“明白”的变化非常快。“一下子”也可放动词后。

第 89—92 题 CDEF

本组题考查反思性教学的方法。反思性教学是教师对教学理念和教学效果的反思。主要方法有：

①撰写教学日志：教师在课下对一天或一段教学工作的记录、反思和总结，既有描述性的记述，也有规律性的概括。

②课堂观摩与分析：对其他教师的国际汉语课堂教学进行观摩，并记录他们的优点或者反思其不足。这是促进新教师成长的最有效、最快速的途径。

③刺激性回忆报告：对教师课堂教学活动进行录像然后将此录像作为刺激物，请教师观看，并且报告教师在教学活动中的想法。

④同侪听课：邀请有经验的教师来听课。

⑤间接调查：教师通过一些较为隐蔽的或者说是间接的方式了解学生对自己教学的看法。比如：在讲授表示对比的“则”（A……，B 则……）时，教师可以将自己（王老师）与身边优秀的教师（张老师）作对比，故意设计出这样的练习：“张老师……，王老师则……”，学生在完成句子时，会说出一些他们对自己或者课堂的看法，这样教师就可以了解自己和张老师的差距。

⑥网络反思：利用网络，更好地实现和学生以及同行的交流，实现资源共享。

⑦问卷调查：是指国际汉语教师通过向学生发放问卷的方式收集学生对教师的教学方式、教学内容、课堂掌控能力等方面的看法。

第 93 题 A

本题考查课外活动组织相关内容。在组织语言课的课外活动时，要考虑学生的性格特点来选择合适的场合，并根据学生的语言水平设置相应的活动主题。文化背景也是要考虑的因素，比如有学生是虔诚的基督徒，那么就不适合去一些寺庙之类的场所进行活动。个人爱好不需要被考虑在内。

第 94 题 B

本题考查古代文化知识。在中国传统文化中,方向和颜色、五行的对应关系为:

东——木——青

西——金——白

南——火——红

北——水——黑

中——土——黄

第 95 题 C

本题考查中国古代建筑。长乐宫、未央宫、建章宫合称“汉三宫”。“兴庆宫”和“太极宫”都是唐代宫殿,“咸阳宫”是秦始皇的宫殿。

第 96 题 C

本题考查古代绘画艺术知识。东晋顾恺之以画绝、才绝、痴绝被称为“三绝”,其代表作有《洛神赋图》《女史箴图》。

第 97 题 B

本题考查古代文学常识。建安时期以“建安七子”为代表的建安文人把五言诗推上了一个高峰。

第 98 题 A

本题考查书法艺术知识。“楷书四大家”指的是颜真卿、柳公权、欧阳询、赵孟頫。

第 99 题 D

本题考查古代书画艺术相关内容。《自叙帖》为唐代草书家怀素的代表作。

第 100 题 A

本题考查文房四宝。经过历史的发展与积淀,今天说到的“文房四宝”专指湖笔、徽墨、宣纸和端砚。

说明:第三部分“综合素质”考查考生的个人态度倾向,没有统一的标准答案。

图书反馈

重磅！真题重奖征集!

凡提供当年度考试真题者，均可获得现金奖励。具体请联系QQ:3232490489。

（温馨提示：所提供真题须是当年度考试真题，且真实有效。）

亲爱的考生：

感谢您对山香教育的信任和支持，您的建议是我们前进的动力！为进一步提高图书质量，我们特向全国各地的考生开展有奖反馈活动。

1. 凡提供山香图书的错题反馈者，均能获得山香网校学习卡50元。
2. 凡提供反馈项目者，可获得山香网校200元代金券的奖励。

图书反馈链接

¥50
学习卡

¥200
代金券

反馈项目

姓名：　　　　　　手机号：　　　　　　QQ号：

1. 您认为图书中可以增加哪些模块或内容，有助于您的学习？

2. 您对本书的印刷、装订、封面有何意见和建议？

3. 结合山香现有图书和考情需要，您还需要哪些形式的备考资料？

图书订正链接

联系方式：400-600-3363　　　山香教育微信：19943909407

山香网校：http：//www.sx1211.com